舵手汇

www.duoshou108.com

聪明投资者沟通的桥梁

"3%信号计划"

跑赢大盘的投资技术

[美]杰森·凯利 著

张 浩 译

山西出版传媒集团
山西人民出版社

图书在版编目(CIP)数据

3%信号计划:跑赢大盘的投资技术/(美)杰森·凯利著;张浩译.
—太原:山西人民出版社,2019.10
ISBN 978-7-203-10936-5

Ⅰ.①3… Ⅱ.①杰… ②张… Ⅲ.①股票交易—基本知识
Ⅳ.①F830.91

中国版本图书馆 CIP 数据核字(2019)第 141210 号
著作权合同登记号　图字:04-2019-010

3%信号计划:跑赢大盘的投资技术

著　　者:(美)杰森·凯利
译　　者:张　浩
责任编辑:魏美荣
复　　审:贺　权
终　　审:秦继华
装帧设计:任燕飞工作室
出 版 者:山西出版传媒集团·山西人民出版社
地　　址:太原市建设南路 21 号
邮　　编:030012
发行营销:0351-4922220　4955996　4956039　4922127(传真)
天猫官网:http://sxrmcbs.tmall.com　电话:0351-4922159
E-mail :sxskcb@163.com　发行部
　　　　　sxskcb@126.com　总编室
网　　址:www.sxskcb.com
经 销 者:山西出版传媒集团·山西人民出版社
承 印 者:三河市京兰印务有限公司
开　　本:710mm×1000mm　1/16
印　　张:20.5
字　　数:280 千字
印　　数:1—5000 册
版　　次:2019 年 10 月　第 1 版
印　　次:2019 年 10 月　第 1 次印刷
书　　号:978-7-203-10936-5
定　　价:78.00 元

如有印装质量问题请与本社联系调换

谨以此书献给我的母亲

为了母亲，我开启了股票研究生涯

致　谢

能够与那些优秀人士共处，我甚感荣幸。

多莉丝·迈克尔（Doris Michaels）是我唯一的经纪人，她为我的生活带来了巨大的帮助。我作为多莉丝的首批客户，很乐意选择她为终生经纪人。多年的合作，已经使我们的工作成为乐趣。她的丈夫查理十分出色，每次造访纽约，我都与他们夫妻相聚。

我在羽流出版社（Plume）的编辑是凯特·纳波利塔诺（Kate Napolitano）。我们共同出版了《股市投资精要指南》（*The Neatest Little Guide to Stock Market Investing*）一书。在该书第五版首次发布之前，在12月份的一次午餐中，我慷慨激昂地向她介绍了3%信号规则。这是一种能够改变游戏规则的新型投资方式。它的规则很简单，只需要使用两种指数基金，就能进行投资。现在，我们见到了3%信号规则的真容，凯特也自始至终参与了本书出版的全过程。

在创建"3%信号计划"的过程中，很多研究人员都功不可没。篇幅有限，我只能列举三位人士的名字。行为心理学家丹尼尔·卡尼曼（Daniel Kahneman）指明了成为股票赢家的关键点，强调了遵守一套交易准则的价值。迈克尔·埃德森（Michael Edleson）提出了"重新平衡（rebalancing）"的价值平均概念，用来实现固定的绩效目标。先锋集团（Vanguard）的约翰·格尔（John Bogle）在过往的40年里，都不遗余力地推荐指数基金。而"3%信号计划"恰恰需要这类成本低廉的基金产品。我谨向这些绅士们表达谢意，并希望华尔街能够涌现更多的此类优秀人士。

向罗杰·克兰德尔（Roger Crandell）特别致谢。他早先是《凯利快讯》的订阅用户，后来我们成为朋友，在研究上进行合作。罗杰的编程能力属于专家级别。本书提供的"3%信号计划"的多项历史结果，都是通过罗杰的编程推导而来。通过软件，他对我的电子表格数据进行了再次检验。本书的一些结论看似简单，动用的数据量却极为惊人。罗杰让我的工作得以简化。

最后，向提供信息的下述机构表达谢意。这些机构是富达（Fidelity）、美国投资公司协会（the Investment Company Institute）、晨星（Morningstar）、标准普尔（Standard & Poor's）、亚美利（TD Ameritrade）、先锋集团（Vanguard）和雅虎财经（Yahoo! Finance）。

对绩效计算方法的一点说明

由于股票分割和股息的原因，股票和基金的历史价格随着时间推移都发生了变化。本书显示的是 2010 年秋季的已调整价格。在本书中，虽说很多的历史价格都发生了变化，不过请放心，这不会对历史绩效造成影响。无论使用的是 2005 年、2013 年或者未来某一年的价格，都不会改变 2005 年获利 20% 的事实。本书中，我在计算绩效时，使用了含有股息的未经调整的价格。这样，可以更好地反映当时投资者所经历的余额变化。出于这个原因，在第 7 章"3%信号计划的完整周期"中探讨的一些价格，与本书其余部分的已调整价格有所不同。

本书使用了 50 个季度的数据，从 2001 年初直至 2013 年中期。我们把 2000 年 12 月的月度收盘价设定为"3%信号计划"的最初买进价格。请注意，在 50 个季度里，并不包括 2000 年的某个季度，而是仅仅使用 2000 年 12 月的收盘价作为起点。整个时间范围涵盖了 50 个季度，从 2001 年第一季度至 2013 年第二季度，共计 12 年半。

最后，为了演示"3%信号计划"，我们假定两支基金的买卖活动是同时发生的。在真实交易中，两支基金的买卖时间却不会完全相同。不过，订单能够快速执行，所以两支基金的买卖时间极为接近。我使用收盘价来统计所有交易的历史绩效。收盘价与真实订单的执行价格略有不同，但是绩效结果不会有大的偏差。这样，"3%信号计划"就能基本展示原貌。

前言：理财的纠结

多年前的一天，母亲面对一大堆的股市观点无所适从。她推开一份报告，抱怨说："太模棱两可了。这份报告到底是看涨，还是看跌呢？你怎么看？"我后来明白了其中的诀窍，写分析报告就要模棱两可，既看涨，又看跌，这才是本事。如果只是认定某个单一方向，有一半的时间必然会出错。所以，只有模棱两可，才能两全其美。这样的后果就是，母亲在阅读报告时，搞不懂后市要涨要跌——写报告的人，同样搞不懂后市的涨跌。他们也只是在瞎猜。

我研究了20年，希望找到一种更好的方法，能够让普通人从股市里赚到钱。我想把投资者解放出来，摆脱那些股市专家的不靠谱建议，远离那些缠累私人生活的投资错误。我要向投资者指明，不要为糟糕绩效支付过高的代价。本着上述目的，我与那些广受好评的专业基金经理们展开沟通，针对某些主题阅读了大量书籍，订阅了市场通讯，将研究成果整理成书籍和市场通讯，并在媒体上抛头露面。

通过研究，我发现了一个真相，投资行业的上上下下都服务于一套精明的系统。通过这套系统，投资者的钱最终都让理财公司和理财顾问赚走了。这套系统的运行原理是：明明知道择股（stock picking）和择时（market timing）最终招致失败，却引诱着人们走上这条危险的道路。其实，只要跟随市场本身就行了，却提供了很多貌似复杂的替代方案。这些替代方案收取了高昂费用，然而在绩效上却不如被动地跟随市场。

读完本书，你将永远不会忘记一个秘密。专家们对这个秘密隐而不宣："价格就是全部。"所谓的投资理念一无是处，市场观点只会造成困扰，价格才是唯一重要的要素。当价格低于某一水平时，就是买进的好时机。当价格高于某一水平时，就是卖出的好时机。我们可以确定这个水平，并且自行监控价格，这样，我们就能避开各路专家的干扰。我们只需要确定价格水平，并根据价格水平的信号，正确地做出反应。尤其美妙的是，通过纯粹的数学方法，可以让这种反应自动化。

这就是"3%信号计划"的本质。每个季度，我们都要赚足3%的利润，这就是我们持之以恒的业绩目标。在每个季度，如果赚不到3%，我们就会调动补充现金，来满足3%的目标；如果赚到的利润超过了3%，我们会将超出3%的那些超额利润提取出来。通过常见的股市指数，就能执行这个简单的"3%信号计划"。然而，"3%信号计划"却能击败股市。而股市又能让大多数的专业人士俯首称臣，这样，"3%信号计划"也就显著地胜过那些专业人士，效果好得令人震惊。专业人士希望你相信他们的实力，然而，事实却揭露了专业人士的真面目。本书将对这些专业人士的"能力"真相予以曝光，通过"3%信号计划"，你将轻而易举地建立自己的绩效优势。而且，花费的时间极少，你只需要在一年里进行4次计算，每次耗时仅为15分钟。至于那些市场话题毫无价值，所以不要让你的生命损耗在其中。

"3%信号计划"与大多数的自动化计划不同，它将人类的情感因素也考虑在内——人类易受新闻事件影响，急于行动。所以，3%信号会引导你按照完美的节奏正确行动。遵守"3%信号计划"，你不必频繁买卖，频繁买卖只会制造混乱；同时，你也不会远离市场，貌似放弃了投资。你将适时出现，保障你的财富正常运行，一切都安然无虞。"3%信号计划"既能满足你的情感需求，又能满足投资组合需求，让市场竭尽所能地为你效劳。

我们先来探讨：人类直觉是如何将我们引诱到股市的？所谓的专家

又是如何利用人性弱点的？你将发现，股市只是无效性环境。对于那些预测股市未来方向的权威人士，你学会了调侃这些市场大咖，称其为"无效专家"（z-vals）。

接下来，我们将简单勾勒本书传授的高级方法——3%信号。它只需要一只股票基金、一只债券基金和信号线。学会了这种方法，每个季度你只需要进行一次检查，看看股票基金的增长是低于目标还是高于目标？然后，你会调整资金，在股票基金和债券基金之间进行正确的转移。怎样调整资金呢？只需要单纯清晰地依靠价格，就能自动化地实现"低价买进、高价卖出"的巧妙投资。同时，我们还远离了五花八门的"无效专家"的侵扰。

然后，我们将探讨"3%信号计划"的细节：哪种类型的基金最为理想？每个季度执行一次计划效果最好，原因是什么呢？如何管理"3%信号计划"的补充现金（contributions）？如何处理股票基金和债券基金之间偶尔的失衡？何时采取特别的"坚守"规则，使"3%信号计划"保持充分的投资，等待股市崩盘后的复苏？你会发现"3%信号计划"适用于任何账户，甚至包括401（k）账户。最后，我们会设计一个真实生活的场景，将3%信号与其他投资方法进行比较，这样，对于本书的知识，你就能够融会贯通了。

准备好了吗？请跟随我展开旅程，寻求更棒的投资之道吧！

目 录

第一章 为什么股市让人迷惑 1
  无效性环境 4
  抛硬币的预测 14
  无能的证据 24
  "完美彼得" 27
  想法与真相 32
  本章执行概要 34

第二章 利用波动性 37
  3%信号 38
  波动性是机遇 41
  稳守指数 43
  "抛硬币"形成的价格线 44
  反应性的重新平衡 47
  本章执行概要 52

第三章 设置一个绩效目标 55
  良好绩效的概念 55
  根据目标衡量波动 60

— 1 —

本章执行概要 ·············· 80

第四章　投资工具　83

　　用作增长工具的小型股 ·············· 83

　　用作安全工具的债券 ·············· 87

　　绩效优势 ·············· 89

　　痛击英雄股 ·············· 97

　　下跌30%，坚守 ·············· 114

　　"3%信号计划"的变种 ·············· 122

　　本章执行概要 ·············· 135

第五章　计划的资金管理　137

　　从大的现金余额开始 ·············· 138

　　吞吐吸纳的债券余额 ·············· 139

　　持有一个"底部买进账户" ·············· 150

　　随着年龄的增长，调整债券余额 ·············· 155

　　融会贯通 ·············· 157

　　本章执行概要 ·············· 159

第六章　行动计划　161

　　季度程序 ·············· 162

　　低费用，大生意 ·············· 166

　　纳税的考量 ·············· 169

　　个人退休账户 ·············· 171

　　典型的经纪账户 ·············· 173

　　雇主退休账户 ·············· 185

　　"3%信号计划"适用于你的工作场所 ·············· 208

　　本章执行概要 ·············· 209

第七章　"3%信号计划"的完整周期 ············ 211
　　设置 ······················· 212
　　第一年 ····················· 224
　　第二年 ····················· 232
　　第三年至第七年 ··············· 238
　　第八年至第九年 ··············· 252
　　第十年至第十三年 ·············· 264
　　分析 ······················· 281
　　本章执行概要 ················· 290

第八章　快乐的信号 ················ 293

附录1：马可的计划 ················ 295

附录2：工具 ···················· 299

附录3：权利和许可 ················ 303

附录4：凯利通讯 ················· 307

第一章　为什么股市让人迷惑

你在规划职业生涯时，会设置一些财务目标，并信奉"量入为出，善于积蓄"的基本准则。直到有一天，你得到消息：原来，你可以把储蓄投入股市里。随着时间的推移，你的财富就会增长。"增长？"你开始思考。"听起来很棒嘛！"平均下来，如果每年能实现10%的增长呢？你断定自己能实现这个目标，而专家们也信誓旦旦地做了保证。要知道，每年增长10%，你的储蓄每7年就会翻一倍！如果再加把劲，头脑比别人聪明一点，你还能做得更好呢！

怀着这样的念头，你开启了投资生涯。你可能通过共同基金或者退休账户，把积蓄投入股市里，头几年还不错，然后股市就开始下跌了。在那些重大新闻里，散布着经济衰退、失业率正在上升的消息。你开始阅读美联储的一些新闻内容，以前你可没听说过美联储。当公开市场委员会会议发布最新决议时，你也无所适从。现在，专家们言之凿凿地认定，经济衰退正在发生。"回顾一番历史，"一位意见领袖在电视里"颇具智慧"地点评。"聪明钱都会撤离股市，隔岸观火。"

你自认为很聪明，但肯定没法隔岸观火了。因为就在专家发表意见的那天，你的资金还待在股市里，并且已经赔了。你本能地听从专家的意见，赶紧撤离股市，并把所有投资都转成了现金。你在那天吃午餐时，感觉很好，只是因为不会再赔钱了。"哈哈！让傻子们去读美国联邦储备银行的那些新闻内容吧。"——另外，你可能会使用"美联储"

的简称了——"让傻子们趴在股市里，一天天地挨揍吧，反正我出场了。等到股价更低时，我再买回来。"按照计划，你认为亏损两成不算糟糕。你迟早会扳回来的。

坏消息接踵而至。企业裁员的文章触目可及，美联储正在采取你前所未闻的多种措施，而经济学家们也普遍悲观。你已经从股市撤出，不会发生损失，所以，反而能以坏消息为乐。可是，对于那些共同基金和股票，你却没能等到更低的价格，价格反而再次上涨。当经济看似企稳的时候，价格比危机前涨得更高了。这样，你就没法逢低买进，把已经发生的二成亏损捞回来，而且，你现在必须决定：是否用更高的价格，买回这些共同基金或股票呢？一开始，你才不干呢，这简直会要了你的命。谁愿意花高价，去买回那些低价抛售过的东西呢？3个月过去了，6个月过去了，最后，9个月又流逝而去。和你早先拒绝买回来的价格相比，现在的价格已经大幅上涨。电视里的那些专家们又发话了："股市正在上涨，不必担忧未来。而且，聪明钱已经全部杀进股市了。"

专家在说啥？你不就是当时的聪明钱嘛！你听从了专家当时的意见，把你的聪明钱果断地撤离了股市，错失了后面的利润。专家们现在又接着发话说，眼下进场还为时不晚嘛。虽说股市低点已经过去了，可这是上升趋势啊！而且还处于牛市的早期阶段。一位意见领袖还用了比喻，说这就像一场棒球比赛，当前只处在开始阶段的第三局。你想，嗯，这专家有道理啊！所以，你在亏损两成之后，又再次买回早先的投资。

我敢打赌，你懂得后面发生的故事：新闻利好不断，价格继续上涨了一段时间。但是，在依旧良好的新闻氛围中，价格却开始下跌了。然后，随着负面新闻的出现，价格开始加速下跌。等你意识到股市变化了，你又亏损了两成。此时，新的衰退已经行至中途，利空频传。那些专家又会跳出来，宣称那些聪明钱显然已经撤离了股市。在这里，我很乐意和大家分享研究心得：真正的专家压根儿就不存在。专家只是金融媒体的虚构人物罢了，和理财目标差着十万八千里呢！

通过上面的简短例子，你可能得出结论——当坏消息出现时，买进；当好消息出现时，卖出。这个主意看起来挺聪明，可是，你先试试吧。首先，你要问问自己，什么才算是坏消息呢？第一篇带着吓死人的标题的文章算不算？或者，第十篇这样的文章才算？是新闻报道的第一周才算？还是第一个月才算呢？也许第一年才算？当然，当企业出现利空消息，趁着股价便宜买进，这是有道理的。只是没有人知道利空消息会坏到什么程度，所以，也就没法断定最优的买进价格。"低价买进"，人们唧唧喳喳地说，好像确认低价是件轻而易举的事。和价格波动缠斗已久的老手是这样回答问题的——"找低点？嗯，你说要找哪个低点呢？"同样，根据利好消息的乐观程度断定卖出的高点，同样会遭遇困难。股市的底部和顶部都具有相同的欺骗性。在股市耍出花招的每个时刻，都会让投资者遭遇新的打击。

当我们快速浏览这些简短的小故事时，因为没有涉及切身利益，我们会旁观者清，觉得这些故事很搞笑。可是，你知道吗？无数的投资者都在这条道路上倍觉艰辛，但是金融行业却屡屡勾引着他们。用事后聪明的观点回顾，这个具有破坏力的周期看起来一目了然。但是，当其正在发生的时候，却难以判断。股市的诡谲狡黠是深不可测的。

面对金钱，人类很脆弱。赔钱的时候，我们的情绪会抑郁；赚钱的时候，我们又会感到躁狂。同时，在进场和出场的时机选择方面，我们的表现也非常差。综合上述因素，对大多数人来说，金融市场也就成了毒药。然而，数以百万计的人被迫参与其中，饮鸩止渴。他们只有进入市场，才有希望买到更大的房子，把孩子送上大学，或者赚够退休钱。

本书将为你创建一个"3%信号计划"，让你的积蓄实现可靠的增长，并且不必挑选买卖时机。在市场中挑选买卖时机是无效的，在探讨这项计划之前，你需要理解无效的原因，这一点至关重要。大多数的投资者都付出了高昂的代价，才了解其根源，而你就不必付出这项学费了。

在本章，我们将探讨一个在"挑选买卖时机"上表现完美的人物。这个虚构的角色能够精确地抄底和逃顶，从未失手，我们称呼他为"完美彼得"。在投资行业里，他让无辜的投资者付出了金钱上的代价。

为什么呢？因为投资者被灌输了一个标准——在投资中输给"完美彼得"，就是失败。所以，投资者应该努力去超越"完美彼得"，哪怕在真实的生活中，"完美彼得"根本就不存在。这些投资者不切实际地追求高收益，最终输得一塌糊涂。就像一个学习飞翔的人，梦想着复制"小飞侠"的本事，最终却陨命悬崖。"小飞侠"的模仿者赔上了性命，"完美彼得"的模仿者丢失了财富。

"3%信号计划"能让你的积蓄大幅增长，经历市场枯荣，最终收获累累。首先，我们来探讨那些无效的方法。这样，我们将强制自己审视人类本性里那些令人不快的真相，成功人士却难以接受这样的真相。投资者通常都是聪明的人群，他们在生活的多个层面都希望取得领先。他们认为，那些在其他领域奏效的方法——勤勉地工作、专注地学习、卓越的见识——也会在股市生效。然而，事实并非如此。股市缺乏规律性，依靠经验根本无法提升你的直觉能力。想在股票中赚钱，终究要接受一个现实——无人能够预测未来。然后，你需要选择一种"事后反应型"（reacting）的投资系统，而不能寄希望于面向未来的预测能力（predicting）。我们很快就会探讨这种赢家系统。但是，我们首先需要冷静地审视人性，明白需要这样做的原因。

无效性环境

你有没有想过，在金融市场中，为什么专家会犯错，你也会犯错？专家并不蠢，你也是个聪明人。为什么人类可以发明电力、设计飞机、治疗疾病、创作文学、制造橱柜，却无法找到最模糊的线索，去预测股价的未来走向？

实际上，答案很简单。以上人类成就的例子，都遵循着固定的模式和规律。无论是研究电力，还是物理世界的其他部分，我们学到的这些经验教训都是持续有效的。飞机的当前飞行原理和百年前一模一样。医学研究建立在历史发现之上，而这些历史发现，正是通过一系列的固定规律来探索的。就连人们钟情的故事类型，也有令人惊讶的相似之处。所以，莎士比亚离世 400 年后，我们依旧热爱他的作品。一位熟练的木匠懂得如何运用每一块木料。每当他看到相同类型的木料时，他就知道如何操作，因为每次的制作方式都是相同的。

在这些人类能够努力的领域，模式识别都会带来回报，使得过往的经验有助于未来。股市却迥然不同，无论你如何努力，价格波动都不会遵循精确的模式。你在上次熊市崩盘中学到的经验，对你处理当前的熊市崩盘未必有帮助。你在上次牛市中学到的经验，面对当前的牛市，也是同样无效。在生活中的其他领域，通过训练，可以获得技能智慧。可是，在股市中获得的经验，却无法形成这种技能智慧。事实上，我们从过去的股市中学到的那些教训，甚至会让我们在未来的股市中误入歧途。

我们的连接方式

人类的思想和情感是如何在金钱领域运作的？这方面的研究称为"行为经济学"或"行为金融学"。它告诉我们，人类对赔钱的厌恶感，胜过我们赚钱时的喜悦感。我们对赔钱十分厌恶，为了弥补损失承担了过高的风险，不经意间，我们赔得更多。

有三位领军人物对行为经济学做出了重大贡献，他们是丹尼尔·卡尼曼（Daniel Kahneman,）、理查德·塞勒（Richard Thaler）和阿莫斯·特沃斯基（Amos Tversky）。卡尼曼是一位心理学家，荣获 2002 年诺贝尔经济学奖，他与塞勒、特沃斯基等人合著了《思考，快与慢》（*Thinking, Fast and Slow*）一书。该书于 2011 年出版，总结了卡尼曼毕生努力的研究成果。

这本书在数个决策领域都提出了独到见解，揭示了人类在情感上的脆弱性。人类倾向于依靠有限的证据，仓促地得到不成熟的结论。卡尼曼把这种现象称为"所见即一切"（What You See Is All There Is, WYSIATI）。他指出，人类通过两种思维方式处理现实事务。系统一的思维方式是快速的、本能的、自动化的、情绪化的。系统二的思维方式是缓慢的、条理分明的、深思熟虑的、理性的。系统一的思维方式很简单，不需要付出多少努力，因此，在日常生活中，我们大部分时间都在使用系统一；而系统二的思维方式是艰苦的，需要付出重大努力。因此，除非有绝对必要，否则，我们不愿意切换到系统二。

我们相信自己的经验

卡尼曼的研究证实了一点，在决策时，人类的头脑并不擅长考虑"基本比率"（base rates）和"样本容量"（sample size）。

"基本比率"是指事件的发生频率。如果3%的人有频繁眨眼的特征，而97%的人没有，那么，遇到频繁眨眼的人的基本比率就是3%。有人提过一个问题："你看，坐在窗边的那人属于频繁眨眼的类型吗？"这时，你将忘记3%这个数字。你会从远处打量那个陌生人，对他做出判断。你在脑海中搜索，回想你见过的所有频繁眨眼的人。这时，他的坐姿让你勾起了过往的回忆——在校车上，你曾经遇到一位邻座同学就有这种毛病。嗯，这两人的坐姿还真像！于是，你十分笃定地下了结论——确定无疑了，坐在窗边的那人也有频繁眨眼的毛病。然而，实际上，你对这个窗口边的陌生人一无所知。从概率上讲，遇到频繁眨眼的人的基本比率很低，对此，你只能做出唯一合理的推测——他没有频繁眨眼的毛病。然而，通过有限的个人经验，你却不合理地得出了相反的结论。我们所有人都容易做出这种仓促、草率的决策。

"样本容量"是研究单位的数量。"样本容量"越大，研究单位的数量就越多，结果就越精确。我们本能地知道这种结论，但在实际操作中却会忘记它。如果你知道某种药品只有5位受试者，哪怕治愈率是100%，并且没有产生副作用，你也不会服用这种药物。是的，这5位受试者都痊愈了，并且没有发生副作用，统计数据是正确的，但问题在于"样本容量"。这样，我们就找到了答案。当我们挖掘个人经验时，会处理那些最生动的生活数据，并且依赖一个类似的小规模的"样本容量"来推导结论。因为规模过小,所以,我们就难以获得清晰的真相。上一年,当美联储6月会议发布消息之后,我们在股市亏了钱,所以,我们对待未来的6月会议就会特别小心。可是,我们却忽略了那些平安无事的6月,只是因为它们没对我们造成伤害。

根据有限的亲身经历的生活经验,我们很快就会形成一种观点。可是,我们的这些个人经验,仅仅代表着海量数据的少量样本,这样,反而让我们失去了洞察力。如果我们遇到三位穿着蓝色衬衫的好人,我们就会先入为主,认定穿着蓝色衬衫的人都有很好的人品,如同那三位好人那样。至于在人群中,好人占有多大的百分比,我们不会考虑。在人群中,穿蓝衬衫的人又占有多大的百分比,我们不会考虑。我们身处的街区是哪种类型,我们不会考虑。穿着其他颜色的衬衫的好人数量是多少,我们也不会考虑。在得出一项结论之前,还有其他的一些基本考虑,我们也会忽略掉。没错,就这样简单。正因为三位好人穿着蓝色衬衫,所以,穿着蓝色衬衫的人无疑就是好人,这就是结论。

卡尼曼提醒我们,大样本比小样本更精确。和大样本相比,小样本产生极端结果的概率也要大得多。因此,我们有限的经验更容易推导出极端的结果,我们却根据这些有限的成功经历去推导结论,还充满了盲目的信心,这种信心的依据就是我们有限的第一手经验。我们从有限的经验中,获得了一些貌似正确的结论。然后,根据这些结论,我们经常地带着盲目的自信,沿着错误的方向前进。股市更为糟糕,因为股市里还添加了一层不确定性。除了我们有限的个人经验仅仅是股市历史的沧海一粟,整个股市历史的全部成功经验也不一定会在未来奏效。这个麻烦的事实,引出了交易者喜欢调侃的一句名言:"经验会一直奏效,直到它失效为止。"

从有限的数据集里,我们的大脑总能创造出看似可信的故事,这种情况天天都在股市上演。收盘后,权威专家们都会冒出来,貌似信心满满地解释股市涨跌的原因。即使他们知道解释的理由通常是武断牵强的,他们也会继续做。我曾经参加过电视台的一档财经节目,当时需要邀请两位嘉宾，来对当天的市场进行点评。一位嘉宾准备解释股市上涨的原因，而另一位嘉宾同样准备解释下跌的原因。他们分别代表了看涨和看跌的观点。股市在某个特定时间将走到哪个点位，没有人能知道。所以，在邀请嘉宾时，电视台干脆就汇聚多方意见，既有看涨观点，也有看跌观点。无论股市怎样走，总有嘉宾能够发表极具说服力的见解，而且后市验证的效果还不错，不是吗？

卡尼曼写道，系统一的思维方式是自然的——它是快速的、本能的、自动化的、情绪化的——"让你产生了过于自信的判断。如同我们已经看到的，信心的强弱，是通过你的手边证据推导出最佳结论的一致性决定的。需要警告：你的直觉将产生十分极端的预测，而你却容易深信这些预测。"

我们自以为能预测未来

当结果证明我们犯错了，我们打算做出调整。这时候，对于产生错误结论的原因，我们却无法很好地回忆起来。这更让人沮丧，我们把这些原因都合理化地藏匿起来，相信我们在股票的事情上没有犯错，而股市才犯错了。如果股市能够更为理性，和我们一样具备深刻的理解力，能够理解相应的证据，那么股市就应该按照我们的预期下跌或者上涨。事实上，这种事后聪明式的信念本身就是错误的，我们却认为对于股市的未来预测不会出错。不止如此，我们也不会承认这种事后聪明的信念本身是错误的。干吗承认呢？我们实际上已经相信——确切地说，已经知道——股市将会下跌。用那种事后聪明的角度看，很明显就会得到这个结论嘛。所以，当我们下一次再被证据说服的时候，我们就像上次犯错时那样自信，相信我们的追踪记录胜过实际情况，而且还知道这次判断依然有效。

这种错误信念叫做"事后聪明偏差"（hindsight bias）。我们可以受益于结果反馈，倾向于认定我们的判断比实际更为精确，认为我们在过去就对当时经历的一些事情洞若观火，实际上，我们在过去对那些事情并不知情。我们只有通过事后的结果反馈，才会明白。即使我们上次出错了，即使我们没有本事能在这次做对，这种倾向也会让我们认为：上次做对了，我们这次可能也会做对。通过这种倾向，问题变得更严重了。人类难以理智地分析市场，我们自作聪明地陷入了一堆麻烦当中，往往和钱相关。

关于"事后聪明偏差"，卡尼曼写道，在回忆过去的知识和变化的信念时，人类的思维能力并不完美。当我们获得新的结论时，对早先的旧有结论就失去了理解，并认为我们一直都对新的结论深信不疑。这就最大程度上降低了旧有结论对我们的冲击，从而产生了一种错觉，误以为我们在过去就能通晓那些正在发生的事件。事实上，这些事件在当时并未揭开面纱。然后，我们认为，既然我们在过去的航向上表现不错，我们也能预测当前事件。在这种通晓过去、预见未来的错觉中，我们会得到更多的安慰。事实上，我们既无法解释过往事件的成因，也无法预测未来之事。

把好运当成技能

真正有趣的是，当一个人在股市上取得了一些随机的成功后，就会变得骄傲，信心开始膨胀。更重要的是，他们会把更多的钱投入下一次交易中去。"它上次奏效了"，他们开始思索。"可是太糟糕了，只投入了1万美元，才赚到了30%。下次，如果我投入5万美元呢？"事实上，投入5万美元，会产生什么样的结果？

他们忽略了一个事实：股市中的那些赚钱事件只是随机发生的，2/3的专业基金经理都对市场俯首称臣。就算是近期的成功，也没有超越大量的追求预测能力的傻瓜们。我们没有意识到，仅仅犯下一个错误，就会损失过多资金，就会抹去我们在过去积累的收益。你可以连续4次正确，可是，如果第五次犯了大错，你就会两手空空地返回起点，只余下一份交易税的账单，显示你曾经辛苦工作，经历过巨大的压力。

随机性揭示，所谓的成功事件具有偶然性，甚至是股市菜鸟也会遇上好运，我们却将这种成功归功于个人技能的升级。我们没有行好运，却拥有杰出的技能。当遭遇失败时，如果能将技能降级就好了，可是我们却没有这样做。正确时，证明我们头脑聪慧。错误时，并不是我们的过失——我们就这样解释失败。在评估自身时，我们总是不断地向"大师"称号升级。每次成功都意味着技能的提升，每次失败却对大师的晋级之路毫无影响。

卡尼曼总结了一项结论，可能是最为漠视的行为金融学的研究结论："研究人员普遍认为绝大多数的择股者，无论他们是否知晓——只有少数人明白——他们正在玩一个碰运气的游戏。交易员主观地认为，他们能够在充满不确定性的情况下，做出理智的、有根有据的推测。然而，在高效的股市中，有根有据的推测未必胜过盲目臆测。"为什么呢？因为每个人都是根据相同信息进行竞争，没法建立自己的优势。

对于刚入股市的新手来说，他们认为通过阅读资产负债表、剖析管理讨论、与企业竞争对手交谈等，能够打开新的局面。可是，他们却不明白每个人都在做同样的事情。理解一家企业或者市场的前景，并不足以明智地预测未来价格的走向。我们获取的任何信息，都会被其他人获取，从而降低了择股者的投机效果，善变的人类会使用获取的信息进行操作。没有人能够预测未来，我们与其他人的所谓受过训练的推测工作其实毫无意义，并且彼此抵消了效果。我们有时赢，有时输，就像其他大众成员一样。但是，不知何故，我们反而认为自己的技能胜过他人——即使我们绩效平平。

然而，技能的错觉令人信服。比如说，你能够跻身成为顶尖的投资经理，只有 3.1% 的投资经理才能取得这样的成就。也就是说，在 10,000 人中，只有 313 人能够连续 5 年盈利，而你将成为这个赢家群组的一员。你深以为傲——这是理所当然的，大多数人都会同意。可是，纳西姆·尼古拉斯·塔勒布（Nassim Nicholas Taleb）却持反对意见。他在 2001 年出版的《随机致富的傻瓜》（*Fooled by Randomness*）一书中表示，成功可能归结为运气。"不可能！"你反驳说，可是塔勒布却提供了一个简单的实验。

想象这是一场公平的竞赛，在一年里，投资经理们有 50% 的概率能够赚钱，有 50% 的概率发生亏损。当投资经理亏损后，我们就把他从竞赛中剔除。第一年里，我们为每位投资经理抛出硬币——如果出现正面，意味着投资经理赚到钱了；反面，意味着投资经理发生了亏损——这样，在 10,000 名投资经理中，其中 5,000 人发生了亏损，退出了竞赛。接下来的一年里，我们再抛一次硬币。在第一年末剩下的 5,000 人将在第二年末减少一半，只留下 2,500 人。在第三年末，留下 1,250 人，第四年末，留下 625 人，第五年末，留下 313 人。塔勒布总结了这个实验，"简简单单地通过这个公平的游戏，我们现在就能搜获 313 位投资经理，他们能够连续五年赚到钱。这个看似优秀的结果，仅仅出于纯粹的运气"。

不过，他们不会被称为"幸运儿"。他们将被称为才华横溢的人士，甚至会登上杂志封面。在那些揭示股市成功诀窍的文章中，他们将成为谈论的主题人物。这些文章往往包含了彼此矛盾的建议。例如，"只在盈利时加仓"，同时却建议"当价格下跌时，继续买进摊平，最终成为赢家。"这些文章显示了幸存者偏差（survivorship bias），错误地强调那些成功人士和公司之所以成功，在于拥有了独特优势，而失败者却没有建立这些优势。例如，一位跑步爱好者之所以赢下比赛，在于他在每天日出之前都进行了数个小时的刻苦训练，却忽略了失败者也会进行同样的训练。在大张旗鼓的宣传中，一位记者宣称成功的投资经理之所以成功，在于他们与公司总裁们共同探讨了投资组合，却忽略了输家也做了同样的事情。

这些投资赢家获得了大众拥戴，备受追捧。在他们中间，却没有一个人会讲起，他们也会面临很多不确定的时刻，他们对无数事情无法控制，他们的成功只取决于偶然的运气。卡纳曼写道："赌注很高时，承认成功仅仅来自偶然的运气，尤其不可接受。依靠那些弄虚作假的知识，故作高深，往往是首选的解决方案。"

那些弄虚作假、故作高深的知识和运气，在股市，却往往被视为技能。

模式识别的局限

在进化过程中，人类已经能够识别模式。一旦我们识别了这些模式，就能通过最佳方式，对这些模式做出反应。所以，当这些模式再次出现的时候，我们就做好了准备。道路湿滑，所以我们学会了谨慎驾驶。火炉很热，所以我们学会了小心翼翼地靠近火炉。就算湿漉漉的道路并不特别滑，我们也会谨慎为上。远离火炉，也绝不是坏主意。

那么，在股市中，为什么模式识别会让我们失望呢？因为我们在随机环境中识别的那些模式，实际上根本就不存在。包括那些存在已久的市场模式也无法可靠地重现。日新月异，每天都迥然不同，可是都遵守着一个清晨、白昼和夜晚流转的基本模式。市场千差万别，却也有着相似的特征，这些都会激发我们的模式识别本能。这种本能告诉我们，我们正身处熟悉的领域，并且知道相应的行动。但是，当前事件的进程又分叉到了另一条不同的路径。

确认偏见

2008年11月25日，科普作家迈克尔·谢默尔（Michael Shermer）通过《科学美国人》（Scientific American），对模式识别的倾向进行了解读。他称人类大脑为"信念引擎"和"模式识别机器"，让我们对自然界中的事物进行模式思考。有时，不同的事件会有相互联系，有时则不然。当存在这种联系时，例如，因为火炉是热的，需要我们保持谨慎，我们就能获得一些有价值的经验来防备火炉，并且调整我们的行为，使人类这个物种能够延续。人类是最成功的模式探测者的后代。这种基于联系的学习模式，是我们与其他动物界的幸存物种们的一个共性。这是人类身份的核心部分。

因为模式识别能力有助于人类生存，所以，在绝大多数情况下，我们都会依赖模式识别。即使某种环境难以提供可靠的模式时，我们也并不擅长看到模式识别的局限。股市就是这样的环境，难以提供可靠的模式。

人类的模式检测器非常敏感，甚至在无意义的噪音环境中也能创建有意义的模式。谢默尔把这种趋势称为"模式性"（patternicity）。在他2012年出版的《信念的大脑》（*The Believing Brain*）一书中，他认为人们通常先创建信念，然后寻找到证据来支持这种信念。我们的信念引擎会通过感官输入来寻找模式，把模式挑选出来，并围绕着它们，创建出相应的描述说明，来支持我们的解释。如果某种信念足够强大，它就会从我们的头脑中伸出一根天线，调谐到一个频率，从而获得确认的证据。它会忽略处于其他频率的相反证据，并逐渐为最初的信念构建一个更为强大的证据。这个证据强化了信念，增强了天线的接收能力，收集了更多的证据并予以强化，最终形成了反馈循环。在某些情况下，这种反馈循环甚至能在人类的心灵世界形成坚定的信念。

我们正在探讨的现象称为"确认偏差"（confirmation bias），它会对信息进行选择性解读，从而与一个先入为主的信念相匹配。去年夏天，如果你经历了股票暴跌，在今年夏天，你就很容易在市场上保持谨慎。你相信股票将再次下跌，并调整你的天线，来倾听那些熊市评论，并盯着那些糟糕的经济数据，借以强化你的信念。对于你已经断定的结论，你倾向于确认，而不是采用更为有效的方法，对所有可用信息分配同等的权重。

无效性（Z-Val）

在股市中，这种"确认偏差"的倾向会造成巨大的潜在破坏。我们会从随机数据中创建模式，根据这些毫无意义的模式构建信念，然后开始收集信息来确认我们的信念。当我们的模式检测器与股市的随机性抵触时，我们就会编造一些令人信服的故事，用来解释股票的涨跌原因，无休无止地自我娱乐。最终，我们只能实现平庸的成绩，根本不值得付出努力。

卡尼曼写道，"获得一项技能，需要两个基本条件：需要一种有充分规律性的环境，能够进行预测；还需要一个长时间练习的机遇，能够学习这些规律。当两个条件都满足时，可以通过技能训练，可以获得直觉能力。"然而，股市并不满足这样的条件，因为"选股者和政治科学家是在无效性环境中进行长期预测。通过他们的预测失败的结果，看出那些试图预测的事件具备了不可预测的基础特征。"

这就形成了一个术语："无效性环境"（zero-validity environment）。这听起来很不吉利，事实上，这本来就是凶兆。你几乎听到华尔街的狂欢者在大喊大叫，"女士们，先生们，欢迎来到无效性环境！让我们猜猜猜！让你的猜测引擎加速吧！一起规划未来，祝你好运！"至少对于旁观者来说，这是一段金融界的欢闹场景。可是，对于那些身处实验中的人来说，因为关系到他们的未来，一点都不好笑。

股市的无效性（zero-validity）是我在本书中反复提及的一个关键概念。从现在开始，我们将使用一个简写的术语——"无效性"，其英文词语是"z-val"。这是一个方便的称呼。有时，"无效性"会指向市场这个无效性环境，有时也会指向那些提供无效建议的专家们——他们被称为失败率为50%的"无效专家"。我们将在下一节探讨这些内容。

卡尼曼建议，只有当环境具备了稳定的规律性，直觉能力才会可靠。"如果环境有充分的规律性，同时，识别规律性的人得到了机会，能够学习这些规律性，关联性机器就会识别形势，产生快速、精确的预测和决策。当这些条件都得到满足时，你就能相信识别模式的人的直觉能力。"

股市无法满足这些条件，这意味着，你无法相信任何人对于未来价格的直觉——包括你自己。

抛硬币的预测

到目前为止，本书解释了与股市投资相关的最麻烦的数字：50，也可以表达为50%。很难得到比50%更为平均的数字了。在对专业和兼职的股市参与者的研究中，绝大多数的研究都认为他们只有50%的时间是正确的。这个50%的概率与抛硬币显示正面或反面的概率相同，所以，我们在探讨股市时，经常遇到抛硬币的比喻。这是你应该记住的一个主要观点，因为它反映了股市中人类行为的根本缺陷。我们有一半的时间都会犯错，这点很重要，它将现实融入你对股市的看法中，作为一种方式，让你感知到每种预测和面临的建议都包含着风险，无论它看起来多么可信。

专家总是给人造成深刻印象。在他们当中，有金融学教授，有巨额资金的管理者，有大名鼎鼎的组织的总裁，当然也不乏长期有效的市场预言家。要知道，在那些精心编纂的自传中，都会提及这些市场预言家有着成功预测的事迹。然而，对这位专家的预测出处和预测的详细内容却从来都是遮遮掩掩，尽管追踪记录表明他们应该向公众详细说明。

有一家叫做"CXO咨询公司"的投资研究机构，在2005年到2012年间，追踪了68名使用不同方法的专家，研究了他们对美国股市做出的近6,600个预测，我就是其中被追踪的68名专家之一。有一些预测资料，来自历史档案；而一些最新的预测资料，则延续到2012年之后。最古老的追踪样本来自1998年底，而最新的评级发生在2013年。所以，这项研究提供了一个很好的视角，来查看不同的环境中不同方法的典型绩效。它有什么发现呢？专家预测的平均准确率只有47%，甚至比抛硬币的结果还要糟糕。有人可能质疑这个准确率过低，那么，我们就把平均准确率提升一些，使之达到"抛硬币的50%准确率"。

在抛硬币的环境中，会发生有趣的事情。我们之前探讨过一个故事，通过抛硬币，在第五年的年底，也能够形成一个令人信服的市场赢家的子集。要知道，这些赢家连续五年都能赚到钱。我们认为这不可能是随机事件，可是我们错了。对我们来说，随机性看起来并不像是随机的。它经常表现得比我们认为的更有秩序。人类又有讲故事的倾向性，会编造各种故事，用来解释市场一直上涨或下跌的原因。在一系列的抛硬币过程中，硬币出现正面（head）和反面（tail）都是常见的现象。大多数人认为像"正正正正正反反反反反"这样的序列不是随机的，但从统计学上来说，每一种序列都是随机的。

在股市中，这种随机性会产生错误，让人误以为股市可以预测。请参考下方图表。我使用了50个季度的数据，在每个季度的数据点上，我会抛一次硬币。最终，通过电子表格，制作了这张图表。初始资金是1万美元，抛硬币的次数是50次。硬币出现正面，我的账户余额就会增加5%；出现反面，账户余额需要减少5%。我们抛了50次硬币，这张图表显示了账户余额的变化：

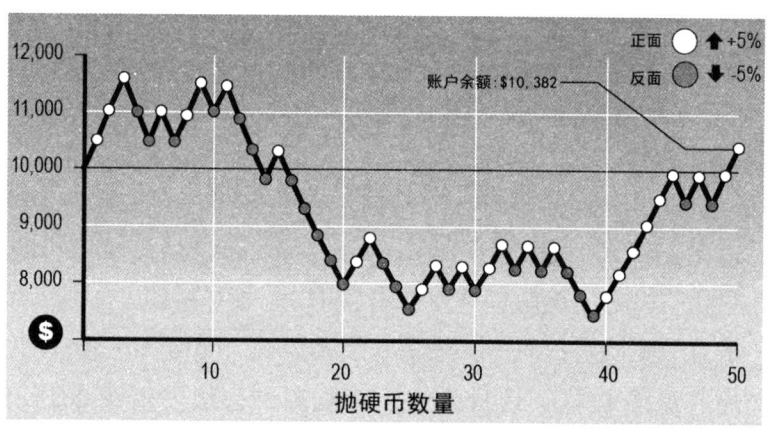

图1 抛硬币导致的1万美元账户余额的变化

看起来，这很像你在股市中看到的场景吗？是的，对我就是这样。我甚至可以听到专家们的说法，当市场跌到9,000点以下时，专家会说"很明显，这是下跌趋势"。专家们会建议你遵循"聪明钱"的做法，让你撤出市场先作观望。要知道，"聪明钱"可都在11,000以上的时候，就离场了呢！当市场在8,000点横盘停留时，电视媒体就会报道，说牛熊双方在"8,000点一线展开激战"。一方认为股市横盘调整，是为了后市的上涨；而另一方则表示，市场只是暂时下跌，后市还要继续下跌，因为"基本面因素根本无法支撑。"当市场上涨到9,000点以上时，看涨一方会说，他们有先见之明，早就提前告诉了我们；而看跌一方则表示，市场只是回光返照，后市还会下跌。

通过抛硬币的序列，我们能够推演出一部完整的市场大戏。这是在我的办公室得出的序列：正正正反反正反正正反正反反反正反反反正正反反反正正反正反正正反正反反反正正正正正正反正反正正。

注意硬币正面（或反面）连续发生的次数。我们抛了50次硬币，需要"连续出现"三个或更多的硬币正面（或反面），最终，"连续出现"三个或更多的硬币正面（或反面）的结果共计6次。记住，通过早先的故事，我们头脑中将浮现那些"连续出现"成功的投资经理的事迹。这个现象欺骗了我们，让我们高估了自己的能力。随机序列提供了证据，最终认定股市技能只是弄虚作假罢了。

随机漫步

对于股票的随机性，最著名的研究来自《华尔街随机漫步》（*A Random Walk Down Wall Street*）一书，作者是波顿·G. 麦基尔（Burton G. Malkiel）。该书于1973年首次出版，并多次再版。到目前为止，麦基尔的观点不会引起任何人的争议了。他认为市场是有效的。每个人都能在同一时间获取全部信息，从而将所有的竞争优势都抵消了。这样，从长远来看，投资者只需要简单地持有一支指数基金，就能取得更好的绩效。指数基金是未受管理的股票的集合。投资者只需要买进跟随市场的指数基金，并不需要挑选股票，也不需要筛选出表现更好的企业。

在2012年出版的《华尔街随机漫步》第十版中，麦基尔写道，"股市对股票的定价效率非常高。把黑猩猩蒙上眼睛，让它向股票列表投掷飞镖。这样，黑猩猩选出了股票投资组合，竟然和专家管理的投资组合一样好。在过去的40年里，这个观点效果非凡。超过2/3的专业投资组合经理的绩效，落后于未受管理的标普500指数。"

他的随机漫步比喻，可以参考早前的抛50次硬币的结果，我用图表展示过。在随机漫步中，每一次抛硬币的动作，都与上次、上次的上次，以及之前的所有动作无关。每一次的价格跳动都是随机的，也就不值得我们付出力气预测。不必购买预测服务，不必思考企业的未来盈余，不必研究复杂的图表，因为它们都是无用的。

精确的不准确性

不过，在股票生意中，你永远不会听到这些观点。没有一个分析师会坐在桌子旁，把他的弱点向你提前警告——当思考股票时，他容易受到一些偏见和谬误的影响；他的绩效还不如一只被蒙住眼睛扔飞镖的黑猩猩。相反，他会向你勾勒出令人信服的众多事实：行业增长率、企业的收益历史、管理层勇敢的新计划，以及根据他认为的合理假设得来的预测。

愚蠢的假设

然而，这些问题就潜藏在假设当中。我的一位大学教授曾经说过："不要假设，先生们！它让你我都成了傻瓜。"然而，如果事事都确凿无疑，讲究模糊性的分析师还能干什么？招股说明书需要做出"无法保证未来绩效"的说明，通常声明如下："过去的绩效并不代表未来的结果。"很好，但是，请告诉我们如何分析尚未发生的未来。我们拥有的只是过去，因为过去没有保证未来，这一行的工作也就没法提供未来的保证。

分析师必须假设、预测，并为变量赋值。这是他们勉强能做的全部工作，而且存在着天生的不精确性。有时候，在复杂公式的结尾，都会出现一个言之凿凿的答案。然而，这个答案却提供了一种看似精确的错觉。不幸的是，这些公式计算的只是不具备预测能力的变量之间的精确关系。计算机程序员将这些计算称为"垃圾输入，垃圾输出。"对于这些输入公式的数值的预测能力，我们没法相信，所以，我们也就没法相信公式最终结果的预测能力。如果这样，公式还有什么意义呢？

这让我想起一个经济学家的老笑话。数学家、会计师和经济学家应聘同一份工作。面试官问数学家，"2加2等于多少？"这位数学家回答说："4。"面试官又问会计师，问了同样的问题："2加2等于多少？"会计说："大约等于4，可以增加或减少几个百分点，但通常是4。"最后，面试官向经济学家提出了同样的问题："2加2等于多少？"经济学家站了起来，锁上门，拉上窗帘，坐在靠近面试官的地方，低声说："你想让它等于多少？"股票分析师在计算企业的公允价值或未来的股市收益时，就相当于这个笑话里的经济学家。这个笑话对股票分析师仍然有效。

很多未来的变量没法得到确认，所以，我们有足够的理由，来怀疑某人对某只股票的未来价值的猜测。但是，最终的不确定因素是市场的想法，以及市场对未来的普通新闻和企业特定新闻的反应。假设一下，有人在贴现现金流分析中，得到了所有变量的正确数值，完美地计算出股票的公允价值。就算这样，市场也可能不会让股价变动到公允价值。该企业可能精确地实现了收入和支出的目标，但是股价仍然偏离达到目标的变量决定的公允价值。实际上，谁来定义公平？只有市场，市场却是最容易引发躁狂和抑郁情绪的地方。

这是一个难以接受的概念。在计算股票估值和进行市场预测时，人们一丝不苟地工作，看起来令人信服。的确，身着西服套装的人，坐在昂贵的办公室里，夜以继日地工作，经年累月地研究这些方法。如果这一切都毫无意义，对我们可真是荒谬的打击。整个行业都飘浮在错觉和虚假信心的迷雾之上，真是令人沮丧。可是，这就是真相，越早明白越好。

愚蠢的公式

我们被股市公式欺骗了，因为在公式有效的其他生活领域，我们已经学会了相信公式的结果。和股市的无效性环境不同，生活中的某些领域为我们提供了可以衡量的规律性。经过多年的学习和实践之后，我们能够更加深入地理解这种规律性。如同丹尼尔·卡尼曼提到的，这些都是发展可靠直觉能力的必备因素。

例如，医学领域就存在着高度的有效性。在日常工作里，医学领域都在使用可靠的公式。我喜欢将医学领域与股票生意进行比较，因为它们都需要面对大量的风险，都需要在人类判断的魔幻迷宫中进行艰难的决策。每个人都依赖公式和计算，用来提升决策效果。不同之处在于，医学公式的成功率很高，这就逐渐增强了对于医学公式的信心；而股票公式的成功率只相当于抛硬币的50%，这会让人信心不足。原因在于，对于医学公式的输入因素来说，它们会在长时间保持稳定；而在大多数的股票公式中，输入因素都会因为环境的不稳定变化，无法保持稳定，从而在不同时间产生了不同的结果。

依赖有效公式的一个医学分支是产科，这是怀孕和分娩的领域。我们先来比较两个测试结果——从普通药店买来怀孕试纸，查看是否怀孕的预测结果；经历了最为专业的预备，查看股票的预测结果。在这两个预测结果之中，你相信哪一个？我敢打赌，你更相信怀孕试纸。你应该这样相信。要知道，怀孕测试结果在99%的时间里都是正确的；而股票预测，只有50%的时间里是正确的。除了怀孕测试之外，就算分娩面临着令人不安的不确定性，那也比股市体现出更强的规律性。

有一位麻醉师名叫弗吉尼亚·阿普加（Virginia Apgar）。1952年，他为医生开发了一个简单的公式，能够快速评估新生儿的健康状况。这个公式被称为"阿普加分数"，用以纪念它的创造者。这个分数代表了检查的五个标准：外表、脉搏、面部表情、活动水平和呼吸。在外表标准中，将婴儿的肤色划分为危险的苍白至富有生命活力的粉红色。在脉搏标准中，心率的分数从0至100；在面部表情的标准中，测量婴儿对刺激的反应；在活动水平的标准中，观察婴儿的肌肉张力和力量；在呼吸标准中，对呼吸力量进行评级。医生会检查新生儿的状态，为每项标准设定0、1或2的数值，然后把这些数值相加，得到一个整体分数。当总体分数不低于7，婴儿就处于健康水平。如果总体分数处于4至6，就代表着婴儿面临风险。如果总体分数等于或低于3，婴儿就面临着严重的健康威胁。产科医生在职业生涯中观察过成千上万的新生儿,同时,影响新生儿的生物学因素也是恒定的,所以医生非常擅长判断各项阿普加标准。脉搏是涉及主观判断最少的评分标准,在脉搏的评分中,就连熟练的实习医生都能保持极为可靠的一致性。在其他评分标准上,人们同样也会变得精通。

如果让股票分析师判断新生儿的健康状况呢?他会在新生儿出生前的6个月就开始预测。他会告诉你:这位新生儿的各项评分落在每项阿普加分数区间的概率,讨论孕妇的健康状况以及相应评分的成因。然后,当新生儿真正出生时,这些预测的数据反而毫无用处。你知道吗?这不是股票分析师的过错,如果把股市比做婴儿,这些分析师都被要求提前6个月就要获得股市婴儿的阿普加分数。实际上,没有人,甚至连弗吉尼亚·阿普加本人也无法知道尚未出生的股市婴儿的阿普加分数。只有当婴儿出生,医生才能告知新生儿的阿普加分数。同样,只有股票的价格真正出现之后,分析师才能告诉你股票的价格。我们很容易获得过去和现在的信息。然而,预测未来却相当棘手。

阿普加分数只适用于新生儿。对于尚未出生的胎儿,医生是如何确定胎儿健康状况的?当医生开始检查胎儿时,他们才能检测出胎儿的生命体征,这可不是提前预测。医生会建立一个胎儿生物物理剖面(BPP)——包括心率、肌肉张力、运动、呼吸和环绕胎儿的羊水体积。这些检测结果不是假设条件,不是基于历史数据进行预测,也不会考虑相似环境下其他婴儿的检测结果。这个检测结果就是对胎儿当前的身体状态进行检查,得到了一个结果,从而确定了当前的健康状况。和历史上的对照相比,医生建立的这些物理剖面十分精确,足以降低死亡率。20世纪90年代的一项研究发现,在1000名妇女当中,修正后的胎儿生物物理剖面的假阴性率仅为0.8。真希望你在股市上能够实现这样的精确度。要知道,来自华尔街的假阴性率,也就是预测失误率接近500‰。

当股市公式提供了糟糕建议时,会让我们的状况严重恶化。因为股市公式并不可靠，所以这类恶化状况会频繁出现。我们更愿意相信这些看起来严密的公式，希望它们能够提供大于50%的概率保证。然而，出错的概率依然是50%，在一半的时间里，依然与我们为敌。这让我们心烦意乱，沮丧不已。在生活的其他部分，只有很小的出错概率，可股市却不是。并且在股市犯错，会产生财务后果，这让我们的沮丧又加重了一层。毕竟，股市风险要比健康风险高出很多。医学只处理健康问题，而股票则与金钱有关。

当我们看到股市公式时，马上深信不疑，忘了它们只是成功率仅为50%的貌似精确的猜测罢了。我们忽略了这些计算公式未必能够产生相同结果。在市场的无效性环境中，那些试图预测未来价格的公式都会失效。这些根据历史因素创建的公式无法重现相同的结果。

我们无从掌握未知之事

投资公式并不可靠，这是股票分析师的错吗？对分析师进行攻击，似乎是不公平的。因为分析师无法预知未来，其他人同样也无法预知未来。或许分析师应该承认这一局限，并停止提供虚假的建议。这些虚假的建议只是对未来进行预测，事实证明并不可靠。

丹尼尔·卡尼曼在《思考，快与慢》中，研究了25位财富顾问在8年里的绩效数据。他们每年获得的分数是计算年度奖金的主要因素。根据这些财富顾问的绩效，卡尼曼对其进行了排名，试图发现这些顾问之间的技能差异。顾问能够持续为客户提供更好的回报吗？通过每两年的排名相关系数，卡尼曼进行了计算，总共得出了28个结果。"我知道这一理论，只是希望能找到一点微弱证据，来证明技能是有效的。即便如此，我还是惊讶地发现，28个相关性结果的平均值是0.01，相当于零。也就是说，我们无法找到持续有效的相关性，也就无法证明这些顾问的技能存在优劣之分。结果证明，这只是一场掷骰子的碰运气游戏，而不是技能的竞赛。"

卡尼曼的项目合作伙伴是理查德·塞勒（Richard Thaler）。在一次晚宴上，他们向一家投资公司的高管们展示这些研究结果时，高管们并不感到意外。这就让两位研究者感到吃惊了，"这应该是让高管震动的消息，然而，事实并非如此。"卡纳曼回忆道。职场生活一如既往，每位高管都忽略了威胁事业和自尊的信息。和针对他们绩效的统计事实相比，他们更多地从本能出发，对复杂问题做出谨慎的判断。后来，有一名高管带着自我辩护的姿态，告诉卡尼曼，他在公司里做得很好，没有人能够抢走他的位子。卡尼曼保持着礼貌性的沉默，但他想反驳，"如果你的成功只是缘于好运，你还有什么资格身居高位呢？"

只要能赚钱，投资行业就不会改变，不能指望出现一个全新的世界。然而，我们应当保护自己，不再理睬那些无休无止的毫无根据的建议。那些行业人士无法预测未来，他们的客户也无法预测未来。尽管对未来一无所知，行业人士还是拿到了报酬，客户也因为对未来一无所知，遭受了相应的后果。

敏锐的股市观察者总结道："没有人能预知股票、行业或者市场的未来，因为在本质上未来是无法预测的。我没法掌握那些不可预知的东西，只要明白了这一点，我就能建立领先优势，进而找到一种方法，即使面对不确定性，依然能让我的金钱增长。"

生活本身是不确定的，当然，股市也是不确定的。不妨回想历史上的那些转折点，当一个国家即将赢下战争时，当候选人就要胜选时，或者当球队几乎获胜时，成功却擦肩而过。再回顾你的生活，你打算奔赴东方，结果却一路向西。你打算拒绝一项邀请，结果却接受了邀请。你认为测试结果是好的，结果却不尽如人意。生活就是用随机性编织的织锦，神秘感才是生活的最典型特征。

通过股市之外的生活，我们清楚地认识到人类无法预知未来。在生活的其他领域，我们学会了与这种不确定性共处。但是，出于某种原因，我们却认为专家能够预测股市的未来。其实，专家无法预测未来，他们没有这个本事，我们也无法预测未来。一旦我们接受了这个现实，就能找到更好的方法，让金钱增长。

无能的证据

到目前为止,你阅读的绝大多数资料都不会提及人类无法长期击败市场,揭露真相的资料极其匮乏。为了说明人类的失败,来看一些代表性的研究成果。

2010年2月,《金融期刊》(*The Journal of Finance*)发布了一篇论文《评估阿尔法时,对于衡量共同基金绩效的运气因素的错误发现》(*False Discoveries in Mutual Fund Performance Measuring Luck in Estimated Alphas*)。论文作者是三位教授——劳伦·巴拉斯(Laurent Barras)、奥利维耶·斯盖烈特(OlivierScaillet)和拉塞尔·沃莫斯(Russell Wermers)。他们研究了2,076位基金经理在1975年至2006年底32年间的绩效,并公布了研究成果。结论是,99.4%的基金经理并不具备选股技能,只有2.4%的基金经理在短期内显示了选股技能,只有0.6%的基金经理在这32年里击败了股市指数。对于这个结果,教授们认为"从统计学上来说,占总数0.6%的基金经理,相当于无人能击败市场指数"。另外,"掌握熟练技能的基金经理的比例在过去20年里迅速下降,而技能生疏的基金经理的数量却大幅增加"。"当我们可以使用越来越多的被动管理型基金(比如ETF)时",积极管理型基金的业绩落后于平均水平,投资者却能够容忍积极管理型基金。教授们发现这个现象"令人困惑"。在本书为你创建的计划中,我们将通过被动管理型基金,实现更高的绩效,同时,费用也更为低廉。

那些在股市中挑选买卖时机的择时者之所以失败,有一个原因就是,为了击败被动管理型指数,他们必须拥有非常高的准确率。威廉·夏普(William Sharpe)是1990年的诺贝尔经济学奖得主,也是夏普比率的创造者。夏普比率用来衡量风险调整后的投资绩效。在1975年3—4月的《金融分析师期刊》(*Financial Analysts Journal*)双月刊中,他发表了一篇文章《股市择时的收益可能性》(*Likely Gains from Market*

Timing），强调了准确率的问题。他发现，在承担同等风险的情况下，择时者的准确率需要达到74%，才能击败被动型投资组合。有句老话说，2/3的准确率在股市并不奏效。要想成功，需要3/4的准确率，几乎没有人能够实现这样的准确率。

在2013年7月《通往卓越绩效的崎岖道路》的文章中，投资公司先锋集团证实了一点："大量研究"表明，"平均而言，积极管理型的股票共同基金的绩效，落后于它们各自的基准。"通过晨星的数据，一家位于芝加哥的投资研究公司发现，在1,540只积极管理型的美国股票基金中，在1998年至2012年期间，只有55%能够存活下来——2/3的幸存者都输给了它们的基准。只有275只基金，或者是最初基金数量的18%，最终幸存下来并击败了它们的基准。那么，从275只赢家基金中，再挑选一只基金，然后买入它的基金产品？这可不是拍拍脑袋就能定下的容易事，不会那样简单。先锋集团发现，"绩效优异的基金共计267只。其中，绝大多数的基金，占到了275只基金的97%——都至少在5个单独的日历年中，绩效落后于各自的基准。事实上，超过60%的基金在7年或更久的时间里绩效不佳。"以下图表，显示了赢家基金绩效欠佳的单一年份的数量分布：

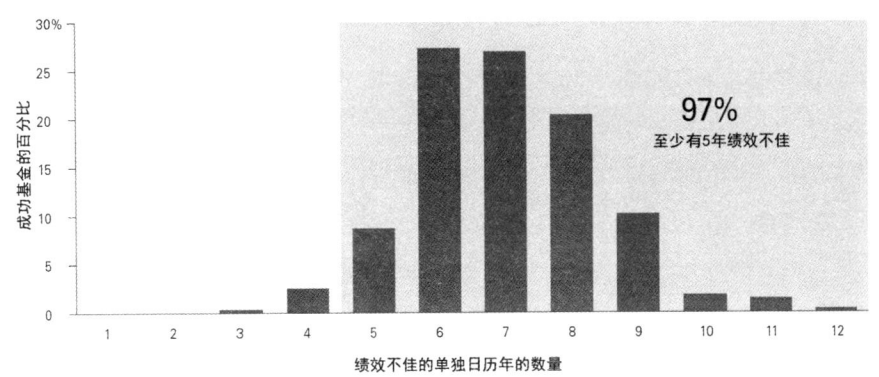

来源：先锋集团授权使用。

图2　1998—2012年间，275只绩优基金表现不佳的年份

不幸的是，这并不是先锋集团的最令人不安的发现。它指出，"对许多投资者而言，连续三年绩效不佳，代表着一个断点。这些投资者将放弃该基金"。先锋集团研究了连续数年绩效不佳的情况，它设置了一个筛选标准——"生存期不低于15年，能够击败各自的基准，并且避免了连续三年绩效不佳。"结果公布了，"最初的1,540只基金中，只有94只，或者说6%的基金符合筛选标准。换句话说，这段期间，在275只表现优异的基金中，有2/3至少连续三年绩效不佳。"在下方的信息图中，展示了赢家基金的有限范围（图3）：

还有一些诸如此类的研究成果，都能够写完满满一本书了。但我认为你已经明白，绝大多数的投资经理都输给了股市。就算能够击败市场的赢家也会经历长期的连续失败，很多投资者在受益于最终的成功之前，都经受不住市场震荡，最终出局。最重要的是，只有少数基金经理在过往实现了更为出色的业绩。了解了这一点，对我们有所帮助吗？毫无帮助，因为我们无法知道谁才是未来的赢家。

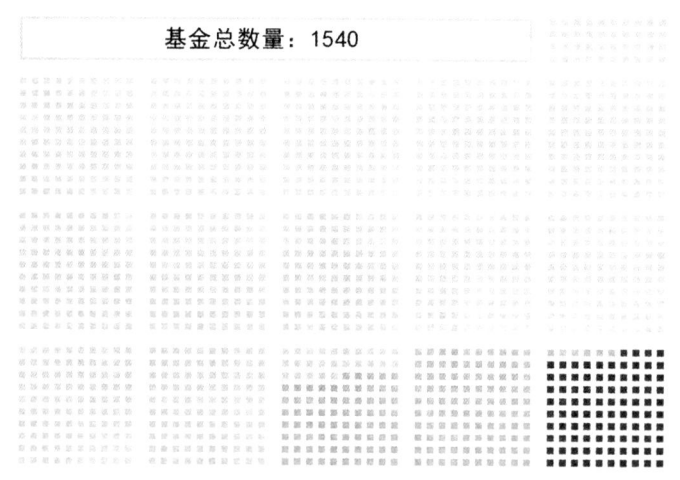

来源：先锋集团授权使用。

图3 在1540只基金中，仅有6%的基金最终胜出，绩效超出了大部分同行，没有遭遇连续三年业绩不佳的困境

"完美彼得"

现在，让我们介绍一位离经叛道者——"完美彼得"。对于股票预测和时机选择的问题，他会影响我们，让我们无法得到合理结论。当我们回顾过往的股市图表，并留意市场顶部和底部时，"完美彼得"总会发表邪恶的言论。他会询问："如果你在这个顶部卖出之后，等待市场出现底部买进，然后再在下一个顶部卖出，并在下一个底部买进。这种操作多么神奇啊！"换句话说，我们需要投入精力，按照"完美彼得"持续实现的那种方式，实现完美的交易。

"完美彼得"洞悉人性

"完美彼得"会利用我们的偏见来折磨我们。他知道，我们会用"事后聪明"的态度，对那些顶部和底部进行复盘。然后，我们就误以为自己在过去就能搞明白现在才发生的事情。我们会忘记过去的错误，并记住曾经取得的成功，然后高估了自身能力。对于我们的这种境状，"完美彼得"洞若观火。他会恰到好处地询问："当标普500指数接近高点时，你难道没有察觉到前面有麻烦吗？我确信你察觉到了危险。对于这类事情，你的直觉极其出色。"听着"完美彼得"的话语，你居然发现自己在点头赞同。"是的，随着股市到达高点，我变得紧张起来。一切似乎太过完美，不可能是真的。我当时就在考虑卖出。"他微笑着，拍拍你的肩膀。"当然了，你的感觉真棒！"他用惊叹的语气恭维道。"你做对了，下次，你照样也能做对。"

问题是，你当时并没有做对，很可能下次也没有做对。你在过去只是"考虑"卖出股票，并没有实际的卖出动作。但是，"完美彼得"知道，当你回顾时，因为事后聪明的效应，足以让你确认，你当时非常确凿地做对了事情。"完美彼得"鼓励你加入择时阵营。"完美彼得"会提供一个通过完美择时取得的投资业绩,持续地对比你的真实业绩与枯燥的指数业绩,从而鼓励你追求完美。

让我们观看一段真实的股市历史,了解"完美彼得"的那些耍花招的手法。下方图表展示了 2006 年 1 月至 2008 年 5 月的标准普尔 500 指数(图 4):

在这一期间,"完美彼得"会诱导我们在 2006 年 4 月底的 1,320 点卖出股票。"因为,5 月是卖出离场的月份。"当标准普尔 500 指数在 1,250 点时,他投入了 1 万美元,开启了 2006 年的投资。4 个月后,"完美彼得"卖出投资,并使资金增长到 10,560 美元,收益率为 5.6%。

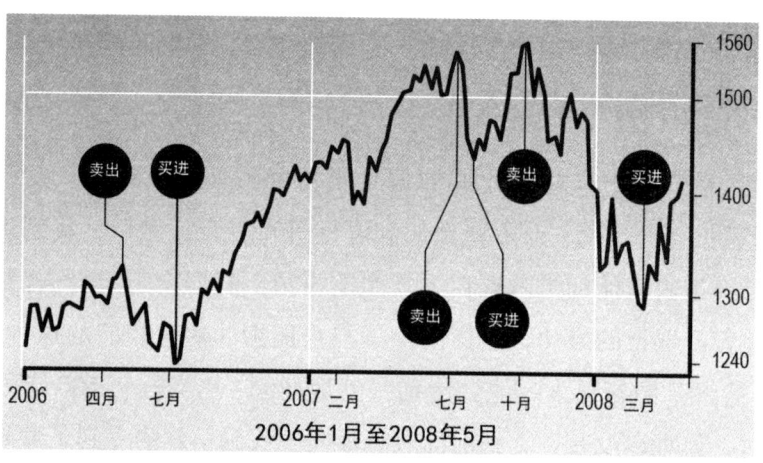

图 4 "完美彼得"虚构的标普 500 交易记录(2006 年 1 月至 2008 年 5 月)

在接下来的 7 月初,股市到达 1,240 点,他投入了全部的 10,560 美元买回股票。因为之前的股市暴跌"显示股市下跌过于迅猛"。"完美彼得"继续持有投资,坚守至 2007 年 2 月的股市顶部,他忍受了随后发生的短暂的急跌。因为"下跌如此之快,显然股市只是在释放超买的压力。"果然,不到两个月,"完美彼得"就弥补了他在 2 月和 3 月的全部账面损失。注意此处出现的一些小小的问题。我们对于真正完美的绩效持有怀疑态度,但是"完美彼得"或其他人在他们的历史报告中包括一些小小的错误，我们更容易被这种精确性深深打动。

"完美彼得"开始展露实力。他在2007年7月初，在1,550点卖出。自他上次买进后，时间已经过了一年。他的10,560美元增长了25%，达到13,200美元——这是一个惊人的年度绩效！令人叹为观止的是，股市下跌后，他在7月底又将全部13,200美元投进了股市。他描述道，"电光石火之间，股市发生了暴跌，橡皮筋如果下坠过猛，必有反弹，股市同样会反弹的。"反弹的确发生了。几个月后，"完美彼得"认为股市"貌似处于高位并且动荡不已"。于是他在10月初的1,560点，就卖出投资，锁定了利润。仅仅两个月，他的13,200美元就增长了8.3%，达到14,300美元。

随后，他和"其他的聪明钱"一起，安全地脱离股市。股市如同瀑布样地下泻，一直下跌到2008年3月的低点1,290。当然，他也忽略了11月和1月发生的几次美妙的反弹。"完美彼得"对此仅仅是耸耸肩，说："见鬼了，不过，你不可能每次都赢的。"听到这番话，你喜欢上了"完美彼得"的诚实。无论如何，"完美彼得"打算在第三个底部买进，事后的结果让他满意。当2008年3月，股市处于1,290点的低点时，他又将14,300美元重新投入股市。最终资金增长了9.3%，达到15,630美元。这样，到了2008年5月初，你与"完美彼得"对话时，股市处于1,410点。

在28个月里，"完美彼得"仅仅操作6次，就让资金增长到15,630美元。你在查看图表时，觉得这些买卖动作清晰明了。只要是人，就能看清这些主要的顶部和底部嘛！"完美彼得"能够识别它们，你认为自己也能搞对。要知道，无论是信奉"买入并持有"的信徒，还是进行指数投资的那些普通女孩子，如果他们在2006年使用和"完美彼得"相同的1万美元投资，等到这28个月结束时只能使资金达到11,280美元，和"完美彼得"的15,630美元没法相比。他们只赚了12.8%，而"完美彼得"却赚了56.3%。这时候，"完美彼得"会狡猾地插话说，如果在一些更小的波段上精耕细作，还会做得更棒。在点评自己的功绩时,"完美彼得"会说,"无论如何,至少我已经抓住了大波段。"对于"完美彼得"的观点,你非常认同。

无处不在的"完美彼得"

这就是"完美彼得"的行为方式和谈话方式。可是,绝大多数场合下,他的名字都不叫"完美彼得"。在现实生活中,他有多种化身:可能是你无所不知的堂弟兰迪;也可能是格雷格·阿奎莱拉会计;或者是喜欢谈论保龄球联盟的大嘴巴,他会故意和你开玩笑,在你付钱买饮料时,假装你动了他的钱包;或者是媒体报道的那些幸运儿,通过抛硬币式的猜测,成功捕获了最近的市场底部或顶部。(顺便说一下,"完美彼得"很少是女性。和男性不同,女性不喜欢吹牛,不喜欢讲述夸大其词的捕鱼故事和股市故事,她们讲的故事通常更准确)

最重要的是,"完美彼得"是一名出色的公共人物。他会在金融媒体抛头露面,处处散发着迷人的魅力。"完美彼得"正是媒体的理想人选,而媒体擅长在牛市中煽动贪婪的火焰,并在熊市激发大众的恐惧。在绝大多数的股市报告中,在字里行间都会透露着这类信息:"你希望将正在发生的事情做得更棒吗?"答案永远是"我希望更棒!"因为没有人能达到"完美彼得"的完美标准——除了事后聪明的错觉。因此,在专题文章中,"完美彼得"会披挂着一件西装,代表着抛硬币的好运,上面印有"勇敢""果断"和"先见之明"之类的字眼。在展示了勇敢、胆魄和先见之明之后,其他就一笔带过,然后开始展示当前的人物,他会大胆地抛出预测观点,宣称"市场要涨!"

例如,2013年5月2日,《华尔街日报》的《钱的节奏》栏目发表了一篇文章。"完美彼得"已经化身为一名抛硬币的图表专家,发布了预测结果:"一位勇敢的图表分析师正在预言顶部正在到来……预测顶部需要勇气,在当前的市场环境中更是如此。标准普尔500指数已经连续6个月上涨,这是2009年9月以来持续时间最长的上涨——在过去的17个月里,共计14个月都在上涨。'当前,这些指标都令人信服、引人注目、值得谈论、并且立场明确.'这位分析师说。"

毫无疑问，这位富有胆魄的"抛硬币者"连续6个月都实现了成功的预测，对吗？错了，但是，我们在赞扬他的勇气时，却没有提及一点——在他实现成功的预测之前，股市的走向在很长时间里和他的预测相悖。在2013年2月中旬，他勇敢地宣称"见顶"的两个半月之前，他向客户提供了公司的《对标准普尔500指数在未来3至6个月的中性展望》，并评论说，"当前86%的看涨观点，让我们认为最好的反弹收益已经告一段落，这是我们看跌的主要原因。"在这次看跌论调和《华尔街日报》的看跌论调之间，相差了足足11周。这段时间，标准普尔500指数上涨了5%；而他在2月份的时候就"看跌"，那是错的。在5月份，他又"看跌"。毫无疑问，他会一直"看跌"，直到股市最终出现下跌。这时候，他就可以吹嘘自己预测对了，而金融媒体又会在此时将他描述为勇敢者。

对于《华尔街日报》或者"完美彼得"的这位化身，我并不是吹毛求疵，故意挑他们的毛病。在其他出版物中，也发生着相同的故事，其他分析师也会抛出相同的硬币，其他的抛硬币者也会做出相同的事情。既然准确率能够达到50%，他们就能及时地得到媒体的赞扬。终有一天，这位抛硬币者的预测就会押对方向，并且他说服了自己和没有进入游戏的其他人："看看，我的预测很准嘛！"——事实上，他一直在"看跌"，直到股市开始下跌。他有很多这样的操练机会。事实上，5月2日，他勇敢地宣称市场见顶的6个月之后，标准普尔500指数已经上涨了11%，并且还在攀升。

对于这种猜测硬币的正面和反面的游戏，除了娱乐价值之外，别无意义。首先，它无法让我们管理资金。金融媒体会暗示说，预测的效果很好，既然其他人的预测功夫更为出色，你应当尝试着正确行动。对于追求完美结果的"完美彼得"和他的朋友们，人人都应当超过他们。这样就为媒体创造了刺激兴奋感的氛围。

可是，请记住，"完美彼得"的完美记录并不存在，他的绝大多数的从事专业基金管理的朋友们都是股市的手下败将。当你看到"分析师""图表专家""导师"或者其他专业头衔，就用"抛硬币者"来代替。当你读到预测类的内容，就要想起股市词典中的最重要的四个英文音节：50%。"完美彼得"无处不在，如影随形，人们难以抵挡住和他朝夕相处的魅惑。

"完美彼得"会使用完美标准，评估所有的股市结果，而且——毫不惊讶——这些被评估的股市结果都是不完美的。没有人能在所有的最低点买进，在所有的最高点卖出。可是，在众多的股票书籍或文章中，你不会读到"人类无法买在最低点，卖在最高点"的观点。即使没有明说，股票啦啦队中的材料也会隐含着建议——股市中隐藏着更多的潜在利润，只需要把预测功力再提升一些，你就能获得更多财富。事实上，你无法提升预测功力，你的正确率只能达到50%。如果采用那些材料的建议，你就会沦落，和大多数的专业基金经理一样，发生了高额的交易费用，缴纳了大量的交易税，并在输给股市的过程中承担着重大压力。

对"完美彼得"来说，这样的结果不足为奇。当一扇窗户关闭了，必定还有一扇门为你开启。他会不断地提醒你，要想实现完美的利润，必须进行其他的择时尝试。我们需要使用理性的"3%信号计划"，来应对股票的不确定性。我们需要将投资结果与不完美却更为现实的结果进行对比，来防范"完美彼得"的影响。在媒体看来，我们的这类方法过于无聊，没有报道价值。可是，当我们忽略媒体并掌握了这类方法，就会带来巨大的满足感，可以击败股市并获得更多利润。

"股市将要向哪个方向运行呢？"这是"完美彼得"的问题。"谁在乎未来的方向呢？"你将按照这种方式回答，从而激怒了"完美彼得"。

想法与真相

成功人士很难接受本章结论。对股市有兴趣的，往往是天性骄傲的聪明人。正是聪明才智使他们在班级中脱颖而出，进入名牌大学，得到同龄人和公众的认可，加入一流公司、企业、医院或其他组织，取得高薪职位，赢得社区的赞誉，拥有出众的房子和汽车。投资者是生活中的赢家，不会接受平庸的结果。他们为什么要在股市上接受平庸的结果呢？

"他们"真真切切地代表着"我们"。我们都为已经实现的成就而深感自豪，并且尊重自己的能力。在股市里，我们自认为可以胜过投资者的平均水平。如果勤于接触和实践，我们甚至能够击败股市，就像我们在其他挑战中的胜出那样并无不同。

人类本性的困扰愚弄了我们，让我们误以为预测股票和预测未来是不同的两码事。实际上，两者并无差异。预测下个月股市将会上涨，和下面的两项预测相比，可信度并不高。一项预测是，预测下个月的第三个星期二，是否有婴儿在你的城镇出生？另一项预测是，预测明年第一场雪的发生日期。这些预测的概率各不相同，但结果都是不确定的。我们可以容易地感受到婴儿出生和天气预报的不确定性，但是，我们却十分情愿地忽略了股市的不确定性。这可能是因为投机披着研究的伪装，欺骗了我们。在遥远的未来，婴儿何时出生？雪天何时来临？当我们猜测时，如果遇上了对这两个问题的厚厚的报告结论，其中还包含了图表和表格，我们可能也会相信这种虚妄的猜测。

婴儿出生和下雪问题，都不会使用厚厚的报告结论，毕竟这两个问题都只是猜测，而不是弄虚作假。有些人耗费了多年时间，付出了让人肃然起敬的努力，希望提升技能和绩效，却最终沦陷在一个无法提升技能和绩效的领域——股市。对于错过的每一轮周期，他们都经历了压力和沮丧。很多人直到白发苍苍才惊觉将太多时间花在了无望的努力上。许多野餐、假日、特别晚宴、毕业典礼、婚礼和周年纪念日，都被股市旋涡的无效性消耗了。这最终会让我们反思，投入了百般努力，到底值不值得呢？当你反思自己犯错了，并且进一步意识到你无法找到方法，可以轻松地解决这些错误问题时，股票压力就会成为消耗一切的忧虑，一种深深的空虚的失望。

想象一下，你在周日和家人散步时，本应当一起享受美好的天气和愉快的闲谈。"这阳光很让人惬意呢！"你的爱人说。这时，你却只能心不在焉地点点头，然后强颜欢笑。实际上，你正在盘算股价何时才会止跌呢！"亲爱的，我们以后要多享受这样的美好时光呢。"你听到爱人的对话，并随声附和。可是，一想到你们的财富将在某天耗尽，你就会头皮发麻。从现在起，你不必再去承受这种压力了。"3%信号计划"的目标，就是将你解脱出来。

本章执行概要

人类不善于把握市场时机，因为我们错误地解读了有限的亲身经验，将其当成处理更复杂形势的有效工具。我们的记忆会随着时间的推移而改变，让我们产生了误解，以为自己在过去的时空就能知悉当前。我们把运气误以为是技能。我们臆造了一些原本就不存在的模式。在股市的无效性环境中，我们也无法提升直觉能力，因为过去发生的事情并不一定重现。

关键点：

- 模式识别在生活中的大多数领域都很有效，因为它建立在可重复的、可靠的规则之上。可是，我们将其应用于股票，反而产生了不利影响，因为股票波动并不会精确地遵循某种模式。
- 人类内心的骄傲和贫乏的记忆力，使我们面对事后聪明效应时十分脆弱。这是一种错误的信念，让我们盲目认为我们始终洞悉股市的一切。我们忘记了对股市的错误解读，或者让这些错误貌似合理地消失，最终得出结论，我们不可能犯错，股市才是错的。股市应该按照我们的期望运行。
- 我们错误地把运气当成技能，然后对这种"技能"更有信心，投入更多的钱押注未来，然后在后续的错误中，赔掉更多的钱，耗散了以前的盈利。

- 股市参与者只在50%的时间里是正确的，正确率和抛硬币出现正面或反面的结果相同。人类有模式识别的倾向，而股市只是一个正确率和错误率各占50%的随机环境，这让受害者陷入了未来可以预测的错觉。
- 绝大多数的投资经理都是股市的手下败将，甚至赢家也会经历长期连续的失败。在投资者享受这些赢家的最终胜出的优胜绩效之前，长期的连续失败足以把很多投资者震荡出局。
- 股票行业擅长诱骗，让我们过高地估计了自己的投资能力。它是怎样做到的？它会暗示完美的绩效尽在我们的掌握，因为完美决策所需要的信息都存在于过去的某个关键点。实际上，我们只能在事后才知道哪些信息是正确的。

第二章 利用波动性

现在，你懂得了哪些因素在股市中毫无效果。那么，哪些因素又富有成效呢？让我们见识下"3%信号计划"。通过它，你都不需要理睬那些"无效专家"，只需要执行这套经过验证的系统信号，每年只需要执行4次。

在本章中，我们先概述"3%信号计划"，接下来将探讨价格波动。如果说3%信号是子弹头，股市的波动性就是驱动子弹头的弹药。股市只有三个方向：上涨、横向盘整、下跌。"3%信号计划"按照自己的节奏，在这三种股市运动方向之间切换。虽然价格波动不可预测，"3%信号计划"却能让我们低价买进、高价卖出，进而获利。

如此说来，价格波动是美丽的。当价格发生了变化，我们才能从市场买卖中赚到钱。如果价格没有波动，向股市投入资金，就像把钱存入银行账户，而且还收不到利息。当我们看错了方向时，价格波动就会变得丑陋——这是习以为常的事情——我们被迫高价买进，低价卖出，从而产生了亏损。这类投资工具通常是股票、共同基金和交易所买卖基金（ETF）。3%信号将引导我们，对价格波动做出理智的反应，低价买进，高价卖出。

3%信号

3%信号有6个部件。我们先进行概述,建立起大的框架。然后,在本书的其余部分,我们将详细探讨这6个部件,理解它们的工作原理,并令之发挥出卓越的效果。这6个部件是:

- 增长工具:在我们的工作期间,将大部分的资金,配置在增长工具上。
- 安全工具:在安全工具上,我们将配置比例较少的资金。
- 资金配置目标:增长工具和安全工具之间的资金配置目标。
- 安全工具的配置临界线:当触发临界线之后,重新平衡,恢复至安全工具的设定目标。
- 时间安排:增长工具信号的时间安排。
- 增长工具的目标。

这些部件可以灵活设置。例如,"增长工具"可以是大型股股票基金、专注于技术公司的专业股票基金,或者是一只低价股股票基金。"安全工具"可以是货币股市基金、债券基金,或者是其他波动性较低的金融产品。对于"资金配置目标",可以在增长工具和安全工具分别配置50%的资金,或者做出调整,将更多的资金向增长工具或安全工具倾斜。增长工具与安全工具之间,按照20/80的比例配置资金相当安全,但是资金无法大幅增长;按照80/20的比例配置资金,资金增长较快,只是资金会大幅波动。"时间安排"指的是股票基金的调整频率,以满足股票基金的增长目标。可以按照月、季度、年或者其他时间周期进行调整。"增长工具的目标",可以是我们期望的任意数值,例如,将"增长工具的目标"设定为每月增长2%,每个季度增长4%,或者每年增长11%。

稍后，我们将探讨这些部件的不同设置。其中，有一个默认的常青树组合，也就是"3%信号计划"的基础方案。在一位投资者大部分的工作年月里，这个基础方案都是适用的。当我们谈论"3%信号计划"时，就指向这个基础方案。在基础方案中，各个部件的细节如下：

- 增长工具：将小型股股票基金作为增长工具。
- 安全工具：将债券基金作为安全工具。
- 资金配置目标：在股票基金和债券基金之间，设定80/20比例的配置目标。
- 债券基金的配置临界线：30%的债券配置临界线，触发后，重新平衡，使股票基金/债券基金重返80/20比例的配置目标。
- 时间安排：每个季度调整一次。
- 增长工具的目标：让股票基金每个季度增长3%。

在每个季度末，需要查看股票基金的余额。如果股票基金恰好增长3%，你就按兵不动。如果增长超过了3%，你就会卖出超额部分的利润，然后把超额利润补充到债券基金。如果股票基金的增长不到3%，或者发生了亏损，你将动用债券基金中的资金，去买进股票基金，使股票基金的余额达到每个季度增长3%的目标。通过这种方式，你将机械地从价格波动中收获利润。

想象一下，3%信号线在价格图表上径直地上升，直达右上角。每个季度末，股票基金的余额或者高于3%信号线，或者低于3%信号线。在实际余额和3%信号线之间的间距部分，你可以涂上阴影。绿色阴影位于信号线上方，代表超出3%的超额利润盈余；红色阴影位于信号线下方，代表没有实现3%的目标，出现了利润短缺。每个季度操作一次程序，卖出股票基金的超额利润，或者补足短缺的差额，从而使股票基金的余额完美地到达3%信号线。如图所示。

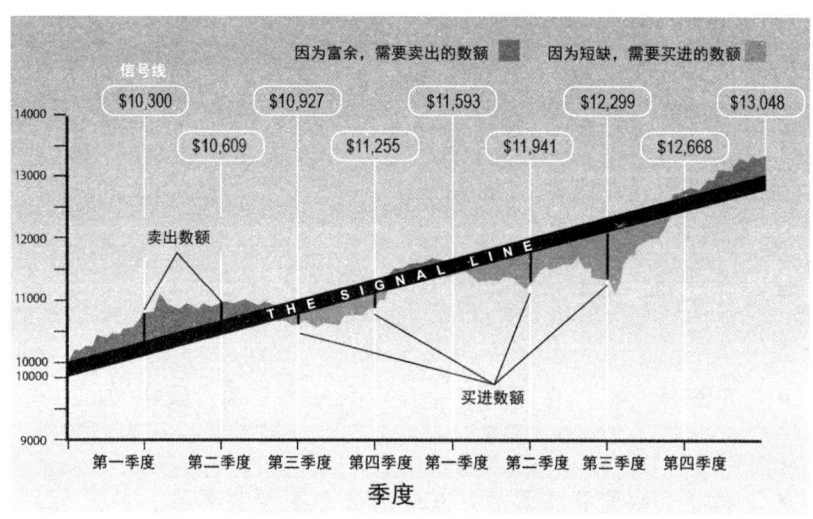

图 5 以 3% 信号线为界，对于高于 3% 信号线的盈余部分，卖出；对于低于信号线的短缺部分，买进

通过剔除市场噪音，这套简单系统能够击败股市。你不必也不想去理会那些五花八门的股市预测，甚至也懒得发表自己的观点。对"3%信号计划"而言，它只对已经发生的事件做出反应，并不试图预测未来可能发生的事件。它只需要一个实实在在的数字——季度收盘价，并不需要预言。它能帮助你超越那些专家人士，实现更好的回报。你无须理会专家意见，只需要锁定 3% 的增长率。工作量极少，并且绝大多数情况下无须承担压力。在"3%信号计划"中，你的财务的重要部分将自动化运行，从而回归到真正的生活。

在本书的其余部分，我们将探讨"3%信号计划"的部件，并添加两个附件来提升"3%信号计划"的效果：一个附件是"坚守"（stick around）规则，在股票崩盘之后，投入充足资金进行充分投资，并在股票上涨后获利。另一个附件是"底部买进账户"（bottom-buying account）。当股市发生抛售狂潮，股价暴跌出现了极低的价位时，可以动用"底部买进账户"的资金，满足买进信号的要求。

运行"3%信号计划",你只需要选择两只费用低廉的指数基金。一只是小型股股票基金,另一只是债券基金。任何存入资金的账户都可以运行"3%信号计划",如401(k)账户、IRA或者正规的经纪账户。退休账户是运行"3%信号计划"的最佳账户,当你获利了结时,不用担心资本利得税(tax on profits)。我们将在第六章全面探讨税务问题。通过"3%信号计划"来实现退休和其他财务目标,将消除你面对市场的焦虑情绪,降低交易费用,并大幅提升投资绩效。"3%信号计划"的效果极佳,不会造成痛苦。你甚至会感叹离开了"3%信号计划",你就无法到达远方。

远离那些扰乱心神的"无效专家",远离决策时的犹豫不决。大部分的投资方法都会产生焦虑感,让我们优柔寡断。然而,"3%信号计划"能够让我们通过理性的计算,将所有的臆测抛之脑后。一年只需要4天来执行计划,你甚至都懒得操作。这正是聪明钱的投资之道,而你即将掌握其中的奥秘。

波动性是机遇

如果价格只是窄幅盘整,就难以产生利润,我们需要价格大幅涨跌。作为投资者,我们的工作就是——识别市场潮汐中那些无可避免的价格波动,媒体将这种价格波动描述成令人激动和痛苦的情感故事。但是,我们需要排除这些故事的影响。我们只需要简单地理解"低价买进,高价卖出",而波动性将成为我们的朋友。

不幸的是,我们在天性上并不擅长排除噪音。面对朋友和家人发出的市场噪音,我们表现更差。然而,我们的朋友和家人们更乐意竖起耳朵去倾听噪音,并渴望分享那些八卦消息。金融媒体深谙此道,懂得利用貌似可信的专家和有力的证据,去制造那些令人信服的案例。媒体经常会引述一些历史事件,例如,你可能会读到,纽约证券交易所的成交股数超过了某某数量,18个月以来成交股数首次达到这一数量。至于后面应当如何操作呢？媒体永远不会给出答案。你懂得应该得出重要结论，可是，你必须自行推导结论。面对这个问题，再加上股价涨涨跌跌，你在情感上就容易受到影响，被拐带着向一个随机方向奔跑。怂恿你的那些专家会使用一些老生常谈的流行语，循环播报。如果看跌，他们会讲"股市正在休整"或"等待完美价格"；如果看涨，他们会讲"还有上行空间"或者"利空出尽了"。

你需要真正理解的是——简单地利用价格变动，同时不必理会价格上涨或下跌的原因。价格的当前涨跌，对价格的未来涨跌的概率毫无影响。你只能知道已经发生的事件，却无法预测未来可能发生的事件。任何事件都有可能发生，所以猜测又有啥用呢？这个活儿就留给专家吧。

价格波动越大，赚钱的机会就越多，但是心理压力就越大。价格波动低，不会给情感带来冲击，但不太赚钱。价格波动高，情感上会经受考验，但是利润很高。大部分的计划设计者都会提出建议，需要将低波动资产与高波动资产组合，达到某种平衡。这样，低波动资产的稳定性提供了信心，能够让我们继续投资于高波动资产，并让高波动资产带来强大的效果。

那些常见的课程往往强调，持有低波动性的资产，获得心理上的舒适感，然后再持有高波动性的资产；而我设计了一种不同的方法，添加一套自动化机制，让波动性来发挥更好的效果。这样做，我们就能愉快地实现自动化的"低价买进，高价卖出"。我们能够在价格变化中找到乐趣，避免对情感造成毁灭性打击。在投资的过程中，我们会感到舒适。面对盈利和亏损时，不再贪婪和恐惧。

这种舒适感以及自动化的效率，能够将我们大部分的资金集中起来，配置在市场中波动性更高的环节，实现更加出色的长期绩效。只有少数的计划设计者推荐这条路线，因为较高的波动性会让大多数人放弃计划。大多数的计划都没有包含"低价买进，高价卖出"的机制，而我引入了这种机制。对于高波动性进行自动化处理，会让你更为容易地坚持计划，去迎接股市的起起伏伏。随着时间的推移，两种方法将实现更好的效果。首先，和低波动性的金融工具相比，股市的波动性更高，股票的涨幅更大。其次，对股票进行自动化的"低价买进，高价卖出"，可以让原本就胜出一筹的绩效再度增强。

在股市中，应当如何利用它的高波动性呢？我们将在后文探讨。现在，你只需明白，如果应用得当，波动性就能提供机遇。波动性并不可怕，只要投资不会破产，当价格下跌时，就代表着机遇，投入资金就能最终获利，这是不言自明的道理。但是，在日常的股市预测中，却忽略了这个道理。当你读完本书后，你会彻底关注在股市波动中已经形成的价格，而不去理会未来价格。你开始相信，将你带往远方的自动化机制将继续引导你，去奔赴更远的远方。你不再忧虑股市将去往何方。股市纵有千般变化，你的自动化机制都会适当地反应。

波动性是机遇，你将利用波动性获利。

稳守指数

看看最后一章的证据，再看看支持这项研究的一排排书架上的众多资料，很多投资者最终都放弃了面向市场的时机选择，而是开始使用指数基金。即使是伟大的投资家——沃伦·巴菲特也看好指数基金。他通过持有价值被低估的企业的股票，跻身于世界上的顶级富豪之列。巴菲特在2007年5月表示，大多数投资者要想做得更好，只需要持有费用低廉的指数基金，而不是把钱委托给基金经理或者自己挑选股票。他说："一支费用非常低廉的指数基金，将击败大部分的业余或专业管理的资金。"巴菲特相信他能够继续击败标准普尔500指数，可是，如果他的业绩领先标准普尔500指数"几个百分点"，他就会感到惊讶。巴菲特是历史上最好的择股者，他的这些观察结论值得注意。

"指数型共同基金"或"指数型交易所交易基金（ETF）"被动地跟随市场，不涉及任何主观判断。它既不会猜测价格涨跌，也会不关心经济状况，对那些令人兴奋的新产品的上市也毫不在意。以"标准普尔500指数基金"为例，它持有标准普尔统计的所有500家大型企业的股票。以"罗素2000指数基金"为例，它持有该名单上的全部2000家小型企业的股票。指数中的那些股票被称为成分股，大多数指数基金都持有与指数本身相同权重的全部成分股。这些指数，尤其是像道琼斯工业平均指数和标准普尔500指数这样的大型股指数，被称为"市场指数"。当我们拥有指数基金时，我们相当于把钱投入股市本身，并不会刻意挑选某些股票，期望这些股票能够胜过整体股市。

选择指数基金是可行的做法。指数基金很便宜，并且绩效也击败了大多数的职业经理。这些职业经理已经沦落为人类全部弱点的牺牲品。我们在上一章探讨了这些人类弱点。在任何一年，大约2/3的"专业人士"的绩效都落后于这种操作方法：在1月份的第一个交易日，买进一只指数基金，然后使用该年的剩余时间去钓鱼。

指数投资才是我们的真正对手。"完美彼得"和"无效专家"还没有资格挑战我们。如果我们无法制订一个计划，能够长期击败标准普尔500指数，那我们就应当放弃，并直接持有标准普尔500指数基金。在本书中，标准普尔500指数将成为我们的对抗基准，我们将彻底击败它。击败了这个指数，我们就能把大量的无效基金经理打趴在地。

"抛硬币"形成的价格线

在上一章，我抛了50次硬币，创建了一个图表。然后，将初始资金设置为1万美元。当硬币出现正面，资金就增长5%；当硬币出现反面，资金就减少5%。当资金连续增长或连续减少时，不像是随机产生的结果，并且此时的图表与股市图表颇为神似。为了更新记忆，来看抛硬币产生的序列和相应的图表：

正正正反反正反正正反正反反反正反反反反正正反反反正反正反正正反正反反反正正正正正反正反正正。

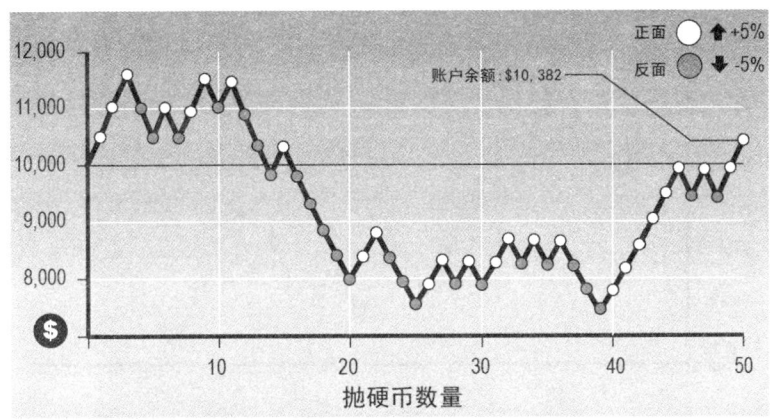

图 1 抛硬币导致的 1 万美元账户余额的变化

为了让这个例子更为真实，我们再添加新一层的随机性。在和上一序列完全相同的基础上，我又抛了 50 次硬币。这一次，当硬币出现正面时，资金就会发生 6% 的变化——注意！资金是增长了？还是减少了？取决于上一序列的结果。当这一次的硬币出现正面时，如果上一序列增长了 5%，这次就增长 6%；如果上一序列减少了 5%，这次就减少 6%。当这一次的硬币出现反面时，资金就会有 4% 的变化。这是第二次抛硬币的结果：

反正反正正正反反正反正正反反反反反正反反正正反反正反正正反正反正反正反反反反反反正反正反反正反。

在第一个序列中，第一次抛硬币，硬币出现正面，意味着资金出现了增长；在第二个序列中，第一次抛硬币，硬币出现反面，意味着资金发生了 4% 的变化。这样，10,000 美元的余额就增长了 4%，达到 10,400 美元。在第一个序列中，第二次抛硬币，硬币出现正面，意味着资金增长；在第二个序列中，第二次抛硬币，硬币出现正面，意味着资金发生了 6% 的变化。这样，10,400 美元的资金余额就增长了 6%，达到 11,024 美元。当抛硬币的次数达到 50 后，就得出了以下的结果。

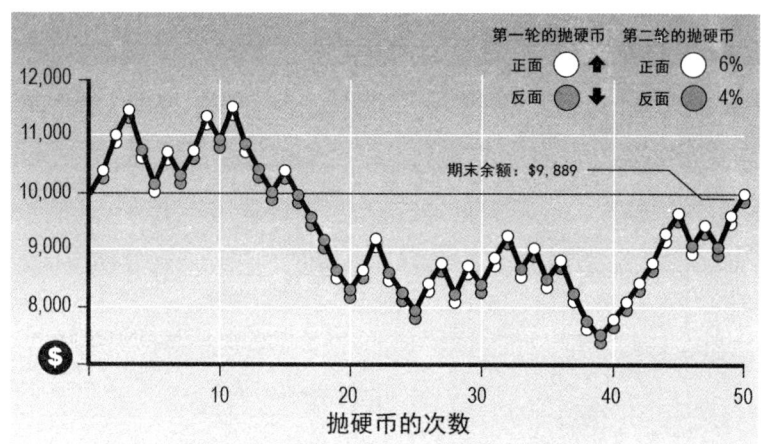

图6 两轮的抛硬币对1万美元的余额造成的变化

在第一个例子中,模式是恒定的,每次变化5%。第二个例子与第一个例子非常相似,只是"资金的变化幅度"略有不同,资金增加或减少的模式却一模一样。对于第一个序列的生成结果,第二层的随机性几乎没有造成影响。原因在于第二层的随机性无法改变每一轮的图表线的移动方向,只能改变图表线的移动距离。在第一个例子中,图表线总是移动5%。在第二个例子中,它会移动4%或6%。移动距离略低于5%,或者略高于5%;而4和6相加,平均值就是5。从长期来看,第一个例子与第二个例子的结果相似,因为数字的变化几乎相同。

然而,即使模式完全相同,将"资金变化的幅度"增大,就能显著改变结果。使用和上述相同的序列,只是硬币出现正面时,资金变化30%;硬币出现反面时,资金变化10%。

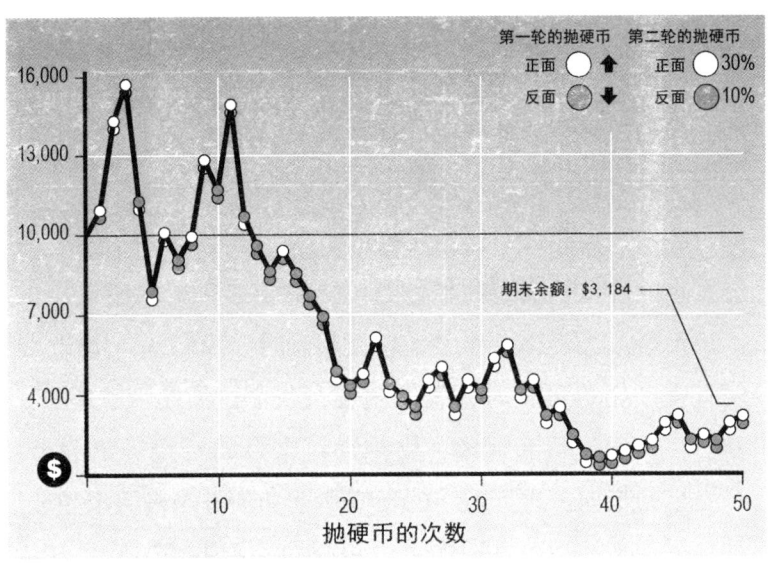

图7 在抛硬币时,采用较大的波动幅度,对1万美元的余额造成的变化

"资金变化的幅度"增大之后,结果就会显著不同。在第一个例子中,每次抛出硬币时,资金变化5%,最终结果为10,382美元。在第二个例子中,当硬币出现正面时,资金变化6%,当硬币出现反面时,资金变化4%,最终结果为9,989美元。在第三个例子中,当硬币出现正面时,资金变化30%,当硬币出现反面时,资金变化10%,最终结果为3,184美元。

在这些例子中,在随机环境中使用相同的模式,通过改变"资金变化的幅度",我们获得了不同的结果。同样,伴随着这些变化,我们也可以改变"资金的数量"。在底部多买,在顶部少买,即使市场遵循着随机路径,我们也能提升投资的绩效。下次我们将更为详尽地探讨这个问题。

反应性的重新平衡

如果我们相信第一章的证据,现在我们却在底部多买,在顶部少买，岂不显得很虚伪吗？既然我们没法预测股市的底部和顶部，我们凭什么加码买进，或者获利了结呢？

是的，我们无法精确地预测底部和顶部，但是我们却知道股市已经发生的走向，并对此作出相应的反应。这并不需要预测的功夫。和预测未来不同，我们只需要针对已经发生的走向，做出后续的反应。我们将根据已经发生的事实，决定我们的行动。对于未来的尚不确定的事情，我们就不予理会。当价格上涨出现超额利润时，我们就会卖出。当价格下跌，便宜资产俯拾可得时，我们就会买进。这就是我说的"反应性重新平衡"——通过重新调整，安排那些富余的资金进出股市。根据股市已经发生的走向，进行适当的反应。这和预测未来的水晶球毫无关系，那种预测未来的做法也被称为"预测性重新平衡"——在股市中，这种做法更为常见，人们期望准确地预测未来，如果猜对了未来走向，就能从中获利。就这样，人们跟随着"无效专家"的预测结果，把资金投到那些专家预测的赚钱宝地。然而，这些专家预测的准确率和抛硬币的结果是一样的。

我们研究过抛硬币的模式。在第一个例子的每个变化点上，"资金的变化幅度"是5%，或者增加5%，或者减少5%。在第二个例子中，"资金的变化幅度"是4%或6%。在第三个例子中，"资金的变化幅度"是30%或10%。在第二个和第三个例子里，我们对"资金的变化幅度"进行了随机分配。如果不是对股市波动做出随机反应，而是根据透露的信息刻意反应，将是什么结果呢？来看答案。

在下一个例子中，继续采取早先的相同模式，股市也随机波动。但是，我们会对股市做出相应的反应。当股市上涨之后，我们卖出；然后，当股市下跌之后，我们买进。"资金的变化幅度"为第一个例子中的恒定的5%。无论是账户增长，还是减少，资金的变化幅度都是5%。我们先从80/20比例的股票和现金开始。资金共计1万美元，将股票部分设定为8,000美元，将现金部分设定为2,000美元。股市上涨时，我们会卖出5%的股票部位。股市下跌时，我们会动用现金买入股票，从而让股票部位增长 5%。举个例子，如果股票部位的价值是 5,000 美元，下跌 5% 之后，我们会使用 250 美元的现金，买进价值 250 美元的股票部位。250 美元是 5,000 美元的 5%。沿用早先的例子，经历了一模一样的 50 次抛硬币之后，以下是"3%信号计划"的展示结果。我们对该结果与抛硬币的基础运动进行了比较。

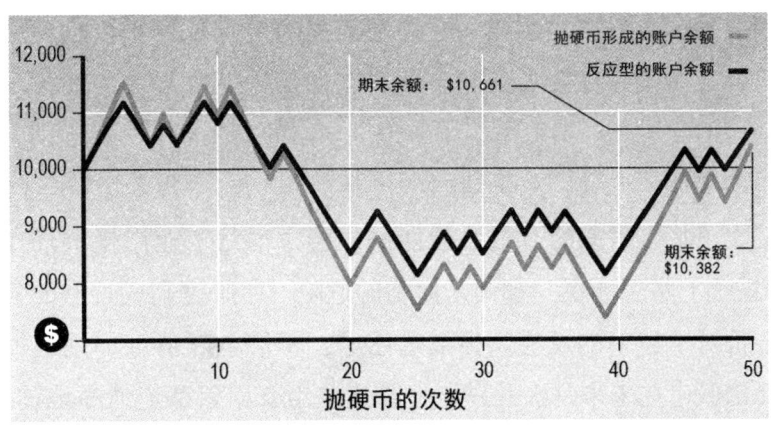

图 8　抛硬币与反应型的买卖对 1 万美元的余额造成的变化

你的感受如何呢？在这个通过抛硬币形成的市场中，这些机械式的反应提升了绩效，胜过了"抛硬币市场"的基准绩效。在第一个上涨序列中，以粗线标示的反应线稍微落后，因为我们卖出了股票，获利为安。既然卖出了股票，也就无法从股票的继续上涨中获益。所以，面对股票的继续上涨，我们也就无话可说，这种状况持续了数个周期。我们也能接受暂时落后的结果。毕竟在这段旅程中，虽然暂时落后，但差距不大。当硬币进入"反反反正反反反反正正反反反"阶段时，股市开始下跌，股市基准和我们的资金余额都稳步地下降到 8,000 美元。转瞬之间，我们计划中的对价格运动保持静默的策略就派上了用场。当股市到达顶峰时，这种策略阻止我们的资金到达峰值。可是，面对长期下跌，当硬币出现反面，股市展开自由落体式的下跌时，这种静默策略就会限制我们的损失。结果是，在 50 次抛硬币活动的剩余阶段，我们的资金缩水较少，从而在绩效上超过了股市基准。

在真正的股市，预言者会将这个简单例子复杂化，制造出那些令人烦恼的困惑。和抛硬币呈现的随机结果不同，我们还会面对这些专业猜测者的观点。在股市的无效性环境中，他们却经年累月地投入大量时间。想象一番，你正沿着股市的随机序列展开一段旅程。在开始阶段，围绕着11,000美元一线，股市"波动范围"的讨论正在展开。你会听到牛熊双方正在争夺控制权。在抛硬币式的"反反反正反反反反正正反反反"阶段，你会听到熊市一方正在谈论下降趋势。五花八门的看空消息不绝于耳：失业率、中东地区加剧的紧张局势、遥远国家的过度投机的房地产市场、美联储的"史无前例"或"想象力匮乏"的决定、摧毁了某个国家的总统、无能的国会、本月工业产量的环比、在"预警雷达上隐隐浮现"却尚未面临的危险、通胀过高或过低的各种论调、金价对于利率的反应。你被魅惑了，相信全部消息都是至关重要的。无论股市在未来是涨是跌，但是这些组合因素都会清晰地诱导你，让你认为股市将会下跌。来吧，聪明钱，难道你不知道要卖出吗？

自始至终，我们都知道预测者很蠢，可是，怎样让他们显露出愚蠢的原形来呢？只要面对盘整走势，预测者的愚蠢行为就展露无遗。在前述例子的第19次至第41次的抛硬币期间，股市出现了盘整走势，我们的资金余额在8,000美元和9,000美元之间徘徊波动，这正是媒体中出现的最为荒唐可笑的环境。股市证明了所有人都是错的，因为股市既不向上突破，也不向下突破。然而，牛熊双方都会跳出来，先解释一番股市"盘整"原因，然后就认定股市会朝着他们喜爱的方向前进。死多头会说，股市在涨得更高之前，需要先行休整，这样才能积蓄向上的动力；死空头会说，上涨动力已经衰竭，后市必跌。这种多空争执的局面最终将被打破。在抛硬币的猜测竞赛中，一方侥幸获胜，另一方不幸以失败告终。

换句话说，面对价格已经发生的走势，我们自动地进行反应，就能击败大多数的专业人士和股市基准本身。在这50回合的场景中，我们能够无忧无虑地自在生活,并且屏蔽那些喋喋不休的市场人士。当 50 回合结束时,我们的"反应性重新平衡"的资金最终达到了 10,661 美元,而股市基准达到了 10,382 美元。大多数专业人士的资金余额,通常会落在 9,989 美元和 3,184 美元之间。这两个数字,正是我们在第二和第三个例子中展示的最终结果。在我们的第二个例子中,硬币出现正面时,资金变化 6%,硬币出现反面时,资金变化 4%,最终资金余额达到 9,989 美元。在我们的第三个例子中,硬币出现正面时,资金变化 30%,硬币出现反面时,资金变化 10%。最终资金余额达到 3,184 美元。

另外,我们还持有一大笔安全的现金,从而取得了优异成绩。我们在本章开头探讨过"3%信号计划",并将安全账户的配置目标比例设定为 20%。这正是本例中操练的关键点。我们先通过现金的形式,存放 20% 的资金。当我们进行买卖时,资金余额就会发生波动,但是我们从来都不押上全部资金。为了纵览我们的这段旅程,请详细阅读下方表格,左列是抛硬币的次数,其后是抛硬币之后形成的资金余额。

表 1 在抛硬币形成的"市场"中,由于价格波动,导致账户余额变化

抛硬币次数	现金余额	股票余额	总余额	"市场"余额
1	$2,420	$7,980	$10,400	$10,500
9	$3,370	$7,820	$11,190	$11,490
25	$605	$7,515	$8,120	$7,547
36	$1,890	$7,348	$9,238	$8,649
39	$886	$7,257	$8,143	$7,415
50	$3,601	$7,060	$10,661	$10,382

这种动态变化正在发挥效果,能看明白吗?随着股市下跌,我们的自动计划稳稳地投入更多现金,从而在股价较低时,买进股票。当股市

复苏，股价较高时，"3%信号计划"又稳稳地卖出股票，并将资金撤离股市。现金账户和股票账户之间会发生波动变化。股市下跌时，现金账户的余额也会随之下降。因为从现金账户流出了现金，买进了股票，从而让股票余额非常稳定地维持在7,000美元附近。当股市复苏时，卖出股票的利润又返回到现金账户，导致现金账户的余额再次增加。

在这种设计中，当股市下跌时，我们就能领先股市基准，因为我们账户的跌幅更低。如果在很长一段时间里，股市遇到了一连串的"硬币的正面"——意味着股市正在持续不断地上涨，这样，股市基准又能超越我们。因为我们会随着股市上涨一路卖出，获益较少。虽然如此，请记住股市是波动的。随着时间推移，天平又逐渐向有利于我们的方向倾斜，进而实现更好的绩效，从而满足我们的期望。

这个例子太过简单，因为在现实股市中，不会只出现纯粹的5%增量。在我们的投资组合中，如果只是设定一个僵硬的、遇到5%的变化就买进/卖出的规则，也并不是最好的技术。稍后，我们将使用真实的股市数据，面对价格波动做出更为优雅的反应。这些抛硬币的例子仅仅表达一个目的：面对随机波动时，通过聪明的反应，我们可以掌握一种绩效优势。

通过这个概念，我们将建立一个可靠的系统。我们不再询问，"股市的未来走势如何？"而是开始询问："股市已经发生了哪些事情？"然后询问"我该如何操作？"这正是投资智慧的萌芽。我们开始脱离乌合之众，采用新的方法，让股市波动为我们服务，而不是与我们为敌。

本章执行概要

股市按照自己的节奏，产生了向上、横向盘整或者向下的波动。当波动发生之后，我们就能利用价格变化，建立优势。这并不需要预测的功夫。只需要低价买进，高价卖出，并将这个过程自动化。这样，市场波动就成为可供利用的工具，不再让人望而生畏。

关键点：

- 在每个季度，"3%信号计划"都会对股票账户进行重新平衡。如果股票账户的余额超过了增长目标，就取出超额利润。如果股票账户没有达到增长目标，就使用安全账户中的资金来弥补股票账户的短缺。

- 股市波动代表机遇。我们需要识别股市潮汐中那些无可避免的价格波动。它只和当前价格有关，而和价格变化的原因无关。没有人知道价格变化的原因。

- 在投资不会破产的前提下，价格的波动越大，自动化的"低价买进，高价卖出"的系统就会创造更多的利润。选择一个高波动的指数，因为指数不会破产。在"3%信号计划"中，指数基金是我们主要的投资工具。

- 大多数投资者都是股市指数的手下败将，所以我们的目标是击败股市指数。我们将顺利地击败股市指数，从而彻底击败了基金经理。

- 不需要改变或者预测价格线的运动方向，只需要改变价格线的变化幅度，就能让随机生成的价格线发生波动。在变化点上，调整"资金变化的幅度"，就足以使我们的资金余额随之变化。

- 机械式地"低价买进，高价卖出"，通过一种有益的方式，对跟随价格的资金数量进行调整。这样操作，绩效就可以击败股市基准。这并不需要什么预测的功夫，只需要"反应性重新平衡"。

第三章　设置一个绩效目标

截至目前，我们已经明白，人类并不擅长预测股市。但是，通过一个计划，自动化地"低价买进，高价卖出"，对股市中已经发生的事情做出反应，就能解决问题。我们将通过本章设置一个绩效目标，对自动化进行定义，判断股市处于高位还是处于低位。股市总在变化，所以，我们需要一条信号线，与股市波动进行比较。如果股市产生的利润高于这条信号线，我们就会卖出股票。如果股市落后于这条信号线，我们就会买进股票。我们将在本章探讨以下问题：为什么每个季度赚3%是正确的绩效目标？在承担较低风险的同时，如何使用3%信号击败其他方法？

良好绩效的概念

我们期望从股票中赚到多少钱呢？人们总是吹嘘那些赚了大钱的故事。比如说，"我的资金翻倍啦"；有人甚至说，"我拿到一只传奇的10倍飙涨股，涨了10倍！"这类的成功故事时有发生。有趣的是，这类事迹并不可靠。而且，他们投入的本钱本就不多，涨得再多也没有意义。有人吹嘘资金翻倍时，你要问一问："你投了多少钱呢？"如果只是将500美元变成了1,000美元，就算是翻倍也没有意义。这样的结果无法显著地改善生活。

我们需要设置一个可靠的目标。随着时间的推移，我们能够一次次地实现目标。要想理解股市的典型绩效，最好是查看它的历史绩效。虽然无法保证股市的未来绩效与历史绩效相符，但是，历史绩效是我们仅有的可供使用的信息。众多的股票构成了浩瀚的海洋，破产股能够跌到一文不名，飙涨股甚至能涨10倍，还有无数股票的绩效处于两极之间。但是，浩瀚的海洋本身，也就是整体股市的绩效却不会偏离过多。

历经时间考验的股市

对股市的各种长期研究表明，在过去大约90年间，股市的年度绩效大约为10%。这是名义绩效。也就是说，这个名义绩效并没有考虑通货膨胀的因素。真实绩效是对通货膨胀调整后的绩效，大约是每年6.8%。其中，大型股的回报低于中小型股票的回报。整体股市的名义报酬率是10%，这是个很容易记住的近似值。

你可能会考虑，股市的变化可不像年度绩效那样平稳。从1926年以来，股市的滚动10年期报酬率一直在−5%到20%之间波动。来看先锋集团提供的图表：

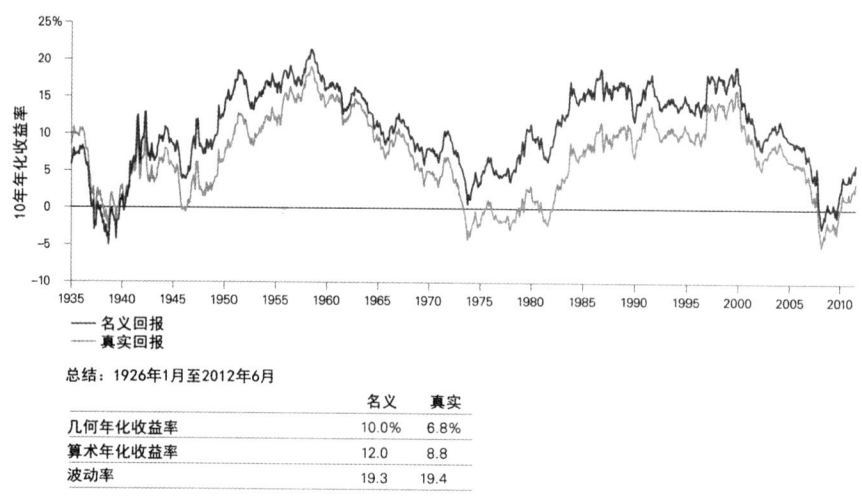

图9 从1935年12月至2012年6月，美国股市大盘的滚动十年年化几何收益率

我们将10%设定为股市的基本年度增长率。通过"3%信号计划",我们能够实现超越10%的绩效。

优胜甜蜜点

"为什么要每个季度赚3%呢?"你会有这样的疑问。为什么不设定为每月赚1%,或者每年赚12%呢?"每个季度赚3%"的目标既不直观,在投资世界也是罕见的。乍看之下,这样的目标容易引发你的好奇心。不过,仔细研究一番,就能明白其中的意义。

既然目标是击败股市,那么我们的绩效需要比股市领先多少呢?假定股市的年度报酬率是10%,我们应该争取10.1%、12%、15%、20%,或者更高?

要想持久地实现目标,目标设置就要合理。通过复利效应,即使是领先少许,只要能够稳定胜出,从长期看就能带来巨大优势。

将初始余额设定为1万美元,不同的年度增长率也产生了不同的结果。

表2　一万美元起步,按照不同的增长速度所实现的最终收益

年度增长率	1万美元 5年期增长余额	1万美元 15年期增长余额	1万美元 25年期增长余额
8%	$14,693	$31,722	$64,485
10%	$16,105	$41,772	$108,347
12%	$17,623	$54,736	$170,001
14%	$19,254	$71,379	$264,619

虽说年度增长率只有2%的差异,却能对每段期间的期末余额造成影响。如果每年增长10%,经过25年,1万美元就能变成108,347美元;每年增长12%,经过25年,1万美元就能变成170,001美元。两者

的差额是61,654美元。5年的差额为1,518美元，足以买到两周的双人份晚餐了。2%的优势看起来很小，却不要低估它的效益，因为这种微小优势能够产生显著不同的结果。

当然，赚钱自然是多多益善。在大多数的投资方式中，期望报酬率越高，风险就越大。例如，因为还款有保障，政府债券的安全性很好，利率却低。高风险的初创公司可能成为下一个商业明星，也可能遭遇破产。所以，这类初创公司的股票就给你的资金提供了相同的双重潜力：可能飙涨10倍，也可能暴跌9成。在我们创建的3%信号系统中，如果期望报酬率过高，将迫使我们更为频繁地增加资金，并补充到"3%信号计划"中。因为，股市难以实现过高的目标，这点很容易理解。如果你期待每月赚10%，当现金出现短缺时，你希望弥补这种现金短缺，你就需要在绝大多数的月份里投入新的现金，因为整体股市在一个月的时间里，很少能够涨到10%。相反，如果目标是每个季度赚1%呢？这个目标几乎次次都能实现，甚至都不需要补充额外现金——但是，从长期看，你却无法赚足财富。

我们的目标是每个季度赚3%，这就是"3%信号计划"的命名原因。每个季度赚3%，每年就能赚到12.6%，比整体股市高出26%。如上表所示，在过去的90年里，股市的年度绩效都是10%。这样的领先构成了巨大的优势，从长期看，足以积累大量利润。如果整体股市的年度增长率是10%，"3%信号计划"的年度增长率是12.6%，在相同期间里，对比结果如下：

表3　年增长率12.6%对比年增长率10.0%，所形成的优势

年度增长率	1万美元 5年期增长余额	1万美元 15年期增长余额	1万美元 25年期增长余额
10.0%	$16,105	$41,772	$108,347
12.6%	$18,101	$59,303	$194,294

第三章 设置一个绩效目标

"3%信号计划"让你拥有26%的领先优势,能够产生整体股市无法提供的骄人利润。

在我的研究中,每个季度赚3%,正是风险和回报的甜蜜点。这个目标不高,不需要采取非凡的措施来实现;这个目标也不低,能够让我们领先于整体股市。它提供了合理的,能够击败股市指数的更为强大的绩效。从长期看,能够增加可观的利润。

每个季度赚3%的计划,不是我拍脑袋得出的仓促结论。我们将通过下表,对3%的季度报酬率和其他报酬率进行对比。我们将在下一章探讨,小型企业的股票是"3%信号计划"中实现了最好绩效的类别。在随后的例子中,我们将使用50个季度的时间跨度——从2001年开始,直至2013年年中。同时,我们把"iShares核心标准普尔小型股指基金(简称IJR)"作为投资工具。请看下表:在50个季度里,我们通过IJR运行"3%信号计划"。先为IJR小型股指基金配置8,000美元,另外,配置2,000美元的现金。季度绩效目标不同,产生的结果也不同。"新现金总数(Total New Cash)"指:计划发出了买进信号,显示使用更多现金,其金额超出了账户中的当前现金时,你就需要继续存入新现金,维持计划运转。如你所见,期望增长率越高,需要增加的新现金就越多。

表4 从1%至6%的季度增长率所产生的结果

计划起止日期: 2000年12月至2013年6月	起始余额	新现金总数	期末现金余额	期末股票余额	期末总余额
季度增长率为1%,工具IJR	$10,000	$0	$11,443	$13,157	$24,600
季度增长率为2%,工具IJR	$10,000	$4,835	$12,912	$21,532	$34,445
季度增长率为3%,工具IJR	$10,000	$12,241	$14,141	$35,071	$49,212
季度增长率为4%,工具IJR	$10,000	$22,494	$13,412	$56,854	$70,266
季度增长率为5%,工具IJR	$10,000	$37,535	$9,481	$91,739	$101,220
季度增长率为6%,工具IJR	$10,000	$66,105	$6,078	$147,361	$153,439

如你所见，将目标增长率提高之后，可以产生更高的期末余额。然而，为了实现这个目标，需要动用更多的现金才能维持"3%信号计划"。如果每个季度的增长目标超过3%，就需要向股市更多地索取，因此需要动用新现金来弥补差额。如果期望50%的季度增长率，最终你就需要提供大量的新现金，来供养更大的股票账户。把3%目标和5%目标做一番比较，你就会发现，把目标增长率提高之后，对现金的依赖率明显上升。为了使49,212美元账户的余额实现翻倍，增长至101,220美元，就需要投入3倍的新现金，使之从12,241美元达到37,535美元。随着季度增长率的提高，这种侵蚀效率会持续存在。

每个季度赚3%，能够从股市中赚到充足的利润，付出的努力终有回报。同时，也不需要付出大量现金。这是甜蜜点，能够在新现金和利润之间取得良好平衡。

根据目标衡量波动

我们已经理解了股票绩效的目标：每季度赚3%。现在探讨实现这个目标的方法。如果在一个季度里，股票基金没有赚足3%，应当怎么办呢？我们会动用一只安全的债券基金，来支持股票基金。如果股票基金在一个季度里，赚到了超过3%的利润，该怎么办呢？对于超出3%的超额利润，我们会卖出相应数量的股票基金，落袋为安。

3%信号策略是"价值平均法"的一种变体。"价值平均法"是一种资金管理技术，由迈克尔·埃德尔森（Michael Edleson）在1988年通过一篇文章介绍给公众，并在著作《"价值平均法"：寻求更高投资回报的安全简单策略》（*Value Averaging: The Safe and Easy Strategy for Higher Investment Returns*）中作了深入解读。3%信号是可靠的策略。在一个季度里，如果股票基金账户没有赚到3%的利润时，我们就向股票基金账户补充现金；如果利润超过了3%，我们就将股票基金账户中超出 3%的超额利润取出来，补充到安全账户。无论股市如何变化，通过基本的数学计算，我们都能保证股票基金账户的季度增长率保持在 3%。股市是股票基金实现长期增长的引擎动力，当引擎熄火时，我们就动用安全基金，帮助股票基金增长。

我们通过上一章中的一张图表探讨了这种概念。通过抛硬币，我们创建了一个虚拟股市。然后，我们创建了一套系统——当价格下跌时，买进；价格上涨时，卖出。这样操作，能够产生击败股市本身的绩效。在说明例子中，通过抛硬币建立的虚拟股市以 5%的增量波动。我们对虚拟股市做出反应，每次买进或卖出一定数量的股票，使其价值达到股票余额的 5%。

真正的股市按照其自己的节奏波动。无论——上涨、下跌或者是横向盘整——在任何时间周期里，股市都有自己的节奏，并不是按照简单的 5%增量变化。在真实的"3%信号计划"中，同样遵循抛硬币创建的虚拟股市的相同精神，在每个季度末，价格下跌就买进，价格上涨就卖出。我们不再假设股票余额每次都会发生 5%的变化，而是通过真正地买卖股票，实现每个季度赚 3%的预设目标。这意味着，每个季度买进和卖出股票的数量都会发生变化。这会胜过早先的按照固定百分比买卖股票的反应方法。因为"3%信号计划"在重新配置时，能够与股市的波动程度形成相应的比例关系，而不是按照股票账户的固定百分比买卖股票。如果股市涨幅很大，我们就应大量卖出股票。如果股市跌幅很大，我们就应大量买进股票。"3%信号计划"能够实现这两种操作方法。

如何判断买卖股票的数量呢？只需要与 3%的季度目标进行比较。每个季度，"3%信号计划"都会显示：是否买进或卖出股票，如何买进或卖出股票。

每个季度检查一次

"为什么选择每个季度检查一次呢？"你可能会想。毕竟，股市在每个交易日都有活跃表现，并且每月都会发布一次或两次的交易对账单。所以，在一年时间里，对投资组合只进行4次检查，似乎有些奇怪。投资媒体创造出一种印象，认为频繁交易能够增强交易者的控制能力，并通过频繁交易提升了绩效。然而，真实证据一如既往地反驳了这种频繁交易的媒体观点。

《金融分析师杂志》在2013年1—2月双月刊发表了一篇联合署名的论文——《揭露"看不见的"成本：论交易成本和共同基金的绩效》（*Shedding Light on "Invisible" Costs：Trading Costs and Mutual Fund Performance*）。作者是理查德·埃德隆（Richard Edelen）、理查德·埃文斯（Richard Evans）和格雷戈里·卡德莱茨（Gregory Kadlec）。他们揭露了一种现象——那些频繁交易的共同基金经理增加了交易成本，绩效却更为落后。

1997年，《经济季刊》（*Quarterly Journal of Economics*）发表了一份研究论文。这篇论文的作者是理查德·H. 塞勒（Richard H. Thaler）、阿莫斯·特沃斯基（Amos Tversky）、丹尼尔·卡尼曼（Daniel Kahneman）和阿兰·施瓦茨（Alan Schwartz）。在《近视和亏损厌恶对于风险承担的影响：论一项实验的测试结果》（*The Effect of Myopia and Loss Aversion on Risk Taking：An Experimental Test*）一文中，他们探究了信息频率对于投资绩效的影响，并得出了相似结论。在该实验中，假设实验的参与者管理了一所大学的捐赠投资组合，并在模拟金融市场进行投资。当实验结束时，他们将收到一笔与其绩效相对应的真实奖金，从而鼓励参与者尽力发挥出最佳成绩。这个模拟金融市场只提供两种共同基金——基金A和基金B。两种基金的总份额为100份，所以参与者需要决定基金A和基金B在其中的配置比例。这一期间涵盖了25个模拟年份，参与者们能够接收到其投资组合的绩效信息。当接收到绩效信息时，参与者可以改变基金A和基金B在投资组合中的配置比例。向参与者通知其绩效信息的频率是随机分配的——在模拟期间，通知频率可以是每月一次、每年一次或者每五年一次。

因为参与者对两只基金一无所知，大多数的参与者都从50/50比例的配置开始。绩效信息更新之后，他们随之调整了配置比例。某些参与者每隔5年才能收到一次绩效的更新信息，所以，他们只有数次调整机会；而某些参与者每个月就能收到一次绩效的更新信息，从而拥有数百次的调整机会。最终结果如何呢？前者的回报，比后者增加了一倍。

在这两种基金中，一种基金模拟了债券行为，另一种基金模拟了股票行为。债券基金每月变化很小，绝大多数情况下不会亏损。股票基金的波动性非常大，却有潜力获得更为强大的长期绩效。虽然债券基金很少下跌，股票基金在40%的模拟月份里都发生了损失，可是将资金完全配置在股票基金上，能够实现最好的绩效。因为股票基金的频繁损失能够被更高的整体盈利抵销。举例来说，股票基金只在某些年份里发生了亏损，而不是连续5年发生亏损。有些参与者每个月就能收到一次绩效更新信息。他们经历了股市的短期亏损之后，做出反应，将资金转移到更安全的债券基金，从而降低了整体绩效。有些参与者接受了较少的绩效更新信息，得以从更为广阔的视角看待股票基金，同时，他们也无法看到更新的绩效信息之间更大的波动性。这样，在模拟结束时，对于每月接收一次绩效更新信息的参与者来说，他们只向股票基金配置了40%的资金；对于每5年接收一次绩效更新信息的参与者来说，他们向股票基金配置了66%的资金。

上述实验成果只是浩如烟海的研究的一角，它揭示了一种结论：长期坚持被动投资，只采取少许行动，或者安坐不动，能够取得更佳绩效。原因何在？第一章提供了结论：人类并不擅长在股市中挑选股票和选择时机。人类在股市中容易犯错。信息越多，交易活动就越多，犯错就越多，并且增加了交易费用。明白了这一事实，经验丰富的金融研究老手会向新手建议："什么都不做，安坐不动！"

然而，专业的基金经理们才不会"安坐不动"呢。即使我们看到这样的事实——他们买卖越多，积累的费用就越高，错误就越多，绩效就越差。我们从其错误中得到了教训：不再理会股票账户的逐日变化，并将此类"短期波动"贴上全面管制的标签，不再试图捕捉每一次的波动。

我们可以释放精力，去关注生活中那些更有意义的事情。所以，我们将通过"3%信号计划"的这种系统方式，每年对股市进行4次检查。

每个季度检查一次，这是正确的时间表。在重新平衡以符合目标之前，我们为股市留出了3个月的波动时间。在这3个月里，股市有了充裕的时间起起落落，或者形成了持续前进的趋势，或者终结了一段趋势。如果只有1个月，时间不足，更容易打断正在行进的周期。更重要的是，对3%计划的历史测试表明，如果频率高于每个季度一次，就会增加买卖活动，却无法增强绩效。买卖更多了，却不会赚到更多。我们的目标是利润最大化，同时，买卖活动也要最小化。每个季度检查一次，就能够实现上述目标。

每个季度检查一次，也为你提供了机遇，能够对一些新闻事件做出反应，但是不要过度反应。投资不是在真空中进行，人类也有凡事喜欢干涉的倾向。当我们感觉每个人都在当前采取行动时，我们也想跟着行动。"3%信号计划"需要等到年底才能衡量绩效是否达标。对许多人来说，这个时间太长了。"3%信号计划"与他们潜藏内心的情绪将在这段时间展开较量，他们也无法接受这种思想斗争。

系统化的季度计划向我们提供了大量的提醒，让我们无法忽略财务责任。但是，提醒的次数还不足，难以阻止"完美彼得"将我们拖进异想天开的主观判断的沙坑。

"3%信号计划"的工作原理

到目前为止，我们已经建立了每个季度赚3%的增长目标。在每个季度，或者向股票基金补充现金，使其升至每个季度赚3%的信号线；要么卖出股票基金的超额利润，使之降至每个季度赚3%的信号线。

小提示：

SPDR是什么？

你会看"SPDR"的缩写，它的英文发音与"spider"相同，代表标准普尔的存托凭证（Standard & Poor's Depositary Receipts）。SPDR的

ETF 家族产品由波士顿的道富全球咨询公司（State Street Global Advisors）管理。"SPDR 标准普尔 500 指数基金"的代码是 SPY，是该家族的首只产品，也是依旧活跃的最古老的美国交易所交易基金（ETF）。它于 1993 年 1 月推出，是世界上规模最大的 ETF 之一。1998 年，道富银行和美林公司推出了"SPY"，用来跟踪标准普尔 500 指数中的 10 个行业板块。然而，SPDR 基金的数量只有 9 只。因为标准普尔 500 指数中只包含了少数几家电信公司，数量过少，难以形成一只独立的 SPDR 基金，所以它们就被归入技术类 SPDR。在第四章中，当"3%信号计划"启用了包括 9 只行业 ETF 的其他投资品种时，我们会探讨更多的关于 SPDR 的内容。

我们不再抛硬币，而是开始使用真实的股市数据。来看一个例子，我们将使用"3%信号计划"对抗标准普尔 500 指数。标准普尔 500 指数是大型股指数，成分股的市值达到美国股市总市值的 3/4。标准普尔 500 指数包含很多闻名遐迩的企业，比如苹果、雪佛兰、谷歌和富国银行，还有你可能感到陌生的一些企业，比如，Allergan（加州的一家制药企业，制造肉毒杆菌）Leggett&Platt（密苏里州的一家制造商）和 NiSource（印第安纳州的一家公用事业公司）。

我们延续上一章的做法，并且与"3%信号计划"的基础方案保持一致，把资金按照 80/20 的比例，配置在股票部分和安全债券部分。在股票部分，我们使用标准普尔 500 指数，并将 SPDR 标准普尔 500 ETF（简称 SPY）作为标准普尔 500 指数的代表产品。在安全债券部分，我们将使用 Vanguard GNMA 债券基金（VFIIX）。这不是 50 次的抛硬币实验。从 2001 年初到 2013 年中期，共计 50 个季度。我们将使用 50 个季度的经过调整的 SPY 收盘价。在这 12 年半里，我们将经历互联网崩盘、美联储刺激政策和宽松贷款导致的房市暴涨、次贷危机、加强版的美联储刺激计划导致的复苏——这些事件与每个人都息息相关。以下是 SPY 在 50 个季度里的收盘价：

表5　SPY的五十个季度的调整收盘价（自2001年第一季度至2013年第二季度）

年份	第一季度	第二季度	第三季度	第四季度
2001	$91.94	$96.87	$82.83	$90.97
2002	$91.40	$79.26	$65.80	$71.33
2003	$68.79	$79.53	$81.74	$91.43
2004	$93.25	$94.78	$92.87	$101.21
2005	$99.17	$100.60	$104.30	$106.10
2006	$111.07	$109.37	$115.29	$122.91
2007	$123.73	$131.64	$134.16	$129.24
2008	$117.23	$114.25	$104.15	$81.69
2009	$72.50	$84.30	$97.27	$103.21
2010	$108.81	$96.45	$107.21	$118.75
2011	$125.75	$125.79	$108.41	$121.00
2012	$136.36	$132.48	$140.89	$140.35
2013	$155.09	$159.64		

经过总结，股市并不足以让我们心生畏惧，不是吗？股市中充斥着各类信息：强烈碰撞的牛熊观点、预测未来方向的喧嚣演讲、华盛顿的摊牌或海外地缘政治爆发的未来影响以及对美联储下一步行动的猜测。然而，对我们而言，唯一重要的事情就是价格。股市上下波动，有时出现高价，有时出现低价，这都是人类情感浪潮冲刷的结果。我们不必理会那些傻里傻气的"无效专家"对未来事件的喧闹猜测。我们只需对每个季度的收盘价做出反应，卖出或买入股票基金，保障每个季度赚3%的信号线。我们能够惊奇地发现，这样操作，所有烦恼都会消散无踪。

我们继续使用早先的例子。假设起始资金为1万美元，首先按照80/20的比例，买进8,000美元的"SPDR标准普尔500指数基金"（SPY），买进2,000美元的VFIIX债券基金。2000年底，SPY的收盘价是103.09美元，所以8,000美元可以买到77.6份SPY。8,000美元再加上3%的收益，意味着2001年第一季度的信号线为8,240美元，而当季的SPY收盘价为91.94美元。我们的77.6份SPY乘以91.94美元，价值只有7,135美元了，比3%信号线低了1,105美元。所以我们需要买进12份SPY，保障我们的股票基金账户达到3%信号线。2001年第一季度，每份SPY还支付了0.316美元的股息。这样，77.6份SPY的全部股息达到了24.52美元。24.52美元的股息，相当于使得VFIIX债券基金的余额增加了24.52美元。VFIIX本身也支付了0.170美元的债息，使得VFIIX余额达到2,141美元。当SPY的价格为91.94美元时，买进12份SPY，相当于从VFIIX债券基金的余额中动用了1,103美元。这样，SPY的数量将增至89.6份，价值为8,238美元——接近我们期望的8,240美元的信号线。

注意其中的魔法，这个简单的计划弥补了股市和3%信号线之间的差距。当价格比3个月前便宜11%时，"3%信号计划"指引着我们买进SPY。恰恰在3个月前的2000年12月，我们启动了"3%信号计划"。2001年第一季度，当标准普尔500指数下跌11%之后，你认为大多数股票投资者都在渴望买进吗？并非如此。让我们仔细研读当时的舆论。

2001年2月22日，《纽约时报》（*The New York Times*）报道说："昨天，笼罩在美国股市的悲观情绪进一步加重，投资者对于疲软的企业盈利深感不安，高通胀使股市跌至今年新低。"

《BBC新闻》在2001年3月14日报道说："全球股市都在下跌，因为担忧日本和美国经济的放缓可能会演化成全球性危机，损害公司收益。"

《纽约时报》在2001年3月15日报道："股市昨天急剧下跌，道琼斯工业平均指数在5个月来首次跌破1万点。美联储今年已经两次下调短期利率。人们普遍预期美联储下周再次降息，但投资者似乎对美联储快速提振经济的能力丧失了信心……这次衰退'让我担心'，布什总统说……"

私人理财专栏作家杰夫·布朗（Jeff Brown）在2001年3月25日写

道："投资者在去年遭受了 4 万亿美元的股票损失之后，就陷入了异乎寻常的深度绝望当中。他们被绝望魅惑着，无法走出黑暗阴影笼罩的房间，毫不理会厨房中飘来的美食的香气。"

2001 年 3 月 25 日，《商业周刊》（*Businessweek*）发表了《当财富如风飞逝》（*When Wealth Is Blown Away*）的专题报道："许多人都惶恐不已——突然陷入了贫困境地——投资者现在都束手无策，陷入了观望。"股票暴跌让人们捂紧自己的钱包，远离股市珍惜生命。（这）可能导致消费者支出继续减少，并进一步压低企业利润，从而导致股价下跌。股市呈螺旋式下降。"股市的下跌风险超过当年的上涨机遇，（其中一位身为经济学家的'无效专家'提供了预测）。"

伴随着此类评论，SPY 却在 2001 年第二季度赚到了 5.4% 的收益。为了在适当的价格锁定利润，或者卖出股票防止利润缩水，你拿出了计算器，并查看了 2001 年 3 月底的 SPY 价格。计算的最终结果低于 3% 信号线。于是，当价格更低时，你买入了相应数量的 SPY，使股票基金的余额抵达 3% 信号线。混乱局面被你终结了。当"无效专家"们蜂拥而至，武断地发表各类观点时，你总共只花了 15 分钟就击溃了专家。记住，随着时间的推移，大多数"无效专家"的业绩都输给了单纯的指数。我们的"3% 信号计划"能够击败指数，也就击败了绝大多数的"专业人士"。他们只会发表一些让你漠然视之的嘈杂评论，试图通过新闻报道出人头地。

"3% 信号计划"的操作方法

每个季度结束时，我们都遵循了相同的简单程序。2001 年第一季度，我们的 3% 信号投资组合胜过了标准普尔 500 指数。这一期间的特征是极端的股市波动。遵守 3% 信号的提示，买进股票基金的金额超过了过去 19 个季度的现金余额——尽管有一个季度只需支付 58 美元，另一个季度只需支付 111 美元，另外 9 个季度的支付金额都低于 800 美元，所以有 8 个季度需要大量买进——总共需要补充 30,711 美元的新现金。我们稍后会探讨额外的新现金。如果我们遵守了"3%信号计划",在需要补充新现金的19个季度里,都能够补足新现金,这样将使期末余额将达到71,152美元。如果没有补充新现金,仅仅将全部股息用于再次投资,SPY余额只能达到15,489美元。在这段极端下跌的市况中,你需要30,711美元的新现金来维持买进订单(在12.5年的时间内,每月需要205美元)。然而,剔除这段极端市况之后,你仍然能让1万美元的初始资金增长至40,441美元。这比"买入并持有"的策略高出161%。

下方表格对各类结果进行了总结。通过相同的股票基金和债券基金——SPY和Vanguard GNMA,我们将"3%信号计划"与其他计划进行了比较,并将这些计划的期末总余额进行了降序排列。请注意,当全部买进信号都得到了充分的资金支持时,"3%信号计划"展示了强劲的绩效。对于买进信号缺乏资金支持时的情况,我们也予以关注。

表6 SPY投资计划对比

计划编号	计划起止 2000年12月至2013年6月	起始余额	新现金总数	期末股票余额	期末债券余额	期末总余额
1	"3%信号计划": SPY/Vanguard GNMA 80/20 比例满足全部的新现金需求	$10,000	$30,711	$60,959	$10,193	$71,152
2	先投入1万美元,买入SPY,然后将方案一需要的全部新现金,划分为金额相等的50份,在50个季度里,均匀地买进SPY	$10,000	$30,711	$63,667	$0	$63,667
3	将方案一需要的全部新现金,添加到"买入并持有"SPY的策略中	$40,711	$0	$63,055	$0	$63,055
4	"3%信号计划":SPY/Vanguard GNMA 80/20比例,不提供任何新现金	$10,000	$0	$13,973	$2,336	$16,309
5	"买入并持有"SPY	$10,000	$0	$15,489	$0	$15,489

绩效最好的是计划一，就是全部信号都得到了现金支持的"3%信号计划"。在计划二中，对计划一所需的新现金进行了"成本平均法"的操作，没有更好地发挥作用。这些补充进SPY的新现金，应用于全部的50个季度。在计划三中，在50个季度的开头，就将计划一所需的全部新现金投入SPY中，效果更差。计划四和五是同类比较，在50个季度里都没有投入任何新现金，结果显示，"3%信号计划"总能击败"买入并持有"SPY的计划。

"成本平均法"（Dollar-cost averaging）是一种资金管理技术，定期地向投资计划补充固定数额的资金。例如，在每个月或每个季度，"成本平均法"都会投入固定数额的资金。应用于指数上的"成本平均法"和"买入并持有"策略，是两种最受欢迎的"设置后不管（set-and-forget）"懒人投资技术。

当然，这两种技术的绩效大幅领先于绝大多数"无效专家"的建议。但是，"3%信号计划"又胜过了"成本平均法"和"买入并持有"的技术。"3%信号计划"将一部分的资金配置于债券基金，操作更为安全。与这两种技术较量过后，"3%信号计划"的原始绩效和风险调整后绩效更为出色。计划一击败了计划二，使得安全债券的期末余额占到了14%。计划四同样击败了计划五。我们将更为详尽地探讨这种优势。

最后，与"成本平均法"和"买入并持有"计划的较量中，绩效更好的"3%信号计划"显得过于仁慈了。现实生活中，绝大多数的投资者都将资金分配到多支不同的基金，而不是专注于一只股市指数基金，正如上例所示。当人们将资金分散在多只基金和多个资产类别时，其长期绩效落后于"买入并持有"单一的股市指数基金。在第一章里，我们探讨过大多数基金经理都是股市的手下败将，另外，非股票型基金的长期绩效也落后于股市。

为了证明"3%信号计划"能够胜过其他任何计划，对于那些实力远逊于"3%信号计划"的竞争对手,我们就不予理会了。我们将"3%信号计划"与"成本平均法""买入并持有"策略的高绩效版本展开竞争。当然,"3%信号计划"依然是冠军。

"买入并持有"的神话

我们必须考虑一个关键点,就是有些人在糟糕的市场时期决不会"买入并持有"。就像精确的股市预测和"完美彼得"的追踪记录,认为在全部市况中都能做到"买入并持有",只是适合所有投资者的一种理论说法罢了。当股市暴跌时,那些让人惊惶不已的重大新闻和评论奔涌而至,难怪人们会在可能最为糟糕的市况中撤离股市,不再进场,直到股市走完了大部分的涨幅之后,才会进场。

"3%信号计划"有助于对抗此类情绪冲动。它通过一个简单公式,提示买进更多数量的便宜股票,或者至少持有你的股票部位。回顾那张显示了SPY的50个季度收盘价的表格。从2007年第三季度到2009年第一季度,SPY的价格下跌了46%。理论上,对于"买入并持有"的投资者来说,如果开始阶段就买进了1万美元的SPY,将发现账户余额从2007年第三季度的14,888美元,下降到2009年第一季度的8,375美元,损失达到44%。由于股息用于再次投资,所以,账户余额的下降幅度会低于SPY本身的下降幅度。想象一下,在悲观的评论声中,你的账户余额下降了44%,你却束手无策,虚弱无力,别提多惨啦。

好时光来临时,人人都信奉"买入并持有";坏日子到来时,绝大多数人都不会"买入并持有"。对于一个投入了全部资金进行充分投资的投资组合来说,它在崩溃之前最为辉煌。对于"买入并持有"的投资者来说,看着账户余额从14,888美元下降到13,158美元,再下降至12,899美元,再下降至11,836美元,再下降至9,364美元,然后下降至8,375美元。这位"买入并持有"的投资者最有可能的行动是什么?她会"在低空拉开降落伞",在低位卖出股票,并彻底远离股票——或者,至少在股票走完大部分的涨幅之前,她不会再进场买入股票。"无效专家"又开始谈论那些抄底成功的聪明钱赚到了多少,当然,除了"完美彼得"之外,没有人能够真正成功地抄底。

这一倾向变得更加复杂,因为一些顾问主张"买入并持有",但是剧烈波动的短短数天,却生成了大部分的股市收益。对于"买入并持有"的投资者来说,需要保证在这剧烈波动的日子里继续坚持原有策略,可是"买入并持有"策略却对心理构成了巨大的挑战。因为当股市跌至最低点时,损失也最多。在即将获得回报的时候,放弃"买入并持有"这项技术的概率却达到了最高值。讽刺的是,"买入并持有"策略试图通过在不同时期,对投资者的资金进行分散投资,保证产生收益。在实际操作中,在最需要持有投资的时候,在收获的日子到来之前,为了摆脱心理压力,投资者却更容易精确地放弃这些收益。

"买入并持有"策略做出了一项非凡承诺,就是投资者在卖出投资时,将遭遇"最高伤害点"。如果投资者不是"买入并持有"的信徒,他们就会早点止损出局,能够在股市继续探底的时候置身事外。任何人都可以忽略微小的损失,甚至是中等的损失。对于信奉"买入并持有"的投资者来说,却会发生动摇根基的重大损失。在股市崩盘形成的底部,投入全部资金,在情感上就是一种折磨。最后,冲动的情绪压倒了一切——"现在,我要先摆脱这糟糕的局面。我才不关心股市的下一步动作呢,我再也不想和股市为伍了。"

"买入并持有"只是口头上的说法,买入并放弃才是真正的做法。

任何一个系统,面对价格下跌,如果没有同时为投资者和投资组合预先设置好条件,就面临着击垮投资者的心理承受力的高风险,并遭受着足以让绩效破产的决策折磨。使用验证过的公式并遵守纪律,投资方面通常被降级为小问题,但人类的情感弱点才是投资失败的主要原因。情感问题根本就不是小问题,而是大问题。

情绪化的投资者,此处包括所有人,会发生两个经典的错误,那就是:买在顶部、卖在底部。我们不能说哪个错误更糟,因为一个错误会引导着另一个错误的方向。这种错误甚至能让压力重重的中年人在底部割肉出局，失声痛哭。在这种操作方式下，我们甚至在毫无察觉的情形下，试图选择进出市场的时机。我们的目标是为了消除痛苦，但是在卖出股票时，却认定股市将继续下跌，正是认定后市不会停止下跌，所以我们卖出离场。如果我们知道股市将要上涨，我们会继续持有，让上涨的价格来舒缓痛苦。

任何策略，如果需要动用情感因素来决定进出股市的时机，都会让我们承担着高风险，并丧失股市的大部分绩效。许多研究都证实了一点：股市的上涨和下降并非均匀分布，股市在大部分时间里都是反复盘整，原地徘徊。而那种走出方向的大波动会在有限的剩余时间里集中爆发。

例如，富达在 2013 年 2 月的图表显示，最糟糕的时期正是投资的最佳时机。它列举了四个例子，每个例子都详细描述了从熊市底部开始上涨的 5 年期回报：1932 年 5 月大萧条的底部之后，股市上涨了 367%；1982 年 7 月，终结了 1970 年以来的经济衰退，股市上涨了 267%；最具戏剧性的是，1994 年 12 月，联邦储备利率紧缩政策结束后，股市上涨了 251%。2009 年 3 月，严重程度超过大萧条的次贷危机结束，股市上涨了 111%。

在同一份报告里，也展示了一个后果——如果错失了涨幅最大的有限数天，结果会怎样？假设有一位投资者，在 1980 年 1 月 1 日的初始资金是 1 万美元，对标准普尔 500 指数进行了充分投资，他的账户价值在 2012 年 12 月 31 日达到 332,502 美元。如果他错失了 5 个最佳日期——在 33 年期间里，他只错过了 5 天——就会失去 117,229 美元的利润，最终的期末余额仅为 215,273 美元。继续进行相同的计算：移除 10 个最佳日期、30 个最佳日期以及 50 个最佳日期，这就产生了令人相当信服的结论——错失了那段集中上涨的时期，将对绩效造成严重伤害。在投资者的 33 年旅程中，移除 50 个最佳日期，最终账户余额将回吐 303,175 美元，使得期末余额仅仅达到微不足道的 29,327 美元。以下是相关图表：

表7 错失最佳交易日的影响（将1万美元投资于标准普尔500指数，1980年1月1日至2012年12月31日）

错失的最佳交易日	期末余额（$）
在所有的最佳交易日都参与了投资	332,502
错失了5个最佳交易日	215,273
错失了10个最佳交易日	160,340
错失了30个最佳交易日	63,494
错失了50个最佳交易日	29,327

"无效专家"通常会反驳这种类型的研究。他们会说，回报也可以得到类似的改善，因为可以忽略那些最差日期嘛。在两种情况下，如果忽略了那些集中的最佳日期和最差日期，结论在数学上是显而易见的。当我们用这种方式来设计问题时，答案就会不证自明："天啊，如果我移除那些最佳日期的话，我的绩效会怎样？你知道吗？绩效下降了。"相反地，"嗯，当我移除一些最差日期时，看看结果怎样？绩效提升了吗。"这种结论并不需要太多的学术支持。

当然了，移除最佳日期，绩效将下降。移除最差日期，绩效会更高。那么……问题到底出在哪里呢？因为我们无法提前预知，哪些日期将是最佳日期和最差日期。我们又回到了抛硬币的场景中。我们有50%的概率远离那些最佳日期和最差日期；我们还有50%的概率重新步入那些最佳日期和最差日期。最终，这让学者们得出结论，在股市驻守是最佳选择，因为股市从长期看是上涨的，所以最佳日期将战胜最差日期，取得长期绩效的成功。

如果我们聪明一些，能够对这些好日子和坏日子做出反应，那不很好吗？如果有一个系统能够告诉我们：在好日子里，何时获利了结；在坏日子里，何时投入新资金。哦，等等，的确有这样的系统："3%信号计划"。它能让你在全部时期都能投入大多数的资金，当市场出现泡沫时，也能指导你正确操作。要知道，在泡沫时期拟定决策，比以往任何时候都难。从长期看，在实际操作中能够投入大部分的资金，在绩效比较上，能够超出理论上的投入全部资金的效果。

以较低的风险保持节奏

尽管"买入并持有"只是一种幻想，但这种策略经常被用作基准，用来评估各种各样的投资计划。常见的问题是——"这个计划的利润是否超越"买入并持有"策略，从而证明它的价值？""3%信号计划"会这样回答："是的，我能超越它。"在那些证明了自身价值的"3%信号计划"中，甚至能使股票部分的资金保持较低比例，低到不需要动用额外的现金。

在这个例子中，为了避免向"3%信号计划"补充任何现金，开始阶段，我们先从保守的37/63比例的股票/债券组合开始。也就是说，将3,719美元投入SPY，将6,281美元投入在VFIIX债券基金。当时，没有人能够完美地确定这个比例，我们的计划也不要求完美地计算出相关余额。但是，在互联网泡沫破灭期间，如果有人非常谨慎，并在这一期间的起步之初，就选择了这样一个谨慎的配置，就能够持续胜过"买入并持有"SPY的计划，直至2013年中期。

这种考虑被称为风险调整后绩效。在一个投资故事中，它会考虑更多因素，而不仅仅是原始的增长。当然，有些人的资金可能已经翻倍，但是，他们承担了多少风险呢？可能承担了极高的风险。有些人可能赚得少一些，但是风险却低了很多，这很重要。风险容忍度因人而异，许多人愿意接受较低的回报，来换取较低风险带来的舒适度。因此，如果你在股市投资时，可以将1/3的资本，配置在股票上，2/3的资本，配置在债券里以保持安全。这样，你将会获得更高的风险调整后绩效。要知道，这不是被每一次的股市风暴都能任意凌虐的纯股票投资组合。

这就是"3%信号计划"实现的效果——开始阶段，将37%的资本配置在SPY里，全程都不需要补充新现金。将重新投资的股息包括在内，当"买入并持有"SPY的最终期末余额达到20,229美元时，如果我们开启了"3%信号计划",将3,719美元配置在SPY,我们的最终期末余额将达到36,155美元。其中,29,508美元配置于SPY,6,647美元配置于VFIIX债券基金。和"买入并持有"SPY相比,绩效就胜出了79%,并且暴露在股票里的风险更低。

现金短缺

当我们把大部分资本都买了股票时,股市却下跌了。这时,你开始担忧现金短缺。这些现金短缺也为"完美彼得"提供了论据,试图让你重新拾回那种预测股市的愚蠢做法。所以,让我们先做整顿,把问题解决掉。

解决问题之前,在"3%信号计划"中,先通过债券基金来保障安全。当债券基金耗尽时,我称这种现象为"现金短缺",从技术上讲,现金短缺只是债券基金出现了短缺。每个人都知道当现金短缺时,需要补充额外的现金。在"3%信号计划"中,同样如此,当债券基金枯竭时,我们就需要补充更多的现金。

当买进信号提示买进更多的股票时,如果超出了债券基金的负担能力,我们就遭遇了现金短缺。在19个季度里,有1个季度的新现金需求低于100美元的新现金;有5个季度的新现金需求介于100美元至300美元之间;有5个季度的新现金需求介于500美元至800美元之间。这11个季度都提出了适度的的新现金需求。另外8个季度,新现金需求都超过了1,000美元。最大的现金短缺发生在次贷危机崩盘之际。在2008年第三季度至2009年第一季度的三个季度里,各自需要3,054美元、6,537美元和3,905美元的新现金。我们在后面会探讨一种"下跌30%,坚守"的技术。这种技术要求在股市崩盘后,继续对股票进行充分投资。2010年第2季度,股市在反弹过后又发生了首次下跌。采用"下跌30%,坚守"的技术,就需要继续补充大量的新现金,以满足现金短缺。如果股市上涨,"3%信号计划"就可以卖出股票基金,能够获得充足现金来应对股市下跌。可是,当时全部资金都投放在股票基金里，债券基金为零，所以，需要补充新的现金，继续买进股票基金。这实际上是一个有利可图的形势，因为在股市上涨的过程中，如果已经投入了充分的资金，就能让股票账户实现大幅增长。在12.5年里，一共出现了19个遭遇现金短缺的季度，共需要补充30,711美元的新现金。下表为19个遭遇现金短缺季度的数据，我们对数据进行了四舍五入的取整方法，总金额是正确的：

表8 SPY出现的19个季度的现金短缺（自2001年第一季度至2013年第二季度）

季度	需要的新现金	季度	需要的新现金
2001年第三季度	$286	2006年第二季度	$575
2002年第二季度	$1,124	2007年第四季度	$221
2002年第三季度	$1,907	2008年第一季度	$2,993
2003年第一季度	$643	2008年第二季度	$1,383
2004年第一季度	$58	2008年第三季度	$3,054
2004年第二季度	$204	2008年第四季度	$6,537
2004年第三季度	$768	2009年第一季度	$3,905
2005年第一季度	$727	2010年第二季度	$5,162
2005年第二季度	$273	2011年第三季度	$779
2005年第四季度	$111		$30,711

处理股市问题时，因为无法预测股市的未来走向，所以，我们会不时遭遇这种现金短缺。要知道，如果有本事实现债券与股票的完美平衡，意味着我们能够精确地选择市场时机，也就不需要"3%信号计划"了。可是，没有人能够精确地选择市场时机，我们就需要不时地处理现金短缺的问题。如果能够满足这种现金需求，这类问题反而意味着巨大的机遇。

这段时期股市极度不稳定，规模最大的两个股市都发生了崩盘。之前绝大多数人都没有预见到股市崩盘，而在崩盘之前完成美妙布局的人就更少了。我们现在已经知道，那些预测市场崩盘并且进行了充分防御的英雄故事，几乎都是"完美彼得"杜撰的作品了。从2008年第一季度到2009年第一季度，发生了次贷危机崩盘。伴随着次贷危机，在19个遭遇现金短缺的季度里，有5个连续季度都持续要求补充新现金。需要大量补充现金的最近季度是2010年第二季度，也与次贷危机崩盘有关。因为，为了等待股市复苏，"3%信号计划"需要驻留在股市。令人印象深刻的是，它提示了正确的信号——当股市陡峭下跌时，需要买进，而不是卖出。而许多"无效专家"建议卖出。上涨随后到来，在危机期间勇敢地买进获得了回报。

换个角度看，分摊在12.5年的时间里，30,711美元并不是一个高额数字，平均下来，每月只需要投入204.74美元。那些手头有积蓄的喜欢理财的读者会感到高兴，毕竟能够满足这些额外的现金需求。把现金定期补充到"3%信号计划"中，将显著降低现金短缺季度的数量。例如，这类定期补充的现金可以存入"3%信号计划"应用的退休账户中。不过，无法保证现金短缺的季度不会出现。在第七章的例子中，我们将详细地探讨细节。

请看下方的从表9中提取的摘录，我们进行同类比较。注意，"3%信号计划"每月平均需要204.74美元的新现金。注意这些新现金的积累过程。同时，我们也会把一个"成本平均法"计划与"3%信号计划"进行比较。无论SPY的价格高低，"成本平均法"每月同样投入数额相同的204.74美元，并在每个季度末买进SPY。三个月后，每月204.74美元的储蓄变成了614.22美元，并在每个季度末买进SPY。在两项计划中，初始余额都是1万美元。在"3%信号计划"中，将股票和债券按照80/20的比例进行配置，形成投资组合。两项计划同样都动用了30,711美元的新现金。结果如何呢？来看下表。注意，所有股息都用于再次投资：

表9 使用SPY，3%信号计划击败了动用新现金的成本平均法

计划起止 2000年12月至2013年6月	起始余额	新现金总数	期末股票余额	期末债券余额	期末总余额
"3%信号计划"：SPY/Vanguard GNMA 80/20比例,满足全部的新现金需求	$10,000	$30,711	$60,959	$10,193	$71,152
先投入1万美元,买入SPY,然后将方案一需要的全部新现金,划分为金额相等的50份,在50个季度里,均匀地买进SPY	$10,000	$30,711	$63,667	$0	$63,667

在这两种方法中，初始余额都是10,000美元，补充的新现金数额也相同。按照"成本平均法"计划，在每个季度都买进价值614.22美元的SPY，经历了12.5年，最终期末余额达到63,667美元。按照"3%信号计划"，最终期末余额是71,152美元，风险却更低。"3%信号计划"领先了11.08%。另外，债券部分还持有10,193美元，占到总资本的14%。

你的债券基金可能会跌至零，当"3%信号计划"提示买进更多的股票时，你已经没法筹集新现金了。即使遭遇这种状况，你至少需要理解"3%信号计划"的建议——不应在持续下跌的股市卖出。这样的建议同样具备价值。面临那些令人惶恐的新闻标题和故事时，人们极易被魅惑，在这个错误的时刻彻底清仓离场。冷静地观察3%信号，能让你保持信心，继续持有早先的部位并在股市中驻留。因为"3%信号计划"在多个季度里都能提出合理建议，让你产生了信任感。你知道应该买进，但是行动上却无法付诸实行，所以，你的后续最佳动作就是继续持有已经买进的股票，等待最终上涨。等到股票上涨之后，你将卖出超额利润，把收益补充到你的债券账户。这样，即使现金耗尽了，"3%信号计划"却没有终止，只是暂停罢了。

即使面临最为糟糕的状况——也并不可怕——我们通过一种现金管

理技术，绝大多数情况下能避免这类最为糟糕的状况。我们将在后面探讨这种现金管理技术。

在股市中投资会遭遇任何事情。我们无法创建一个适用于所有环境的完美计划，我们也无法预测价格涨到多高，跌到多深。所以，我们必须研究出一个能够驾驭价格的计划，并在绝大多数的时间里能战胜股市。"3%信号计划"就能满足这样的条件，只是它有时会发出大量买进的信号，超出了债券基金的储备金额。这时，通常意味着将出现上佳机会，你要做好准备。

在少数情况下，你还没有做好准备。这时，你不妨耸耸肩保持观望，直到你的股票余额恢复元气。然后，你可以继续完成曾经中断的游戏，没什么大不了的。

本章执行概要

3%信号的绩效目标是每个季度赚3%。它可以通过两种方式，让股票基金的余额重回3%信号线：或者卖出股票基金的超额利润，使股票基金的余额降至3%信号线；或者使用现金，买进更多的股票基金，使股票基金的余额升至3%信号线。

关键点：

- 在一个季度里，如果股票基金没有赚足3%，我们将使用安全的债券基金的收益，买进更多的股票基金；在一个季度里，如果股票基金的利润超过3%，我们就卖出超额利润，将超额利润补充到债券基金。

- 每个季度操作一次。这是正确的计划表，能让利润最大化，同时让买卖活动最小化。如果操作频率高于每个季度一次，买卖活动会增加，却无法增加绩效。

- 以SPY为投资工具，"3%信号计划"轻易地战胜了强大的替代方案，包括"成本平均法"和"买入并持有"策略。

- 警惕"买入并持有"的神话，它只存在于理论当中。遇到好时光，每个人都相信"买入并持有"；遇到坏日子，绝大多数人都没法"买入并持有"。
- 3%信号指导我们战胜上述不良倾向。它告诉我们：在股市的好时光里，何时应当获利了结；在股市的坏日子里，何时应该投入新现金。
- 在"3%信号计划"中，通过安全债券，持有部分资金，也有助于抵御股市风暴。
- 在"3%信号计划"中，可能遭遇现金枯竭，无法继续买进。遇到这种情况，买进信号就会提示我们继续补充现金，等待价格上涨。这种做法行之有效。然而，历史上很少遇到现金枯竭的状况，我们的建议是逐步积累储蓄，从而利用这些特殊的买进机遇。

第四章 投资工具

到目前为止，我们已经探讨了几个重要概念。你已经明白大多数投资者都无法击败股市。通过抛硬币形成的价格线，以及真实股市中的价格线，我们发现自动化的"低价买进、高价卖出"可以提升绩效。通过"3%信号计划"，我们可以得到每个季度的买进金额和卖出金额。在上一章中，"3%信号计划"在2001年至2013年的极端动荡时期击败了标准普尔500指数。

现在，我们将探讨投资工具。看看哪种投资工具能够更好地击败标准普尔500指数，从而继续完善"3%信号计划"。为了击败标准普尔500指数，我们不必只使用标准普尔500指数产品。既然我们有选择股市投资工具的自由，选用更有效率的其他工具，结果会怎样呢？

用作增长工具的小型股

和投资行业的其他部门一样，标准普尔500指数继续成为我们计划超越的基准。"3%信号计划"提供了击败标准普尔500指数的方法。但是，在执行"3%信号计划"时，我们可以换用能够长期击败标准普尔500指数的其他指数，并放弃使用标准普尔500指数。通过更换指数，可以提升3%信号的领先优势。这个新选取的指数和3%信号结合在一起，形成了我们的双重优势。

使用追踪小型企业的指数，能够让我们获得优势，战胜代表大型股的标准普尔500指数。"资本市值"简称"市值"，是衡量企业规模的一种标准，把企业股票的数量与股价相乘，就得到了"市值"。当股票投资者谈论公司规模时，指的就是市值，而不是员工、工厂或者其他因素。企业规模就是市值，有时我们会看到大市值、中等市值、小市值的说法。由于收益增长和股价变化，构成大型企业、中型企业和小型企业的元素也会随着时间变化。当前也有粗略的划分标准：通常来说，大型企业市值为60亿美元，中型企业市值为50亿美元，小型企业市值为10亿美元。

通过指数型ETF，下表比较了6种不同指数的绩效。标准普尔500指数追踪大型股，其他指数追踪中型股和小型股。2013年10月31日，6种指数的平均年度报酬率的差别如下：

表10 不同的指数与ETF的绩效

ETF代码	指数	跟踪标的	1年期平均年度收益率	3年期平均年度收益率	5年期平均年度收益率	10年期平均年度收益率
DIA	道琼斯指数	30家大型企业	21.8%	14.6%	13.7%	7.3%
SPY	标准普尔500指数	500家大型企业	27.1%	16.5%	15.1%	7.4%
MDY	标准普尔400中型股指数	400家中型企业	33.3%	17.3%	19.4%	10.1%
IJR	标准普尔600小型股指数	600家小型企业	39.4%	20.4%	18.2%	10.5%
IWM	罗素2000指数	2000家小型企业	36.3%	17.7%	17.2%	9.0%
QQQ	纳斯达克100指数	100家大型纳斯达克上市公司	29.3%	17.9%	21.3%	9.7%

中型股和小型股指数的绩效，胜过大型股指数，我们需要重点关注这种现象。要想击败标准普尔 500 指数，最简单的方法就是直接持有标准普尔小型股 600 指数、罗素 2000 指数或其他的小型股指数，并且不做任何主动的管理。但我们可以实现更好的效果——通过"3%信号计划"买卖小型股指数。这样，我们先通过能够胜过标准普尔 500 指数的小型股指数，建立一个基础改进系统。然后，我们继续使用"3%信号计划"，提升小型股指数的绩效。

在"3%信号计划"中，小型股指数能够运行良好，还取决于一个原因——小型股指数的波动性高于大型股指数，价格波动更大。正是波动性让 3%信号系统发挥出效果。我们将把指数与 3%信号线进行比较，做出相应反应。随着高低起伏的价格波动，能够低价买进，高价卖出。

有一些 ETF 和共同基金以小型股指数为标的。在大多数的 401（k）账户和其他退休账户中，都会在大型股、中型股、小型股的类别中，提供相关证券以供买卖。所以，在任何存放退休基金的账户里，都能实施"3%信号计划"。

有三种优秀的 ETF 以小型股指数为跟踪标的。它们是 iShares 核心标准普尔小型股指数（iShares Core S&P SmallCap）、Schwab 美国小型股指数（Schwab U. S. SmallCap）、Vanguard 小型股指数（Vanguard SmallCap）。它们分别跟踪标准普尔 600 小型股指数、道琼斯美国整体小型股指数以及 CRSP 美国小型股指数。每种 ETF 都很便宜，费用比率不高于 0.20%，投资组合的换手率不高于 20%。当周转率低于 20%时，在大多数年份里，投资组合的 80%都会原封不动地保持现状。这点非常重要，因为可以把交易费用降至最低。以下是 2013 年 10 月 31 日的总结，把三种小型股指数与 SPDR S&P 500 指数进行了比较：

表 11 小型股 ETF 与 SPY 的对比（截至 2013 年 10 月 31 日）

ETF代码	名称	起始日期	收益率	费用比率	1年期平均年度收益率	3年期平均年度收益率	5年期平均年度收益率	10年期平均年度收益率
IJR	iShares 核心标准普尔小型股指数	2000 年 5 月	1.3%	0.16%	39.4%	20.4%	18.2%	10.5%
SCHA	Schwab 美国小型股指数	2009 年 11 月	1.6%	0.08%	37.9%	19.1%		
VB	Vanguard 小型股指数	2004 年 1 月	1.4%	0.10%	36.4%	18.7%	19.6%	
SPY	SPDR 标准普尔 500 指数	1993 年 1 月	1.9%	0.09%	27.1%	16.5%	15.1%	7.4%

如你所见，这三种小型股指数的绩效都轻松地超越了指数家族中的大型股指数。这个大型股指数正是我们通过"3%信号计划"打算击败的市场基准。

指数型共同基金也是一种选择，可以和同一指数的相关产品比较费用和绩效。例如，Vanguard SmallCap（NAESX）和它的 ETF 对等产品 Vanguard SmallCap（VB）都以 CRSP 美国小型股指数为标的。

而"3%信号计划"将使用 IJR 小型股指基金。因为这支小型股 ETF 有着相当长的历史可供研究，很受投资者欢迎。因此 IJR 可以成为一个很好的说明例子，费用还相当低廉。

如果替代产品的费用更低，无论如何都要使用替代产品。例如，SCHA 和 VB 这两支小型股指基金的费用更低，一些退休计划的费用也是如此。这些都是微小差异。不过，与大多数 ETF 相比，IJR 是非常便宜的。在"3%信号计划"中使用小型股 ETF——投资于小型股的决定，远比挑选小型股 ETF 重要。它们的费用都是合理的，可以执行"3%信号计划"。无论你使用何种账户执行计划，选择费用最低的小型股指基金，加入你的股票账户中。

用作安全工具的债券

在"3%信号计划"中,资本将分配至股票和债券。在大部分的工作期间,股票和债券的目标配置比例是80/20。当债券余额在投资组合所占的比例过高时,你会定期地重新平衡。在大部分的投资时期,当债券占到整个投资组合的30%时,就需要重新平衡。

向投资账户补充新现金时,需要立即将新现金存放到债券基金中,然后等待"3%信号计划"的季度信号,直至将新现金部署到股票基金中。

"3%信号计划"将部分资本投入债券部分,是为了保障安全。债券波动远远低于股票,当股票下跌时,有时债券却会上涨。另外,债券还能支付稳定的债息。源于债息的那些稳定现金流既能提供相当可观的投资绩效,还能带来舒适感。将一部分资金买入债券,如果"3%信号计划"出现了买进股票的信号,你就有了购买力。在等候买进股票的过程中,债券资金也能提供不错的回报。如果将账户的安全部分设置为现金,现金却不会赚到任何东西,对你的整体绩效来说,只能等到股市上涨,才能赚钱。

因此,你需要设置一个目标,将账户中20%的资金存放在债券基金中。债券基金的数量很多,其中有很多费用低廉的ETF,这是个好消息。

在执行"3%信号计划"时,你的目标是将80%的资金放置在费用最低的小型股指基金里,将20%的资金放置在费用最低的债券指数基金里。

债券市场由各类短期、中期和长期的政府和企业债券组成。如下图所示:

表12 债券市场

债券市场					
短期债券		中期债券		长期债券	
政府债券	企业债券	政府债券	企业债券	政府债券	企业债券

机构债券和高收益债券构成了债券市场的核心。机构债券由美国政府国民抵押贷款协会（GNMA 或 Ginnie Mae）发行。高收益债券通常被称为"垃圾债券"。顾名思义，垃圾债券的风险过高，我们将其排除在外。GNMA 发行的债券却符合我们的目标，以美国国债为例，GNMA 予以最高的安全评级，因为美国国债拥有美国政府的充分信誉和保障。

"先锋债券 ETF"出现在主要债券市场的类别中，也出现在抵押担保债券市场，Vanguard GNMA 共同基金于 1980 年 6 月成立，我们要对两者进行比较。选用 Vanguard GNMA 共同基金在于它有很长的历史可供"3%信号计划"使用。要知道，该计划横跨 50 个季度，从 2000 年底开始启动。当你启用"3%信号计划"时，最好选用费用低廉的 ETF 替代产品，可以在更多账户得到这种替代产品。以下是 2013 年 10 月 31 日的数据：

表13　Vanguard 债券基金的对比（截至 2013 年 10 月 31 日）

ETF代码	名称	起始日期	收益率	费用比率	1年期平均年度收益率	3年期平均年度收益率	5年期平均年度收益率
BND	Vanguard 整体债券市场	2007 年 4 月	2.2%	0.10%	-1.1%	2.9%	5.9%
BSV	Vanguard 短期债券	2007 年 4 月	1.1%	0.11%	0.6%	1.5%	3.7%
BIV	Vanguard 中期债券	2007 年 4 月	2.9%	0.11%	-1.7%	3.9%	8.5%
BLV	Vanguard 长期债券	2007 年 4 月	3.9%	0.11%	-7.3%	6.2%	10.9%
VMBS	Vanguard 抵押支持债券	2009 年 11 月	1.1%	0.12%	-0.6%	2.3%	
VFIIX	Vanguard GNMA	1980 年 6 月	2.4%	0.21%	-0.8%	2.7%	5.4%

先锋集团并不是提供费用低廉的债券指数基金的唯一公司，但它在这一类别中占据了主导地位。其他的低成本替代产品也经常出现，如果它们拥有长期历史记录可供追踪研究，就值得考虑。例如，2011 年 7 月推出的 Schwab 美国综合债券（SCHZ）的费用仅为 0.05%。

在上表中，一年期年度收益率表现糟糕，揭示了债券投资者在 2013 年担忧利率升高。这种担忧反映了债券市场的关键权衡。长期债券提供了较高的收益率和强劲的长期绩效，但是对利率波动更为敏感。"3%信号计划"的目标，不是让我们成为债券交易的爱好者，而是通过可靠的低成本的债券指数基金，完成我们账户的安全配置。为了实现这个目标，一个类似 BND 的纯债券型基金，或者一个类似 BIV 的中期债券基金，都是最佳选择。从诞生之日起，它们就是常青树产品，绩效通常位居中游，费用非常便宜，可以满足我们期望的债券基金的条件。

虽说一年期年度收益率表现糟糕，BND 也仅仅亏损 1.1%。要知道，股市随便打个喷嚏，都比这种亏损来得严重。另外，价格下跌造成的债券基金的损失，被债券支付的稳定债息弥补了。例如，在 2013 年 11 月初之前的 6 个月里，BND 价格下跌了 2.1%，但是，每份 BND 债券基金在每个月都会支付 17 美分的债息，累计债息超过了 1 美元。债息使 BND 的 6 个月累计亏损降低了 57%，达到 0.9%。从长期看，债息的重要性更加清晰。

自 1976 年以来，对于广泛的债券来说，大约 90%的总收益来自支付的债息，而不是价格变动。记住，本书采用 Vanguard GNMA 作为债券基金的历史范例，因为它始于 2000 年，涵盖了我们探讨的 50 个季度。然而，2007 年 4 月出现了更便宜的替代产品，你应该在账户中使用它们。你可以持有费用最低的纯债券型指数基金，或者中期债券指数基金。或者，最起码往里投点钱吧。

绩效优势

选用 IJR 作为我们的股票基金，来替换上一章使用的 SPY。来看看

IJR 能够领先到何种程度。IJR 的波动性更高、长期绩效更好，可以提供优势。但是，我们需要检查。我们采用相同的时间阶段。从 2001 年初到 2013 年中，共计 50 个季度。初始资金和配置比例都与早先相同。在 1 万美元的初始账户中，将 8,000 美元配置在 IJR 小型股指基金，将余下的 2,000 美元配置在 Vanguard GNMA 债券基金。唯一的不同，我们采用 IJR 来执行"3%信号计划"，而不是早先的 SPY。小型股指数取代了大型股指数，看看能否进一步击败标准普尔 500 指数。

以下是 IJR 在 50 个季度里的收盘价：

表 14　IJR50 个季度的调整收盘价（自 2001 年第一季度至 2013 年第二季度）

年份	第 1 季度	第 2 季度	第 3 季度	第 4 季度
2001	$30.40	$34.18	$28.63	$34.42
2002	$36.89	$34.53	$28.13	$29.49
2003	$27.73	$33.31	$35.72	$40.85
2004	$43.48	$45.04	$44.22	$50.00
2005	$48.97	$50.98	$53.61	$53.77
2006	$60.68	$57.87	$57.12	$61.50
2007	$63.28	$66.50	$65.35	$60.92
2008	$56.15	$56.52	$55.90	$41.55
2009	$34.51	$42.24	$49.88	$52.31
2010	$56.95	$51.86	$56.75	$66.08
2011	$71.12	$71.03	$56.89	$66.61
2012	$74.64	$71.94	$75.87	$77.47
2013	$86.58	$90.09		

IJR 在 2000 年第四季度的收盘价是 32.34 美元。8,000 美元可以买到 247 份 IJR 小型股指基金。IJR 在 2001 年第一季度支付了 4 美分的股息，季度收盘价是 30.40 美元。股票基金的余额是 8,000 美元，3%信号线是 8,240 美元。在该季度，股票基金没有达到 8,240 美元的目标。由于股票基金的余额为 7,520 美元，还需要 720 美元才能达标，所以，我们需要买进 23.68 份 IJR。债券余额从最初的 2,000 美元上升至 2,126 美元，这要归功于来自 IJR 和债券基金的分红，同时债券本身还有温和的升值。当我们使用债券部分的资金，继续买进新的 IJR 小型股指基金时，债券余额下降至 1,407 美元。最终结果是，IJR 的份额上升至 271.05 份，价值 8,239.92 美元——通过补充现金，实现了这个结果。

截至目前，除了使用 IJR 小型股指基金代替了 SPY，我们的"3%信号计划"与第三章表 6 中的计划是完全相同的。以下是按降序排列的期末总余额：

表 15 IJR 投资计划对比

计划编号	计划起止 2000 年 12 月至 2013 年 6 月	起始余额	新现金总数	期末股票余额	期末债券余额	期末总余额
1	将方案二需要的全部新现金，添加到"买入并持有"IJR 的策略中	$37,249	$0	$101,648	$0	$101,648
2	"3%信号计划"：IJR/Vanguard GNMA 80/20 比例，满足全部的新现金需求	$10,000	$27,249	$69,318	$16,403	$85,721
3	先投入 1 万美元，买入 IJR，然后将方案二需要的全部新现金，划分为金额相等的 50 份，在 50 个季度里，均匀地买进 IJR	$10,000	$27,249	$78,105	$0	$78,105
4	"3%信号计划"：IJR/Vanguard GNMA 80/20 比例，不提供任何新现金	$10,000	$0	$24,065	$5,695	$29,760
5	"买入并持有"IJR	$10,000	$0	$27,289	$0	$27,289

你会注意到一处差异：排名第一的投资计划，使用了"3%信号计划"所需的全部新现金，在起始阶段就大量买进并持有 IJR，从而让期末余额达到最高值。注意 SPY 没有实现这种结果，而是由 IJR 实现了更为出色的绩效。不过，这项发现意义不大，原因有三：（1）在 50 个季度的起始阶段，大多数人无法获得长期投资所需的全部资金；（2）在 50 个季度里，如果采用"买入并持有"的方法，没有人能够提前预知哪项投资在这段期间表现最好；（3）在应用"买入并持有"策略时，大多数人最终会"买入并放弃"，而非"买入并持有"。出于上述各种原因，我们更关注其他计划的排名。

在剩余的计划中，"3%信号计划"的基础方案，也就是计划二，产生了最高的期末余额。与另外两项获得了新现金的计划相比，它更为高效地利用了新现金，甚至超越了"成本平均法"计划三。计划四和计划五都没有获得新现金，"3%信号计划"超越了"买入并持有"IJR 的计划，最终期末余额达到 29,760 美元，而后者的期末余额是 27,289 美元。

无论能否获取新现金，"3%信号计划"都能通过小型股指数取得强劲绩效。这是个好消息。我们的真正目标是击败以 SPY 为代表的标准普尔 500 指数。我们同样成功胜出，并大幅领先标准普尔 500 指数。将 IJR 和 SPY 应用于"3%信号计划"和"成本平均法"两项重要计划，下方表格对其结果进行了排序，并列出了"3%信号计划"提示的新现金数额：

表16 使用 IJR 的 3% 信号计划击败了使用 SPY 的 3% 信号计划

计划编号	计划起止 2000年12月至2013年6月	起始余额	新现金总数	期末股票余额	期末债券余额	期末总余额
1	"3%信号计划": IJR/Vanguard GNMA 80/20 比例,满足全部的新现金需求	$10,000	$27,249	$69,318	$16,403	$85,721
2	先投入1万美元,买入 IJR,然后将方案二需要的全部新现金,划分为金额相等的50份,在50个季度里,均匀地买进 IJR	$10,000	$27,249	$78,105	$0	$78,105
3	"3%信号计划":SPY/Vanguard GNMA 80/20 比例,满足全部的新现金需求	$10,000	$30,711	$60,959	$10,193	$71,152
4	先投入1万美元,买入 SPY,然后将方案一需要的全部新现金,划分为金额相等的50份,在50个季度里,均匀地买进 SPY	$10,000	$30,711	$63,667	$0	$63,667

与 SPY 相比,使用 IJR 小型股指基金在每项排列中都实现了更好的绩效。比较计划一与计划三,应用 IJR 的"3%信号计划"的期末余额为85,721美元,而应用 SPY 的"3%信号计划"的期末余额仅为71,152美元,绩效提升了20.5%。选择小型股是其中的关键。

我们的确需要新现金,但是与 SPY 计划所需的新现金相比,数额要少一些。使用 IJR 小型股指基金,只有11个季度遭遇了现金短缺,而使用 SPY 却在19个季度里遭遇了现金短缺。下表列出了 IJR 遭遇现金短缺的11个季度,对新现金的数额进行了四舍五入的取整,总数是正确的:

表17　IJR出现的11个季度的现金短缺（自2001年第一季度至2013年第二季度）

季度	需要的新现金	季度	需要的新现金
2002年第3季度	$389	2008年第3季度	$1,083
2003年第1季度	$927	2008年第4季度	$7,814
2004年第3季度	$193	2009年第1季度	$5,598
2007年第4季度	$1,529	2010年第2季度	$5,183
2008年第1季度	$2,699	2011年第3季度	$1,232
2008年第2季度	$600		$27,249

将IJR应用于"3%信号计划"，效果胜过SPY，即便遭遇了现金短缺，IJR依然能保持领先。无论是采用IJR小型股指基金，还是采用SPY，50个季度结束时，"3%信号计划"都能将大量的资本放置于安全债券中，这点非常重要。"3%信号计划"击败了股市，在承担更低风险的同时，实现了更为出色的原始绩效和风险调整后绩效。

计划二和计划四都属于"成本平均法"计划，它们把全部资金都配置在IJR或SPY中，并不涉及债券，最终产生了较低的期末余额。计划一和计划三都属于"3%信号计划"，产生了更高的期末余额，以及金额充足的债券储备。在应用IJR的"3%信号计划"中，最终债券储备达到了16,403美元，占到了85,721美元总余额的19%。在应用SPY的"3%信号计划"中，债券储备达到10,193美元，占到71,752美元总余额的14%。

债券储备是有益的。假设下个季度股市下跌了20%，就像2008年第四季度一样。为了简化起见，假设IJR和SPY都下跌了20%，而债券部分保持稳定。下方表格显示了四项计划在产生20%亏损之前和之后的绩效：

表18 市场下跌20%之后，对于3%信号计划和成本平均法的影响

计划编号	计划起止 2000年12月至2013年6月	期末债券余额	股市下跌20%之后债券余额	期末股票余额	股市下跌20%之后股票余额	期末总余额	股市下跌20%之后总余额
1	"3%信号计划"：IJR/Vanguard GNMA 80/20比例,满足全部的新现金需求	$16,403	$16,403	$69,318	$55,454	$85,721	$71,857
2	先投入1万美元,买入IJR,然后将方案一需要的全部新现金,划分为金额相等的50份,在50个季度里,均匀地买进IJR	$0	$0	$78,105	$62,484	$78,105	$62,484
3	"3%信号计划"：SPY/Vanguard GNMA 80/20比例,满足全部新现金需求	$10,193	$10,193	$60,959	$48,767	$71,152	$58,960
4	先投入1万美元,买入SPY,然后将方案三需要的全部新现金,划分为金额相等的50份,在50个季度里,均匀地买进SPY	$0	$0	$63,667	$50,934	$63,667	$50,934

股价俯冲而下，让大部分投资者心生痛楚，他们的账户余额发生了巨大变化。在"成本平均法"的计划中，股票余额遭受了20%的完整损失。计划二下跌两成，从78,105美元跌至62,484美元，而计划四下跌两成，从63,667美元跌至50,934美元。在"3%信号计划"中，由于大量资金配置于债券，从而降低了股市下跌的影响。计划一从85,721美元跌至71,857美元，计划三从71,152美元跌至58,960美元，仅

仅下跌了17.1%。

在股市表现糟糕的季度里,"3%信号计划"中的债券余额提供了四种好处:降低了股市下跌造成的损失;提供了继续买进的能力,能够借机买到便宜股票;提供了舒适感;最重要的是,为投资者灌输了信心,能够正确决策。股价下跌后,什么才是正确的做法呢?当然是买进股票。这正是"3%信号计划"显示的信号。在采用"3%信号计划"的两个案例中,债券余额为IJR的买进信号提供了充足的现金。在应用SPY的案例中,债券余额为买进信号提供了71%的资金。

这些都让人印象深刻,我们实际上低估了"3%信号计划"的绩效优势,它能够超越大多数投资者的投资方式。在现实世界中,应用IJR的"3%信号计划"胜过了大多数的投资方法。在领先幅度上,甚至胜过上述表格中"3%信号计划"的领先效果。在"成本平均法"的案例中,投资者在管理投资组合时,极少有人能够满足假设条件的严格要求——机械般的精确度、毫无情感的严谨度。大多数投资者都会继续猜测应当如何行动,通常都会猜错。而你依靠"3%信号计划",能够获得一项优势——你能充满信心地执行信号,并跟随股市变化展开行动,获得满足感,从而保护你远离个人主观判断的风险。

最后,即使某人严格地执行了"成本平均法"的计划,他也会选用一组分散化的基金。这些基金的绩效都无法胜过上述案例中的纯股市指数。如果仅仅使用一只股票基金,运行"成本平均法"的计划,单一股票基金的波动性很容易造成伤害。而在多样化的投资组合中运行"成本平均法"的计划,降低了波动性,也降低了回报。"3%信号计划"能够让余额强劲增长,击败那些高绩效的计划。通过每个季度清晰的指引信号,"3%信号计划"能够降低风险,并提供更为强健的情感支持。

将"3%信号计划"的上述优势牢记于心。现在,我们带来了"3%信号计划",与现实世界的混乱形成了对比。在真实的交易中,"完美彼得"和"无效专家"都为投资者带来了巨大损失。

痛击英雄股

"完美彼得"将在本章提出第一项反驳——在我们检测的 50 个季度里,很多"买入并持有"的计划,都超越了"3%信号计划"。所谓天外有天,强中更有强中手,总能找到一种投资,让"3%信号计划"俯首称臣。

问题是你无法找到这种投资,"完美彼得"同样束手无策。在实际操作中,没有人能在正确的时机持有最佳的投资。只有市场走完之后,人们才会谈起,通常还夹带着一种相同的渴望情绪,就像有望抽中彩票大奖一样。然而,"完美彼得"却热衷于讨论这种无限趋近于零的可能性,就好像这种可能性每天都在发生,在未来很容易实现。他在谈论这类话题时,总能假设一番,轻松地说出"如果当时……那就好了"之类的话,容易得很。我们要调侃他一番。

对于行情已经走完的那些超级股票,我喜欢称其为"英雄股"。谁持有英雄股,谁就是股市英雄。"完美彼得"当然乐意展示这样的英雄形象。在 2001 年至 2013 年中期的 50 个季度里,英雄股名单中的 Medifast(以后简称 MED)令人叹为观止。它是一家营养品和体重控制公司。2000 年第四季度结束时,它的股价仅为 14 美分。2013 年第二季度结束时,它的股价涨到了 25.76 美元,收益高达 183 倍!要知道,能够超越它的这番英雄壮举的投资组合极为罕见。如果你用 1 万美元买入这支 MED 英雄股,并且全程不再买进,结果将如何呢?来看这种操作计划与其他计划的对比:

表19 "买进并持有"MED股票 vs. 使用IJR与SPY的3%信号计划

计划起止 2000年12月至2013年6月	起始 余额	新现金 总数	期末股 票余额	期末债 券余额	期末 总余额
在14美分买进MED股票,并在50个季度里一直持有	$10,000	$0	$1,840,000	$0	$1,840,000
"3%信号计划":IJR/Vanguard GNMA 80/20比例,满足全部的新现金需求	$10,000	$27,249	$69,318	$16,403	$85,721
"3%信号计划":SPY/Vanguard GNMA 80/20比例,满足全部的新现金需求	$10,000	$30,711	$60,959	$10,193	$71,152

太厉害了,MED股票就是这样剽悍!我们需要寻觅下一只MED股票。买进之后,继续持有,并且找到精确的时机卖出股票。你知道你具备这种能力,起码"完美彼得"有这个本事。

然而,向未来展望,就不像事后回顾那样有趣了。这类以MED股票为代表的英雄股,很多都曾一度辉煌,最终结局却像贝尔斯登和安然一样,以崩溃和清盘告终。持有此类资产的投资者看起来虽然荒唐可笑,他们却并非如你想象得那样欠缺理智,任性鲁莽。在《财富》杂志的最佳排行榜中,著名的吉姆·克莱默(Jim Cramer)曾经取得行业第二名的佳绩。然而,一年之后,这位"无效专家"通过《疯狂金钱》电视节目告诉观众:"贝尔斯登很健康……贝尔斯登才不会遭遇麻烦呢。"结果,不到一周时间,贝尔斯登就需要向纽约联邦储备银行申请紧急贷款,结果以失败告终。2008年3月16日,贝尔斯登被廉价卖给了摩根大通。再看安然的情况。2001年第四季度初,在16位无效分析师当中,有13位分析师将安然的股票评级标注为"买进"。在它申请破产两个月后,《纽约时报》仍然认为,假设安然没有破产,"它有望继续成为其他企业的榜样"。

这两个案例涉及失败的投资理念,到处充斥着失败的投资理念,足以塞满本书的剩余篇章。每种理念都主张买进股票之后,坚持持有。因为研究表明，股票在未来的卖出价格，肯定高过当时的卖出价格。当然，"完美彼得"不会提及这一点。"完美彼得"反对我们正在探讨的"3%信号计划"。人们容易轻信，被引诱着买进那些赔钱的股票，我们对此暂且搁置不谈。现在，让我们聚焦于一支光荣的赢家股票——MED股票，从2001年到2013年，它的收益率高达183倍。

即使在MED股票的案例中，真实故事也不像事后回顾那样美好。所有的小有成就的扑克玩家都会告诉你，胜利和拿到的牌无关，重要的是玩家处理手上的牌的能力。如果管理不当，无论是玩扑克，还是投资股票，都会毫无作为。在现实世界中，如果一位"无效专家"幸运地拥有了MED这样的英雄股，将会发生什么？让我们找出答案。

下表列出了MED股票在研究期间的50个季度的收盘价。2000年底，它的股价仅为14美分：

表20　MED股票的季度收盘价（自2000年第四季度至2013年第二季度）

年份	第1季度	第2季度	第3季度	第4季度
2000				$0.14
2001	$0.44	$0.33	$0.20	$0.22
2002	$0.83	$0.81	$1.79	$5.32
2003	$4.94	$11.25	$12.35	$14.10
2004	$8.99	$5.31	$4.48	$3.52
2005	$2.87	$3.04	$4.00	$5.24
2006	$9.23	$17.87	$8.68	$12.57
2007	$7.16	$8.95	$5.58	$4.85
2008	$4.23	$5.26	$6.81	$5.52
2009	$4.15	$11.46	$21.72	$30.58
2010	$25.13	$25.91	$27.13	$28.88
2011	$19.75	$23.73	$16.15	$13.72
2012	$17.46	$19.68	$26.15	$26.39
2013	$22.92	$25.76		

MED的股价从2000年底的14美分，上涨到2013年年中的25.76美元。在这段价格旅程中，发生了很多"完美彼得"将会谈论的戏剧性事件。MED股票的利润貌似直线般地上涨，然而实情并非如此。

这些年来，"无效专家"都能在MED股票和它的爆炸性上涨的股价上大展身手，并对MED股票的大幅波动发布牛熊观点。有些观点正确，有些观点错误。在一个准确率为50%的环境中，这些观点貌似有些道理。在每日股市报告中，MED股票不时出现在最佳赢家榜或最差输家榜的榜首。例如，一份报告显示MED公司的获客成本可能增高，导致利润前景黯淡，结果MED股价在2006年9月5日随即暴跌16%。

当然，也有上涨的好日子。2010年2月16日，路透社报道："MED公司，作为一家减肥饮料和体重管理产品的制造商，股价在周二大涨17%。Barry Minkow的'欺诈揭露研究所'（FDI）终止了对该公司的欺诈调查，并没有发现欺诈问题，所以希望'将资源投入其他正在进行的调查中。'在过去一年里，MED股价一直虚弱不堪。因为'欺诈揭露研究所'（FDI）指控该公司的'Take Shape for Life'直销分支正在运作一场金字塔骗局。"1月8日，"欺诈揭露研究所"发表了针对MED的指控报告。2月12日是"欺诈揭露研究所"取消调查之前的最后一个交易日。从1月8日到2月12日，MED股价从30.91美元跌至19.04美元。

在欺诈指控、金字塔骗局的背景之下，继续持有MED股票并且熬过暴跌，其实并不容易。"完美彼得"在讲述他的英雄壮举时，不会透露那些招来麻烦的细节，然而我们却会详细地剖析。

在上述50个季度里，假定"完美彼得"和MED股票的其他投资者能够接收到该公司的充足信息。他们必须在每个季度做出交易决定——买进、卖出，或者持有当前股票。在这50个季度里，我方先向"完美彼得"送出慷慨的礼物。假定"完美彼得"在2000年底以14美分的价格买进了10,000美元的MED股票。而14美分正是MED股票在这 50 个季度里的最低价。在"完美彼得"持有 MED 股票的每个季度，我们都会抛一次硬币。硬币的正面意味着他持有股票，反面意味着他卖出股票。这是必要的简化步骤，不再考虑分批卖出和"完美彼得"可能采取的其他措施。最终结果显示，对于一项成功的投资，50% 的失败率都能对其绩效造成严重影响。下表显示了在 50 个季度对 MED 股票抛硬币的结果：

表 21　使用 MED 股票的价格历史数据，抛硬币得出的资金曲线图

季度	MED 股价	抛硬币结果	行动	现金余额	MED 股票余额
2000 年第四季度	$0.14		买进	$0	$10,000
2001 年第一季度	$0.44	反面	卖出	$31,429	$0
2001 年第二季度	$0.33	正面	买进	$0	$31,429
2001 年第三季度	$0.20	反面	卖出	$19,048	$0
2001 年第四季度	$0.22	反面	持有	$19,048	$0
2002 年第一季度	$0.83	反面	持有	$19,048	$0
2002 年第二季度	$0.81	反面	持有	$19,048	$0
2002 年第三季度	$1.79	正面	买进	$0	$19,048
2002 年第四季度	$5.32	正面	持有	$0	$56,611
2003 年第一季度	$4.94	反面	卖出	$52,567	$0
2003 年第二季度	$11.25	正面	买进	$0	$52,567
2003 年第三季度	$12.35	正面	持有	$0	$57,707
2003 年第四季度	$14.10	反面	卖出	$65,884	$0
2004 年第一季度	$8.99	反面	持有	$65,884	$0
2004 年第二季度	$5.31	正面	买进	$0	$65,884
2004 年第三季度	$4.48	正面	持有	$0	$55,586
2004 年第四季度	$3.52	反面	卖出	$43,675	$0
2005 年第一季度	$2.87	反面	持有	$43,675	$0

续表

2005 年第二季度	$ 3.04	正面	买进	$ 0	$ 43,675
2005 年第三季度	$ 4.00	反面	卖出	$ 57,466	$ 0
2005 年第四季度	$ 5.24	反面	持有	$ 57,466	$ 0
2006 年第一季度	$ 9.23	正面	买进	$ 0	$ 57,466
2006 年第二季度	$ 17.87	正面	持有	$ 0	$ 111,259
2006 年第三季度	$ 8.68	反面	卖出	$ 54,042	$ 0
2006 年第四季度	$ 12.57	正面	买进	$ 0	$ 54,042
2007 年第一季度	$ 7.16	反面	卖出	$ 30,783	$ 0
2007 年第三季度	$ 5.58	反面	持有	$ 30,783	$ 0
2007 年第四季度	$ 4.85	正面	买进	$ 0	$ 30,783
2008 年第一季度	$ 4.23	反面	卖出	$ 26,848	$ 0
2008 年第二季度	$ 5.26	正面	买进	$ 0	$ 26,848
2008 年第三季度	$ 6.81	反面	卖出	$ 34,759	$ 0
2008 年第四季度	$ 5.52	反面	持有	$ 34,759	$ 0
2009 年第一季度	$ 4.15	反面	持有	$ 34,759	$ 0
2009 年第二季度	$ 11.46	正面	买进	$ 0	$ 34,759
2009 年第三季度	$ 21.72	反面	卖出	$ 65,878	$ 0
2009 年第四季度	$ 30.58	正面	买进	$ 0	$ 65,878
2010 年第一季度	$ 25.13	反面	卖出	$ 54,137	$ 0
2010 年第二季度	$ 25.91	正面	买进	$ 0	$ 54,137
2010 年第三季度	$ 27.13	反面	卖出	$ 56,686	$ 0
2010 年第四季度	$ 28.88	正面	买进	$ 0	$ 56,686
2011 年第一季度	$ 19.75	正面	持有	$ 0	$ 38,766
2011 年第二季度	$ 23.73	反面	卖出	$ 46,578	$ 0
2011 年第三季度	$ 16.15	正面	买进	$ 0	$ 46,578
2011 年第四季度	$ 13.72	反面	卖出	$ 39,570	$ 0
2012 年第一季度	$ 17.46	正面	买进	$ 0	$ 39,570
2012 年第二季度	$ 19.68	反面	卖出	$ 44,601	$ 0
2012 年第三季度	$ 26.15	反面	持有	$ 44,601	$ 0

续表

2012 年第四季度	$26.39	反面	持有	$44,601	$0
2013 年第一季度	$22.92	反面	持有	$44,601	$0
2013 年第二季度	$25.76	反面	持有	$44,601	$0

一位交易英雄如果长期持有最佳英雄股，将经历哪些事情呢？我们可以列出：胜利之后的心痛；庆祝晚餐之后的难以入眠；还有沮丧、得意、探索、压力、更多探索、失效、自我吹嘘、错失良机、郁闷，以及经历的其他事情。"完美彼得"投入了1万美元，最终仅仅达到44,601美元——与1,840,000美元的结果相差甚远。他会用事后诸葛亮的姿态吹牛，说某人在2000年12月以14美分的价格买了MED股票，最终在2013年6月赚到了大钱。这种完美操作在理论上很容易描述，但在现实世界却是无法实现的。

我们刚才看到的，只是辛辛苦苦投资MED股票一种可能的随机路径。当你自己抛硬币决定每个季度的行动，也会产生不同的路径。上述例子能够对"完美彼得"的朋友们形成冲击，只是对"完美彼得"显得太过仁慈了。因为他最初用14美分的价格买进MED股票，仅仅经历了一个季度，就使余额攀升至31,429美元。在抛硬币之前，我们就为"完美彼得"提供了一个极其有利的开局。这个单一季度的收益，竟然占到了他在整个期间全部收益的91%！

我们开始抛硬币。先从"完美彼得"的那个出色基础开始。相当不错，从2002年第三季度到第四季度，余额从19,048美元增长至56,611美元。从2003年的第三季度到第四季度，余额从57,707美元增长至65,884美元。从2006年的第一季度到第二季度，余额从57,466美元增长至111,259美元，到达了这一系列的高点。3个月后，"完美彼得"的余额不幸地降低至30,783美元。如果"完美彼得"无法在2000年以14美分的低价买进MED股票，假设他在50个季度的开始阶段先持有现金，直至2001年第二季度以33美分的价格，开始买进MED

股票。按照相同的抛硬币的结果，采取相同行动，他的最终期末余额仅为 14,191 美元。2006 年第二季度的 35,401 美元就是他的这一抛硬币系列中的高点。三个季度后，他的余额将降低至 9,795 美元，低于 1 万美元的初始余额——相当痛苦。

虽然这些季度动作是随机产生的，但我们能够理解抛出这些硬币的投资者的心路历程。回到那个美好的场景——"完美彼得"在 2000 年以 14 美分的价格买下了 MED。2001 年第一季度，资金激增 214%，让他深具自信。特别是他在 44 美分的价格卖出 MED，并在几个月后以 33 美分的价格买回 MED 时，"完美彼得"更是信心爆棚。"得分了！"当他买回 MED 的时候，他会这样欢呼并等待下一轮的上涨。随后，MED 下跌 39%，让人备受挫折，导致"完美彼得"卖出 MED 股票，持有现金等待明年的机会。然而，MED 上涨 795%，从 20 美分涨到 1.79 美元。眼睁睁看着股价继续上涨，同样令人沮丧。毫无疑问，从 2001 年初秋熬到 2002 年初秋，"完美彼得"终于难以接受这样的结果，再次买进了 MED 股票，这无疑会毁掉很多美好的假期与特殊时光。当 MED 股票从 20 美分涨到 1.79 美元，买进 MED 就需要勇气。我们应该佩服"完美彼得"，尤其是 MED 股价在单一季度里上涨了近 3 倍，达到 5.32 美元——当然，"完美彼得"并不认同抛硬币的随机模式，这点我们无法与之苟同。

在这 50 个季度里，对于某个人物买卖 MED 股票的具体表现，我们无从得知。我们通过人类在股市上的长期跟踪记录，能够得出结果：人类决策在一半时间里都是错误的。通过这个简短的案例，显示了人类这种决策倾向的破坏性。即使是表现最好的股票，这种决策倾向也对其绩效造成了毁灭性的打击。你会机警地调侃那些持有英雄股的故事。故事的开头通常是这样的："你知道吗？如果你 10 年前买了这只股票，然后坚持下去……"听到这类故事，你会说："太可惜了，我当时没买，你也没买。即使我们买了这只股票，也会很快卖出，并在错误的时间买回。更不用说遇到那些难以了解的麻烦事实。我们当时根本看不清楚结果，你现在再来谈起这只股票的总成绩。彼得，这有什么用呢？"

"完美彼得"塑造了股市英雄的梦幻故事，我们已经将这类故事摧毁成碎片。现在，我们返回早先对比的图表，更为真实地反映出结论：

表 22　MED 股票的后见之明的美梦 vs 现实

计划编号	计划起止 2000年12月至2013年6月	起始余额	新现金总数	期末股票余额	期末债券余额	期末总余额
1	买入14美分的MED，并在整段时间持有（后见之明的自做美梦）	$10,000	$0	$1,840,000	$0	$1,840,000
2	"3%信号计划"：IJR/Vanguard GNMA 80/20比例，满足全部的新现金需求	$10,000	$27,249	$69,318	$16,403	$85,721
3	"3%信号计划"：SPY/Vanguard GNMA 80/20比例，满足全部的新现金需求	$10,000	$30,711	$60,959	$10,193	$71,152
4	买入14美分的MED，每季度交易一次，错误率为50%（乐观的真实交易）	$10,000	$0	$44,601	$0	$44,601
5	买入33美分的MED，每季度交易一次，错误率为50%（悲观的真实交易）	$10,000	$0	$14,191	$0	$14,191

即使是表现最好的股票，也需要投入正确数量的资金，在正确的时

机买进、持有和卖出。我们只有50%的准确率，足够糟糕——如果情形有利，英雄股的184万美元的潜在期末余额，也只能剩下44,601美元。如果情形不利，期末余额只能剩下14,191美元。

小提示：

如何编造一个良好的追踪记录

如何让你的投资追踪记录更漂亮，胜过实际表现？想明白其中的诀窍吗？这是市场通讯作者和投资顾问的拿手好戏，他们一直这样造假。

诀窍在于选择性报道。在我们查看MED股票季度价格的时候，发现它能够多次产生惊人收益。"无效专家"在报告追踪记录时，可以动一番手脚，推荐股票之后，只提供事后上涨的那段记录。至于下跌阶段和整体绩效，当然排除在外了。而在典型的交易过程中，不利情况必然会发生，因为50%的错误率不可避免。

丢弃过去年月里那些五彩斑斓的想法吧。你曾经收藏了一些预测股价方向的精华观点，显示未来的价格将不可避免地符合你的预测方向，即使是暂时的走向也好。提及任何股票，我都能给你找到一个能带来积极回报的时期。这一行的水很深，里面鱼钩密布，而且不必做出充分披露的承诺——任何人看起来都像是一个挑选股票的专业人士。

击败"成本平均法"

许多投资者将"成本平均法"（DCA）作为投资股票的最佳途径。他们反对"3%信号计划"，认为"3%信号计划"无法提供强大的绩效优势，不足以战胜"成本平均法"，不值得关注。但是，他们错了。我们将探讨复杂的3%信号策略，并逼迫"成本平均法"从股市最佳操作榜单的王座上退位。

如前所述，"成本平均法"是优秀的长期投资计划，它能够过滤大部分的投资行业的噪音，专注于简单的数学运算。当股价偏高时，你按时投入的资金数额只能买到数量较少的股票，当股价偏低时，同样的资金数额就能买到数量较多的股票。这样，你的已买进股票的每股平均成本就会低于这一期间的股票平均价格。下表简单地说明了这项优势：

表23 成本平均法的优势

证券价格	投资金额	买进股数	持股总份额	已买进股票的每股平均价格	股票平均价格
$10	$500	50	50	$10	$10
$15	$500	33	83	$12.05	$12.50
$5	$500	100	183	$8.20	$10
$10	$500	50	233	$8.58	$10
$20	$500	25	258	$9.69	$12

在这一期间的每个固定投资日期，投资者只需要自动地投入500美元，就能降低每股平均价格，使之低于股票的平均交易价格。"成本平均法"因为简单而受到广泛的欢迎。当"成本平均法"与"3%信号计划"展开正面交锋时，在某些时期——比如，当股价长期上涨时——"成本平均法"的期末余额更高。

出于这种原因，人们在权衡"成本平均法"与"3%信号计划"时，就会三思而后行。"成本平均法"将全部资金投资于股票，并且坚定持有，因此，也就无法提供安全债券资金。"3%信号计划"能够提供债券资金，并且很少将全部资金都投入股票部分。在长期上涨的股市中，"成本平均法"的确能够击败"3%信号计划"，因为"成本平均法"投入了全部资金。"3%信号计划"在股价上涨的过程中，在每个季度卖出超过3%的超额利润。这样，当股价持续上涨时，"3%信号计划"就能降低股票的风险敞口（exposure）。

充分投资的脆弱性

"成本平均法"会碰到一个问题,当它投入全部资金,却在股市遭遇麻烦时,投资者无法做出适宜的反应。在第三章的"买入并持有的神话"部分,我们进行了探讨。在本章稍早的"绩效优势"部分,"3%信号计划"能够温和地处理股市暴跌两成的情况。对于许多"成本平均法"的投资者来说,当股价较低需要买进更多数量的股票时,或者起码需要继续买进股票时,他们却不再继续投入固定的资金。"成本平均法"无法提供详尽的操作指引,它只是一种理念罢了。不论世界上发生了什么,都应当投入更多的资金,这让我们在情感上难以接受。因为我们并不是远离尘世,当我们阅读新闻,看到投资组合波动时,就被敦促着采取行动。现在你已经理解了这会引发麻烦。我们在股市上采取行动,意味着正在启动一台错误率为50%的机器。

"3%信号计划"有一个美妙之处,它能指示我们正确的行动方式,满足了采取行动的需要。当股市下跌时,买进股票。当股市大幅下跌时,大量买进股票。当股市上涨时,卖出股票。当股市大幅上涨时,大量卖出股票。但是,因为没有公式可循,"3%信号计划"的一些提示未必完美。例如,第四季度股市大涨之后,在随后两个季度里,股市继续高涨。在该年第四季度,随着股市大涨,我们理性地卖出股票。然而,第二年的第一季度和第二季度,股市涨得更高了。这时,第四季度的理性卖出被证实为错误的卖出。然而,从长期看,每个季度一次的理性买卖最终能够胜出。它能够阻止极有可能的个人主观判断——这类判断会让你在第二季度的顶部,押上自家的农场作为赌注。因为你认为第二季度的股价背后还有强劲的上涨动力。所以,如果判断失误,当股价跳水时,你的资本将遭遇最大损失,因为你把全部资金都投入了股市。股价暴跌给你造成了伤害,你离开了股市。当你拿着缩水的现金,絮絮叨叨地抱怨的时候,股市却不再下跌,开始反转走高。

"成本平均法"就隐藏着这种风险,它实质上将全部资金都投入股市当中。另外，我们还会产生无力感——每个月或每个季度都自动地投入资金，我们却无法真正地控制投资组合。"这就像是自动驾驶。"我们这样思索，"我需要关注'成本平均法'计划，因为它无法随着条件变化而调整。"是的，它无法调整。不幸的是，我们同样无法可靠地调整——除非我们能摆脱50%的错误率。在真实的世界中，"成本平均法"将面临什么问题呢？它将全部资金投入股市中，股票账户余额随着时间的推移而增长。但是，当股市崩溃时，"成本平均法"的股票账户也一并崩溃了。这时，投资者感到恐慌，开始取出部分或全部的资金。然后，"无效专家"也束手无策，你也不知道何时才能重返股市。就这样，"成本平均法"的计划被枪毙了。人们定期地投入现金买进股票，但是应当遵守严格的纪律，让降低平均成本的魔法生效。然而，成本投资法玩家却无法遵守纪律，从而丧失了最佳买进机会。大多数投资者后来都继续定期地投入资金，然而最好的买进机会已经逝去了，只能等待下一次市场衰退出现底部去买进股票。等到底部真正来临时，"成本平均法"的投资者应当买进，然而，在实际操作中却再次迫于压力而卖出。

所以，"成本平均法"的玩家无法知道账户的未来价值。即使不做干预，他们的股票价值也会随着股市波动而波动。他们缺乏一套系统，无法通过安全账户进行重置，让资金按照预测增长。在本季度末，"成本平均法"的账户余额是多少呢？无人知道。"3%信号计划"在本季度末的股票余额是多少呢？比上一季度高出3%。上一季度的股票余额同样环比增长3%。

小提示：

"价值平均法"的年度回报更出色

"价值平均法"：可以获得较高投资回报的安全简易的投资策略。在300个模拟股市里，迈克尔·埃德尔森（Michael Edleson）对"成本平均法"和"价值平均法"进行了测试。两种策略的效果相差无几。但是在第一轮的 100 次测试中,"价值平均法"赢了 84 次;在第二轮的 100 次测试中,"价值平均法"赢了 90 次;在第三轮的 100 次测试中,"价值平均法"赢了 89 次。在年度回报率上,埃德尔森得出结论:"价值平均法"击败了"成本平均法",前者的回报率平均领先约 1.4%。他在 2006 年出版的书籍的表 8-1 展示了结果,如下表所示:

表 24　价值平均法击败了成本平均法

模拟运行	成本平均法年度回报率	价值平均法年度回报率
第一轮的 100 次测试	15.74%	17.03%
第二轮的 100 次测试	13.85%	15.35%
第三轮的 100 次测试	14.88%	16.28%

"成本平均法"的投资者面临着另一个问题——如何在常规情况下补充现金?我们曾对"成本平均法"和"3%信号计划"进行了比较。在 50 个季度里,我们能够确认"3%信号计划"所需的新现金,并在每个季度补充现金。在现实世界中,我们无法提前预知 50 个季度里将要发生什么,也就无从知道"3%信号计划"将需要多少额外现金。有时,在"成本平均法"计划中,对于那些需要补充的现金数额,只能简单地归结为投资者负担得起的数额,只能粗枝大叶地估计。但是,随着时间推移,随着投资和理财资金的增长,投资者需要更多的资源。"成本平均法"无法提供具体的指导,这就成了问题。"成本平均法"策略的最后部分比你想象的更重要。

假设你采用了"价值平均法",每个季度投入 300 美元。换算下来,每月需要投入 100 美元,100 美元是个容易记住的数字。这样,每年你需要投入 1,200 美元。5 年后,你共计投入了 6,000 美元。使用

"价值平均法"策略，假设年度收益率为10%，5年之后你的总余额将达到7,326美元。在短短5年里，每个季度都投入300美元，你就建立了一个基础账户，使得未来300美元的分量开始降低。随着时间推移，相对于支持的账户规模，300美元的意义将越来越低。虽然你的收入增长了，通货膨胀却会将价格推升更高。300美元的补充现金在很久之前就不是合适的规模了。

在"3%信号计划"中，这从来都不是问题，因为增长单位是百分比。"3%信号计划"在指导买卖时，从始至终都与资金规模构成了比例关系。假设股票基金的初始余额是1,000美元，这个初始季度只需要增加30美元，就能使计划保持正常。对于多年积累而成的30万美元的余额，这个季度就需要增加9,000美元。通过"3%信号计划"的公式，可以自动计算出这个增长数额，无论账户是大是小，"3%信号计划"都能指引每个季度的行动。当股票账户余额增长后，通过卖出信号卖出股票基金，将其转变成现金，并存入债券基金，进而支持大多数的后续买进信号。即使资金需求随着时间推移而增长了，这种运行机制同样有效。举例来说，在这一季度你不需要从工资或其他来源筹集9,000美元。这9,000美元的一部分或者全部，都来自股市的增长。如果出现了现金短缺，从过往股市的增长中卖出的收益将填补这一缺口。

对于"价值平均法"，即使随着时间推移，你从增加的收入中相应地增加了定期补充现金（contribution）。但是，与你的账户总余额相比，这些补充现金显得苍白无力。非常乐观地假设：参加工作后的5年后，你的收入增加了4倍，在你的"价值平均法"计划中，补充现金是每个季度300美元。所以，你将每个季度的补充现金的金额提高到1,200美元，每年共计4,800美元。在接下来的5年里，你的补充现金将达到3万美元，而账户价值是41,103美元，年回报率是10%。回到第5年，你在每个季度仅仅投入300美元。也就是说，每个月的分期补充现金是100美元，只能占你账户价值的4%。现在，到了第10年末，每个季度1,200美元的补充现金只能占到账户价值的3%——而每个季度1,200

美元的补充现金并没有多大的影响力。你已经看到未来的趋势。随着补充现金的逐渐增长，后续的补充现金显得相形见绌。如果遇到深度衰退，动用这些补充现金，没有多大意义。

我们在每个季度都会忠实地增加投资，10年之后你的账户余额将达到41,103美元。如果股市在两个季度后下跌40%，你的账户余额将降至24,662美元。采用"价值平均法"的正确做法是，当价格下跌时，在每个季度都继续投入补充现金，趁着低价买进更多数量的股票。然而，你的账户余额已经抹去了16,441美元。这个季度扔进1,200美元，下个季度又扔进1,200美元，此时的感觉就是杯水车薪，难以灭火。你想采取更多的行动，然而你采取的行动，正是"买入并持有"章节中的内容：在底部离场。"我唯一能做的，就是不断地补充同等金额的资金，"你会想，"但是，这永远无法改变现状，它会和账户的其余资金一起蒸发的，我必须停止。"就这样，你就离场了。

在"3%信号计划"中，每个季度你都会有规律地补充现金，操作方式与"价值平均法"一样。但是，你的债券账户增强了购买力，你将从中受益。而债券账户的购买力，半数来自过去的补充现金和卖出股票的收益。当股价暴跌时，这种购买力提供了令人满意的火力。所以，你就需要做一些聪明的事情，让你有信心坚持"3%信号计划"。你的本能反应是"我必须做点什么"。面对你的本能，你可以这样回复："我正在遵循一贯行之有效的'3%信号计划'。这次它也会成功的。"

"分散化"稀释了绩效

采用"价值平均法"和"买入并持有"的方法，如果资金配置于一只单一的股票基金里，极可能引发严重的资金回撤。所以，这两种方法总是将资金配置于多元化的基金和资产类别里。例如，你的每月或每个季度的定期补充现金不会只投到一只小型股基金。相反，它们会流入投资组合里——由大型股基金、成长股和绩优股基金、国际股票基金、债券基金、国债基金等组成。如果你年纪尚轻，这项投资组合可能包含40%的激进型股票、30%的稳健型股票、20%的普通债券、10%的国债。这种"分散化"稀释了绩效，绝大多数情况下落后于"3%信号计划"——在"3%信号计划"中，80%的资金都集中于一只小型股指基金。将80%的资金集中于小型股指基金，富有进取精神，同时也需要承担风险。但是，当股市走弱时，你会动用余下的20%资金和额外的补充现金，趁着股价便宜继续买进。这种做法可以减轻你的压力，并且胜过绝大多数的其他股票交易方法。

和真实生活中的"价值平均法"计划相比，"3%信号计划"实际上向小型股投入了更多的资金。那么，有没有一种"价值平均法"计划，能够让全部资金集中在小型股？能不能像"3%信号计划"那样，让一部分的额外现金停留在债券账户里？这就是"完美彼得"的骗局。没有人能够实现这种完美操作，就像没有人能买在最低价，卖在最高价那样。而"完美彼得"总是通过各种暗示和建议，让你认为可以做到"完美"。如你所见，在那些虚构的集中全部资金于小型股的"价值平均法"的案例中，"3%信号计划"在原始回报率上都能领先于这类价值平均法，更不用说经过风险调整之后的回报率了。

"成本平均法"是一种良好的投资方法，胜过了"无效专家"在公开市场的抛硬币式的做法。这些"无效专家"认为"富贵险中求"，希望冒险实现重要的财务目标。"成本平均法"同样也无法战胜"3%信号计划"，原因在于：如果只是集中投资于一只基金，只能实现较低的风险调整后绩效（绝对绩效也通常较低）。"成本平均法"总是投入全部资金，无法让我们对股市事件做出反应。面对股价和长期的投资组合价值的变化，"成本平均法"也无法做出反应，指导着我们增加或减少补充现金。绝大多数情况下，它总是在低绩效的资产类别中进行多元化配置。由于缺乏清晰的买卖公式作为指引，如果把全部投资都押注于那些激进的股票，没有人能够承受这种巨大的压力。"成本平均法"计划与"3%信号计划"的对比如下：

表 25　"3%信号计划"胜过成本平均法的理由

成本平均法	"3%信号计划"
总是投入全部资金，如果将全部资金集中于一只基金中，将面临最高的市场风险	能够从债券资金中获益，它缓和了市场风险，能够及时提供购买力
无法控制投资，需要依靠个人的主观判断，会让整个投资计划偏离正轨	通过与价格波动进行反应的季度信号，能够控制投资，从而使计划符合正轨
面对变化的市场条件，在改变定期支付的数量上，无法提供指导	通过信号，在买卖股票和处理股票/债券的比例变化中，都提供了充分的指导
账户的增长取决于变化的时间表，完全依赖市场波动	在债券余额的支持下，按照季度时间表，股票余额在每个季度都能增加能够预测的3%
通常在低绩效的资产类别进行分散化投资，这是实现安全性和保持心理稳定的唯一方式，因为无从获得买卖指导	能够聚集于高绩效的小型股，因为买卖指导能够让波动性行之有效，得以保持心理稳定并实现较高的利润

下跌30%，坚守

上一节我们探讨了"成本平均法"。在上一章的"买入并持有的神话"部分，我们知道投入全部资金的充分投资计划有一个最大弱点：当价格处于底部时，执行"买入并持有"计划十分痛苦，人们难以抵抗巨大的压力被迫卖出，这样就锁定了损失，错过了后面的价格上涨。"3%信号计划"能够克服这种难题。它的信号提示：在价格较低时买进。如果缺少现金难以买进，那就继续持有当前投资。

让我们沉思片刻，怎样让充分投资的计划发挥效果呢？稳定地持有投资，等待价格上涨，对吧？如果"买入并持有"的投资者能够忽略股市的暴跌，并真正坚持下来，价格复苏时，他们就会受益。如果"成本平均法"的投资者能够坚守计划，牢牢持有着已经投入的全部资金，熬过股市底部，当价格复苏时，他们也能受益。在"3%信号计划"中，当市场出现了极端暴跌,"3%信号计划"能够投入更多资金,等到价格上涨后,可以获得更多的收益。当股市经历了深幅下跌开始反弹时,还能找到某种方法,能够继续优化"3%信号计划"以取得更好的成效吗?

功夫不负有心人。我找到了这种方法,并称之为"下跌30%,坚守"规则。当股市跌幅超过30%之后,你应该继续持有股票,进行坚守。也就是说,股市暴跌之后,你会持有股票进行坚守,等待股价复苏,你不能卖出股票换成现金。首先,我们定义几个术语。

"下跌30%",是根据SPY标普500指数基金在过去两年里的最高季度收盘价计算的,并不依据每日收盘价或者实时价格。SPY作为标准普尔500指数基金,代表着普通的股市,能够有效地实现"下跌30%,坚守"的目标。如果你不使用SPY,而是选择更为集中的指数或者单一股票,它们从过去两年的高点下跌30%之后,可能并不具备良好的反弹概率。SPY下跌30%之后,它代表的标准普尔500指数很可能强劲反弹。因为我们只使用季度收盘价,要想查看"过去两年"的数据,意味着只需查看8个季度的收盘价。我们可以轻松地"查看SPY价格"。

价格下跌30%之后,进行坚守的时间:等到4个卖出信号过去之后,才能卖出股票。4个卖出信号可能连续发生,也就是4个季度连续地发出卖出信号。或者可能插入一些买进信号。请注意,你不能忽略买进信号,需要一如既往地遵守买进信号,坚持买进。如果股市无法迅速复苏,在这种坚守模式中,我们需要继续设定一个进行坚守的时限:两年。"下跌30%,坚守"规则如下所述:

- 当SPY的季度收盘价从过去两年的最高季度收盘价下跌30%时,就触发了"下跌30%,坚守规则"。
- 坚守模式,意味着你将忽略接下来的4个卖出信号。这4个卖出信号既可能连续发生,也可能中途插入了买进信号。无论怎样,都需要忽略4个卖出信号。
- 坚守模式的退出:等到4个卖出信号过去之后,退出坚守模式;

或者，下跌30%之后，过了两年，就要退出坚守模式。通过这两种方式恢复常规计划。

你或许永不需要"两年之后退出"的附加规则。在历史测试中，当跌幅超过30%的两年之内，"3%信号计划"总是能产生4个卖出信号。尽管如此，我们还是应该指定一个时间期限，原因在于——股市可能在下跌30%之后，出现两年以上的横向波动。如果这样，就证明这不是让我们继续持有投资的强劲复苏。另外，"3%信号计划"需要恢复标准模式，能够卖出股票，收割后续买进股票形成的利润。长期盘整之后，股市可能再次下跌，从而让"3%信号计划"产生买进信号。所以，我们需要及时收获一些利润，为突然下跌这样的意外事件做好准备。所以，坚守阶段不宜超过两年。如果股市在超过两年的时间里才能下跌30%，那么大幅反弹的概率就更小了。

现在你理解了"下跌30%，坚守"规则，我们将探讨这种规则能够提升绩效的原因。

股市下跌时，3%信号提示我们低价买进，终有回报。在股市大崩盘之后的底部，经常迅速出现最为迅猛的上涨，积累起大多数人都将错过的收益，因为他们都在等待安全的信号。然而，安全信号通常不会出现，等到安全信号出现时，很多收益都会错过。遇到这样的反弹阶段，"3%信号计划"能够探测到大的季度收益，发出卖出股票的信号，并将超出目标的超额利润卖出。如果能够忽略4个卖出信号，你将继续持有股票，能够经历股价上涨的最为强劲的阶段。等到4个卖出信号过去了，再恢复常态去跟随常规的3%信号。

让我们回到2008年的股市崩盘及随后的复苏阶段，进行一番简单的对比。起始日期为2006年底，初始资金为1万美元，我们将一半资金投入IJR小型股指基金，另一半是用于后续买进股票的现金（这次不是债券）。2009年第一季度，股市在经历了崩盘之后到达底部。表26展示了触底的过程。

第四章 投资工具

表26 2007年至2009年市场崩盘，现金耗尽

日期	SPY价格	IJR价格	信号前IJR余额	信号前现金余额	信号	信号后持有份额	信号后IJR余额	信号后现金余额	信号后总余额
2006年第四季度	$122.91	$61.50	$0	$10,000	买进81.30份	81.3	$5,000	$5,000	$10,000
2007年第一季度	$123.73	$63.28	$5,145	$5,000	买进0.08份	81.38	$5,150	$4,995	$10,145
2007年第二季度	$131.64	$66.50	$5,412	$4,995	卖出1.62份	79.76	$5,304	$5,103	$10,407
2007年第三季度	$134.16	$65.35	$5,212	$5,103	买进3.84份	83.6	$5,463	$4,852	$10,315
2007年第四季度	$129.24	$60.92	$5,093	$4,852	买进8.76份	92.36	$5,627	$4,318	$9,945
2008年第一季度	$117.23	$56.15	$5,186	$4,318	买进10.86份	103.22	$5,796	$3,708	$9,504
2008年第二季度	$114.25	$56.52	$5,834	$3,708	买进2.40份	105.62	$5,970	$3,573	$9,542
2008年第三季度	$104.15	$55.90	$5,904	$3,573	买进4.38份	110.00	$6,149	$3,328	$9,477
2008年第四季度	$81.69	$41.55	$4,571	$3,328	买进42.42份	152.42	$6,333	$1,565	$7,898
2009年第一季度	$72.50	$34.51	$5,260	$1,565	买进36.60份	189.02	$6,523	$302	$6,825

2009年第一季度，我们处于熊市底部，几乎没有现金。我们的IJR余额在每个季度都稳定地增长了3%，这要归功于我们跟随了3%信号。但是，我们的总账户余额还是下降了32%。我们无法知道的是，股市现在是否能恢复上涨。如果我们不采用"下跌30%，坚守"的规则，而是遵循"3%信号计划"的常规卖出信号，表27展示了我们的账户在后面两年的增长方式。

请注意，当价格恢复上涨之后，底部阶段的上涨表现最为强劲。2009年第一季度，IJR小型股指基金的收盘价是34.51美元，到了2010年第一季度，收盘价是56.95美元，上涨了65%。在这段盈利时期，如果价格一涨就卖出，就会降低收益。即便这样，我们仍然表现出色。在股价复苏的前两年里，我们的总余额增加了82%。但是，当SPY下跌30%之后，如果采用"下跌30%，坚守"规则，忽略后面的4个卖出信号，就会取得更好的成绩。

在展示季度收盘价的表格中——你只需查看——2007年第三季度，SPY抵达最高价134.16美元。从最高点下跌30%，到达93.91美元。这是"下跌30%，坚守"规则的临界值。在2008年第四季度，SPY下跌并收盘于93.91美元之下，"下跌30%，坚守"规则生效，我们进入坚守阶段。在后面两年里，我们需要忽略后续的4个卖出信号。2009年第一季度，进入坚守阶段后，出现了首个信号。这个信号是买进信号，所以我们像往常一样继续买进SPY，在坚守阶段，我们只会忽略卖出信号。SPY下跌30%之后，如果出现了更多的买进信号，意味着股市仍在挣扎着下跌，我们应该按照获取现金的容许程度，继续买进。为什么呢？因为价格复苏将要来临，持有SPY越多，后面的利润就越多。

第四章 投资工具

表27 市场恢复上涨时，执行了所有卖出信号的结果

日期	SPY 价格	IJR 价格	信号前IJR余额	信号前现金余额1	信号	信号后持有份额	信号后IJR余额1	信号后现金余额1	信号后总余额
2007年第三季度	$134.16	$65.35	$5,212	$5,103	买进 3.84 份	83.6	$5,463	$4,852	$10,315
2007年第四季度	$129.24	$60.92	$5,093	$4,852	买进 8.76 份	92.36	$5,627	$4,318	$9,945
2008年第一季度	$117.23	$56.15	$5,186	$4,318	买进 10.86 份	103.22	$5,796	$3,708	$9,504
2008年第二季度	$114.25	$56.52	$5,834	$3,708	买进 2.40 份	105.62	$5,970	$3,573	$9,542
2008年第三季度	$104.15	$55.90	$5,904	$3,573	买进 4.38 份	110.00	$6,149	$3,328	$9,477
2008年第四季度	$81.69	$41.55	$4,571	$3,328	买进 42.42 份	152.42	$6,333	$1,565	$7,898
2009年第一季度	$72.50	$34.51	$5,260	$1,565	买进 36.60 份	189.02	$6,523	$302	$6,825
2009年第二季度	$84.30	$42.24	$7,988	$302	卖出 30.05 份	158.97	$6,715	$1,566	$8,281
2009年第三季度	$97.27	$49.88	$7,929	$1,566	卖出 20.30 份	138.67	$6,917	$2,579	$9,496
2009年第四季度	$103.21	$52.31	$7,254	$2,579	买进 2.48 份	136.19	$7,124	$2,708	$9,833
2010年第一季度	$108.81	$56.95	$7,756	$2,708	卖出 7.34 份	128.85	$7,338	$3,126	$10,464
2010年第二季度	$96.45	$51.86	$6,682	$3,126	买进 16.89 份	145.74	$7,558	$2,251	$9,809
2010年第三季度	$107.21	$56.75	$8,271	$2,251	卖出 8.57 份	137.17	$7,784	$2,737	$10,521
2010年第四季度	$118.75	$66.08	$9,064	$2,737	卖出 15.84 份	121.33	$8,017	$3,784	$11,801
2011年第一季度	$125.75	$71.12	$8,629	$3,784	卖出 5.22 份	116.11	$8,258	$4,155	$12,413

2009年第二季度，第一个需要忽略的卖出信号终于来临。2010年第一季度之后，又连续出现了三个需要忽略的卖出信号。并不总是出现连续的卖出信号，买进信号可能与卖出信号混合出现，需要忽略卖出信号。在2009年第一季度，出现了次贷危机造成的底部之后，需要忽略的卖出信号又连续出现了。同样的股市复苏阶段，同样的资金数额，如果使用"下跌30%，坚守"规则，结果会怎样呢？请看表28。

我们的表现更为优异。SPY下跌30%之后，我们需要忽略后续的4个卖出信号。忽略了第一个卖出信号之后，2011年第一季度的期末余额为13,586美元。如果不遵守"坚守规则"，期末余额将是12,413美元。通过坚守规则，绩效提高了9%。忽略了4个卖出信号，导致我们的现金余额过少，难以满足2010年第二季度的买进信号，即使如此，我们同样领先9%。"下跌30%，坚守"规则是有效的，原因易于理解。当股市强劲复苏时，最好将资金投资于股票。市场强劲复苏的最高概率，出现在大跌之后的有限时间，我们将其定义为两年。股市下跌20%，通常就被视为熊市。下跌30%之后，才使用坚守规则。这种坚守规则的使用机会很少。但是，对于"3%信号计划"，却是十分有益的改进。

"3%信号计划"的这种效果，仅仅适用于季度周期吧？把"3%信号计划"应用于其他时间周期，未必如此有效吧？你可能有这样的疑问，事实上，它适用于所有时间周期。从1993年到2013年的20年里，"坚守规则"提升了标准计划的绩效。它忠实地遵守了全部卖出信号，即使导致了后续的买进信号出现了现金短缺。通过这个案例，能够看清2010年第二季度。下跌30%的临界值是最理想的水平，对于下跌30%导致的资金短缺，能最有效地提升绩效。其他临界值——例如，股市下跌25%、35%、40%或45%，效果都不及30%。

表28 市场恢复上涨时,忽略了四个卖出信号的效益

日期	SPY 价格	IJR 价格	信号前 IJR 余额	信号前 现金余额 1	信号	信号后 持有份额	信号后 IJR 余额 1	信号后 现金余额 1	信号后 总余额
2009 年第二季度	$84.30	$42.24	$7,988	$302	忽略的第一个卖出信号	189.02	$7,984	$302	$8,286
2009 年第三季度	$97.27	$49.88	$9,428	$302	忽略的第二个卖出信号	189.02	$9,428	$302	$9,730
2009 年第四季度	$103.21	$52.31	$9,888	$302	忽略的第三个卖出信号	189.02	$9,888	$302	$10,190
2010 年第一季度	$108.81	$56.95	$10,765	$302	忽略的第四个卖出信号	189.02	$10,765	$302	$11,067
2010 年第二季度	$96.45	$51.86	$9,803	$302	买进 24.78 份(但是资金有限,只能买进 5.82 份)	194.84	$10,104	$0	$10,105
2010 年第三季度	$107.21	$56.75	$11,057	$0	卖出 11.45 份	183.39	$10,407	$650	$11,057
2010 年第四季度	$118.75	$66.08	$12,118	$650	卖出 21.17 份	162.22	$10,719	$2,049	$12,768
2011 年第一季度	$125.75	$71.12	$11,537	$2,049	卖出 6.98 份	154.24	$10,970	$2,616	$13,586

使用标准普尔 500 指数本身，而不是 SPY 指数基金作为标准普尔 500 指数的代表工具。结果显示，在 1950 年至 2013 年期间，"下跌 30%，坚守规则"只使用了 4 次：1970 年、1974 年、2002 年和 2009 年。无论哪种情况，通过 4 个忽略的卖出信号，"3%信号计划"全部实现了对标准普尔 500 指数的充分投资。1970 年，账户余额的涨幅为 38%，1974 年为 62%，2002 年为 14%，2009 年为 43%。

通过一个"底部买进账户"，能够解决现金短缺问题。我们将在下一章探讨"底部买进账户"。它进一步增强了坚守规则提升绩效的能力。有了它，你不仅能够坚决持有股票等待股价复苏，当股价处于上涨趋势时，出现首次下跌后之后，你也能借机买进，把握机遇。

"3%信号计划"的变种

"3%信号计划"将小型股作为增长工具，把债券作为安全工具。在相同的"3%信号计划"中，能否使用不同工具，实现每个季度赚 3%的目标呢？不再选择小市值股市指数，而是选用其他有效的其他工具，能否取得更佳效果？我在多年研究中，尝试了股市提供的各类投资工具，最终没有找到任何工具，能够真正持续击败"3%信号计划"的基础方案。

其他股市板块

对股市进行划分的方法没有止境。我们可以通过资本市值或企业规模来划分股票，最终发现小型股指数胜过大型股指数，因为它们的波动性更高，容易获得更好的回报。另一种划分方式是部门和行业。股票分类有着从宽到窄的顺序：部门、行业、企业。为了寻找合适的工具，我们需要向上移动清单。从单一的企业股票，向上移动至行业和部门。这样，我们将获得更多的机会选择一组类似股票的完整类别，能够击败该类别中的数家或一家优秀企业的股票。

特定部门的股票能否击败范围更广的整体股市？很容易测试。以标准普尔 500 指数为例，它有 9 个细分部门，每个部门都提供了代表性的 SPDR 交易所交易基金（SPDR ETF）。随着时间推移，多个部门的绩效都曾击败小型股票。不过，这些部门只能在有限时间里保持领先。猜测哪些部门能够胜出，在哪些时期能够胜出，仍旧是个难题。

能不能挑选出涨得最好的那些部门或行业呢？和挑选绩效最佳的股票的方法相比，前者并无优势。同样需要承担风险，同样遭遇相同的问题。确认底部的条件是什么？何时买进？何时卖出？卖出之后转移到不同的部门或行业？你动用了多少资金？出于相同的原因，"无效专家"对部门和行业的影响，如同对股票的影响一样糟糕。所以，我们可以毫不犹豫地放弃这种方法。

那么，能不能挑选出涨得最好的某个世界区域或者单一国家的股市呢？也会遭遇同样的问题。我们在本国股市里挑选股票，都面临着重重困难。从其他国家的股市里挑选出更好的股票，也并不容易。至于挑选出某个国家的整体股市，希望它能胜过其他国家的股市，同样无法做到。先不说我们已经熟悉的各类陷阱，国家的多样性也导致了货币兑换的复杂性和地缘政治风险。我们的投资组合最不需要复杂化，所以就放弃这种挑选股票的想法吧。

我可以继续列举其他方法，但我相信，你已经发现，各种股票分类方式都无法摆脱股市的 50% 错误率的基本限制。无论是股票、国家、行业、部门的分类，结果都一样。离开这些掷飞镖和抛硬币的游戏吧。和股市分类的广泛选择相比，更为广泛的就是关于股市分类的海量无效观点。在准确率上，它们同样无法胜过你。快速提示：准确率都是 50%。

即使历史测试显示，某个部门的绩效显著胜过 IJR，我们也无法知道此类优势能否重现。这就形成了一种典型的股市赌博，将我们的计划从普通股市转移到最近获胜的部门。这个部门或许迎来强劲的未来 10

年，或许不会。

在我的测试中，没有一个部门的绩效能够显著胜过IJR。所以，我们也就不需要考虑这种股市赌博了。更重要的是，几乎所有的经纪账户和退休账户都能提供小型股基金，却很少提供部门基金。所以，这就成为选择小型股基金的一个简单理由。就算你的账户无法买卖部门基金，你也没有错失机会。只需要找到最便宜的小型股基金，用它来运行3%信号，你就能做得很好。

筛选基金

还有一种股票投资的方式——设置过滤器，通过各种筛选动作，对股票进行筛选。然后，按照筛选的结果买进股票。这比购买固定的股票板块要好，因为它会避开股票板块的景气盛衰问题。和买入科技板块的股票不同，我们会设置一个过滤器，选择买进低价股，或者高速成长股，或者投资名家持有最多的股票，等等。这种过滤器在股市中久经考验，依旧行之有效。它只根据我们的配方捕捉符合条件的股票。一年前的低价股和当前的低价股的设置条件可能不同，过滤器的筛选结果将反映出其中的差异。然而，固定板块却无法实现这种筛选效果。以"非必需消费品"板块为例，这个板块永远只有"非必需消费品"类股票。

最流行的筛选方法是挑选成长型股票或价值型股票。投资者或者偏向成长型股票，或者偏向价值型股票。成长型股票或价值型股票是最基础的分类，甚至超过大型股或小型股的分类。成长型投资者更多地关注企业的成长速度，而非企业规模或行业。在他们通常建立的成长型股票投资组合中，包含了不同规模的企业和行业，并可能侧重小型企业，因为小型企业有更多的成长空间。同样，价值型投资者也会在不同规模的企业和行业中，寻找估值便宜的股票。成长型股票拥有高收益和高销售增长率，价格通常呈现上涨动能。价值型股票以股价便宜见长。通过市净率、市盈率、销售额/价格比率等衡量标准，能够判断股价是否便宜。

如果集中投资于成长型或价值型股票,能够提升"3%信号计划"的绩效吗?

简而言之,无法提升绩效。我们一直在评估各种市值的股市指数,这类指数和企业规模相关。其中包含了集中于成长型股票的指数,以及集中于价值型股票的指数。整体标准普尔500指数代表着大型企业,此外,还有成长型企业指数和价值型企业指数。我们对三者进行了比较。另外,这种比较方法也能够比较标准普尔400中型股指数和标准普尔600小型股指数。其结果与在不同部门中运行"3%信号计划"的结果类似。伴随着成长型股票和价值型股票的景气盛衰,总有一些优胜股票脱颖而出,可是,和小型股指数相比,它们无法长期胜出。

此外,绝大多数账户都能提供某一类的普通小型股指基金,少数账户还提供了成长型小型股基金或价值型小型股基金,它们的成本肯定高于基础指数的成本。综上所述,我们得到了简单的结论——坚持使用最便宜的普通小型股指基金。

单一股票

"3%信号计划"提供了股市中的常胜方法,可以最大程度地长期摆脱市场对生活的干扰。为了保证长久有效,"3%信号计划"需要使用分散化的股市指数,而不是某只专项指数或者单一股票。任何经历了景气盛衰却无法保证最终复苏的金融产品,都不是好的选择。因为这类金融产品需要我们的主观判断,决定何时持有,何时旁观。我们知道答案将十分愚蠢,所以,"3%信号计划"的基础方案采用IJR,或者其他的分散化的小型股指数。它在所有环境中都能良好运转,能够"设置后不管(set-and-forget)",令人舒适。

"3%信号计划"同样适用于单一股票,通常大幅领先于"完美彼得"试图挑选买卖时机的操作方式。3%信号之所以有效,在于它引导我们低价买进,并在盈利达到3%时卖出——不需要主观判断,只需要一个计算器。"完美彼得"的方法则依赖于错误的人类视角,误认为人类能够掌握买卖时机。事实上，人类的正确率仅仅为50%，在一半时间里都会出错。即使碰运气挑中了涨得最好的股票，"完美彼得"的真实操作结果同样欠佳，和所谓的完美结果差距甚大。在本章的前面部分，通过MED英雄股的例子，你已经亲眼看到了"完美彼得"的最终结果。

有些企业规模巨大、运营成功。在"3%信号计划"中选用这些企业的股票，可以长期奏效，甚至在你的余生都能发挥效力。对于这些道琼斯指数的成分股企业来说，它们有着巨大的规模、多元化的业务、全球化的经营。其庞大的体量，似乎都能构成一项指数。它们能够支付丰厚的股息。持有这类股票，例如埃克森美孚（ExxonMobil）、IBM和沃尔玛（Wal-Mart），就像持有石油服务、信息技术和零售业的部门基金。因此，在"3%信号计划"中，这些股票都是富有价值的候选股。的确，它们存在着单一企业的风险，可能遭遇破产——类似2009年通用汽车破产事件，但是破产风险很低。这些大企业虽然遇到挫折，绝大多数情况下只是暂时性的困难，所以利用它们的价格复苏就有望获利。"3%信号计划"擅长捕获这类机遇。当股票没有实现3%的增长目标时，"3%信号计划"就会提示买进适当数量的股票；当股价复苏超过3%的信号线时，"3%信号计划"就通过卖出信号提示卖出适当数量的股票。股价跌得越深，买进的股票就越多；股价涨得越高，卖出的股票就越多。

"3%信号计划"同样适用于规模较小、成长迅速的企业。这类企业面临着一些具体难题，可能遭遇破产，所以风险较高。但是，这类企业股票可以构成整体投资组合的一小部分。你可以在退休账户中使用小型股基金，并让小型股基金构成鸟巢中占大多数的鸟蛋。同时，你可以保留一个随便玩玩的账户，用单一股票练练手。你看中了某些股票，打算积极地交易，希望碰碰运气，能够正确地挑选时机赚点钱。这样，在"完美彼得"股票传奇的宏篇巨著中，你也能开创自己的篇章。现在，你已经知道广告传单难以信任，无法制订真实的金融计划。不过，将

"3%信号计划"应用于这些股票，可能行之有效，甚至可能胜过古老可靠的 IJR 小型股指基金。只是 3%信号核心计划需要使用 IJR 小型股指基金或 IJR 的同类产品。单一股票无法构成核心计划，只能成为补充计划。无论产生了多少利润，严格来说，应用单一股票的"3%信号计划"只是蛋糕上的糖霜，用于点缀罢了。

将单一股票应用于"3%信号计划"，还有一个好方法。如果你的账户中包含了企业补偿你的股票，那就使用这类账户。当这类账户拥有了来自雇主的数千股股票时，如果企业不幸陷入困境，股价下跌，形势就危险了。真是"人有旦夕祸福"，随着股价下跌，曾经一度庞大的雇员股票账户的资金突然缩水一半。雪上加霜的是，企业也陷入了困境，加上股票缩水过半，这就惹出了大麻烦，足以影响雇员的工作，属于祸不单行的双重打击。"这是解雇通知书，这是最近的退休账户报表。"老板就这样辞退了你。解雇通知书要求你在中午之前收拾好工位，上交工牌。退休账户报表显示，账户中的资金仅仅相当于你设定的富裕标准的一半——这时，你还失去了工作。

要想避免双重打击，就需要通过"3%信号计划"管理你的雇员股票账户，建立起安全债券的缓冲区，避免让你的幸福生活只押注在一家企业的命运上。

综上所述，我们将使用"3%信号计划"的基础方案，在 2001 年初到 2013 年中的 50 个季度里，将其应用于 10 只单一股票，并将结果与我们的标准 IJR 和 SPY 股市指数基金进行对比。以下是按降序排列的期末总余额：

表 29 采用了 3%信号计划的十支股票的对比（自 2000 年 12 月至 2013 年 6 月）

计划起止 2000年12月至 2013年6月	起始余额	新现金总数	期末股票余额	期末债券余额	期末总余额
"3%信号计划"：买进 MED(Medifast)	$10,000	$28,168,633	$50,972,179	$8,786,211	$59,758,390
"3%信号计划"：买进 AAPL（Apple）	$10,000	$171,966	$721,646	$0	$721,646
"3%信号计划"：买进 DDS（Dillard's）	$10,000	$63,382	$564,312	$140,797	$705,109
"3%信号计划"：买进 KSU（Kansas City Southern）	$10,000	$35,528	$271,739	$67,935	$339,674
"3%信号计划"：买进 PNRA（Panera）	$10,000	$31,704	$199,755	$66,123	$265,878
"3%信号计划"：买进 SBUX（Starbucks）	$10,000	$51,805	$196,835	$65,717	$262,552
"3%信号计划"：买进 MCD（McDonald's）	$10,000	$9,477	$86,946	$11,486	$98,432
"3%信号计划"：买进 IJR（S&P SmallCap 600）	$10,000	$27,249	$69,318	$16,403	$85,721
"3%信号计划"：买进 IBM（Int'l Business Machines）	$10,000	$15,094	$70,620	$5,063	$75,683
"3%信号计划"：买进 SPY（S&P 500）	$10,000	$30,711	$60,959	$10,193	$71,152
"3%信号计划"：买进 XOM（ExxonMobil）	$10,000	$24,914	$67,910	$0	$67,910
"3%信号计划"：买进 WMT（Wal-Mart）	$10,000	$20,939	$50,013	$4,196	$54,209

结果十分混乱。我们的老朋友 MED 股票继续自娱自乐，期末余额是让人惊掉下巴的 59,758,390 美元。一切都太棒了，除了需要补充 28,168,633 美元新现金的诡辩细节。如果你能搞来 2,800 万美元投入 MED 的运行计划中，你当然能也能让结果变成 6000 万美元。我想，绝大多数读者都不属于这类有钱人，同样也无法满足美敦利、苹果、迪拉百货、星巴克的新现金需求。

有一只名叫堪萨斯城南部的股票，需要投入 35,528 美元的新现金。满足这个资金条件的投资者赚到了钱。帕尼罗也很好。麦当劳和 IBM 需要的新现金低于 IJR 和 SPY。即便如此，麦当劳的绩效还是超越了 IJR 和 SPY 这两种指数型 ETF，麦当劳的期末余额达到了 98,432 美元，而 IJR 的期末余额是 85,721 美元。麦当劳只需要 9,477 美元的新现金，IJR 却需要 27,249 美元的新现金。你可能认为，直接选择苹果公司的股票嘛，这多简单。可是，当时的苹果公司与当前光景不同，它还没有发明 iPod、iPhone 或 iPad，入选难度更大。

在新现金和最终绩效之间，麦当劳提供了最佳平衡。可是，这里有一个问题。在 2000 年时，你对于未来 50 个季度的股票表现无从得知——麦当劳能不能击败埃克森、IBM 和沃尔玛？我们无从得知。就算到了现在，对于哪只股票在未来 50 个季度表现更好，你也无从得知。

当然不能指望"无效专家"，他们根本帮不上忙。2000 年 9 月，麦当劳担心外币贬值会降低麦当劳的收益。实际上，汇率的确造成了负面影响。有一位研究股票的"无效专家"来自美洲银行，他对麦当劳进行了降级，并不理会麦当劳的"增长符合预期"的说法。2002 年 4 月，《财富》杂志还发布了一篇文章——《崩塌的麦当劳拱门：糟糕盈利的六连击》，文章对一位来自阿格斯研究公司（Argus Research）的"无效专家"进行了报道。这位专家"提醒我们在 1 月份卖出麦当劳股票——而且，她还宣称本月继续卖出麦当劳的股票。为什么呢？因为客户对麦当劳失去了兴趣。"这位阿格斯的"无效专家"下了结论："麦当劳已经不是成长型公司了。"

如你所见，现在回想起来，很明显应当在这50个季度里持有麦当劳的股票。当"无效专家"纷纷宣布麦当劳病入膏肓时，我们却在疯狂地买进股票，这实在是英雄壮举。麦当劳的股价从2002年4月的30美元，下跌到2003年3月的13美元，所以，我们有充足的时间买进麦当劳的股票。这正是"3%信号计划"提示的信号。从2003年3月的低点开始，麦当劳股价开始大幅上涨，在2012年1月达到了100美元。那位阿格斯的"无效专家"在2002年1月份敦促卖出麦当劳股票是正确的。随后麦当劳股价就大幅下跌。但是，她在随后放弃了麦当劳，这个决定是错误的。她认为客户对麦当劳失去了兴趣，这是完全错误的结论。她应当重新告诉客户——从长期看，需要继续关注麦当劳股票。在麦当劳股价走弱的几年里，趁着股价便宜，买得越多，赚得越多，这种建议更能带来效益。等到麦当劳股价复苏，遵守了"逢低买进"的计划，将获利颇丰。"3%信号计划"的结果也证实了这点。然而，"无效专家"有一个倾向：股价低迷时，他们对股票苛刻批评，漠然视之；股价昂贵时，他们又对股票大肆赞扬。这种做法正好与赚钱做法相反。我们的"3%信号计划"依靠算术来战胜这类媒体人士的错谬。

顺便说一下，在躲避危险股票时，"无效专家"更是无用。2008年6月2日，《巴伦杂志》发布了一篇封面文章——《买进通用汽车的股票》。文中宣称，"在未来几年，通用汽车将加速转型，为勇敢的股东们带来可观收益。"好吧。通用汽车的确加速了，却径直地一头撞进了砖墙。这篇文章发布一年后，通用汽车破产了。

对于获胜的股票不要太过兴奋。我们刚才测试了10只股票，这只是在"3%信号计划"的测试期间表现最好的股票罢了——不是什么大的秘密。如果你在2000年就有先见之明，你就会在14美分买入MED股票。有了这种"在过去就知悉现在"的本事，你会选择麦当劳的股票，将其应用于"3%信号计划"，并放弃IJR小型股指基金。然而先见之明并不存在，投资麦当劳的辉煌成绩，只是"后见之明"达到巅峰罢了。

如果你打算涉足单一股票，"3%信号计划"才是持有单一股票的良好方式。这个结论比"3%信号计划"中涉及那些具体股票更有价值。在第四章中，我们探讨了"完美彼得"，他把 MED 股票中赚到的钱都吐回去了，让我们从中学到了教训。他编造了一个把 1 万美元翻到 184 万美元的传奇故事。可是，当 MED 股价大幅波动时，我们按照 50% 的错误率操作这只股票，发现最乐观的期末余额仅仅达到 44,601 美元，最悲观的期末余额只有 14,191 美元。而通过我们的"3%信号计划"，持有 MED 股票，并且不再使用新现金，结果如何呢？对比之下，1 万美元能够变成 347 万美元，其中，安全债券的期末余额达到了 51 万美元。这个期末余额比"买入并持有"的策略高出 90%，比人类主观判断的 50% 错误率产生的结果，高出了 78 倍。

你可能乐意从这个角度观察上述所有 10 只股票的表现。这里提供了"3%信号计划"的普通方案的结果——测试了 10 只单一股票，还有 IJR 和 SPY 股市指数基金，并且没有使用新现金。以下是按照降序排列的期末余额：

表 30　采用了 3%信号计划的 10 只股票的对比，未使用新现金（自 2000 年 12 月至 2013 年 6 月）

计划起止 2000 年 12 月至 2013 年 6 月	起始 余额	新现金 总数	期末股 票余额	期末债 券余额	期末 总余额
"3%信号计划"：买进 MED（Medifast）	$10,000	$0	$2,958,948	$510,042	$3,468,990
"3%信号计划"：买进 AAPL（Apple）	$10,000	$0	$430,358	$0	$430,358
"3%信号计划"：买进 PNRA（Panera）	$10,000	$0	$96,765	$32,031	$128,796
"3%信号计划"：买进 SU（Kansas City Southern）	$10,000	$0	$100,146	$25,036	$125,182
"3%信号计划"：买进 DDS（Dillard's）	$10,000	$0	$67,775	$16,910	$84,685
"3%信号计划"：买进 SBUX（Starbucks）	$10,000	$0	$41,316	$13,794	$55,110

续表

"3%信号计划"：买进 MCD(McDonald's)	$10,000	$0	$34,398	$4,544	$38,942
"3%信号计划"：买进 XOM(ExxonMobil)	$10,000	$0	$29,878	$0	$29,878
"3%信号计划"：买进 IBM(Int'l Business Machines)	$10,000	$0	$29,266	$2,098	$31,364
"3%信号计划"：买进 IJR（S&P SmallCap 600）	$10,000	$0	$24,065	$5,695	$29,760
"3%信号计划"：买进 WMT(Wal-Mart)	$10,000	$0	$16,649	$1,397	$18,046
"3%信号计划"：买进 SPY(S&P 500)	$10,000	$0	$13,973	$2,336	$16,309

"3%信号计划"是管理单一股票部位的良好方式。期望押宝于单一股票，有一个美中不足之处：没有人能事先知道哪只股票表现最好，或表现较好……或者幸存下来。记住：股票会破产，指数却不会。

当时你投入大部分的钱，甚至所有的钱时，我建议采用"3%信号计划"的可靠版本。它使用IJR小型股指数或另一种对等的小型股指数。如果你想冒险，想把钱投入单一股票里，那就单独创建一个"3%信号计划"，去操练单一股票。一定要和你的核心计划隔离。这样的话，如果你最终选错了单一股票——就像人类倾向于做错事一样——至少这个单独创建的计划会保护你降低最差本能的影响。这个单独创建的计划也会尽其所能利用股票的波动性，实现可观的利润。如果你有幸押对了宝，比如，买入了这一时期的明星股票——美敦力、苹果、帕奈拉、堪萨斯城南部或者迪拉百货，它将帮助你在股票上涨的时候赚到钱，并且你不需要在压力之下做出选择。

小提示：

尚未萌芽的苹果公司

你可能认为，很明显嘛，在 2000 年 12 月就要买回苹果公司的股票。可是你错了。2000 年夏天，史蒂夫·乔布斯重返苹果公司，在最高管理层任职三年多，依然没能摘掉"临时 CEO"的帽子。现在流行的那些苹果产品在当时尚未问世。就算 iMac G3 收获了好评，可是却长得丑丑的，就像一台蜷缩在摩托车头盔里的电视，和当今 iMacs 系列纤薄丽质的机器毫不沾边。

2000 年 10 月 19 日，CNET 新闻这样评论："苹果电脑于周三发布了盈利数据，表现不及预期，直接导致周四股价下跌 9%。"两个月后，来自雷曼兄弟的"无效专家"表示，和之前的盈利预期相比，苹果公司的最新预估盈利下降了 40%，是"我长期以来见过的最大失误之一"。这种观点让人非常焦虑，因为和整体经济放缓无关，而是苹果公司自身犯了错。

即使面对标杆企业，我们也很难做到：找到正确的时机，买进这家企业的股票；当企业遭遇麻烦时，坚持持股；当大众陷入狂热时，卖出股票获利了结。我们以为自己有这个能力。用事后诸葛亮的态度看，我们可以做到这一点，"完美彼得"就夸耀自己在过往有过这样精彩的操作。而"无效专家"则假装自己有这个本事。但是，所有人的正确率都是 50%，错误率都是 50%，和抛硬币是一样的。在 50 个季度的开始阶段，我们没法期望平庸的苹果公司有卓越表现。毕竟当时还有成百上千的其他平庸企业，一如既往地表现平庸，没法崭露头角。当时，我们没法从这些平庸企业中，将苹果公司挑选出来——以当前为例，对于未来 50 个季度的获胜者，我们同样也没法挑选出来。

更安全的拼图

本章的大部分内容，都用来寻找小型股之外的其他类型的投资，希望它们能够担当"3%信号计划"的增长工具，获得较高的回报。我们发现某些投资行之有效，我相信还能找到其他有效的投资。但是，正如"3%信号计划"的基础方案所实现的那样，它能在风险和收益之间达到良好平衡。

和提高收益相比，你更关心降低风险。当你找到降低风险的众多方法时，就会心生喜悦。最简单的方法就是增加债券的配置比例。在你年纪尚轻的工作年月里，你宁放弃更好的整体绩效，也要追求更为平和的投资旅程。这时，你可以调整债券的目标配置比例，使债券部分达到30%、40%甚至50%。但是，我建议你三思而后行。在"3%信号计划"的基础方案中，股票和债券按照80/20比例进行配置，相当安全，几乎可以保证最终结果，从而无须建立起更高的债券配置。

除此之外，还有更为安全的药方——你可以用现金来代替债券。但是这将产生利率风险。现金代替了债券，因为波动性为零，在安全部分就获得了最大保障。可是，现金却无法超越债券的增值速度。因为现金利息很难超过稳定流入的债券债息。但是，现金无疑能带来心理的安宁。"3%信号计划"使用债券的效果，明显胜过现金，债券指数基金也相当安全，所以要三思而后行。

最后，在"3%信号计划"中，你可以用整体股市指数基金取代的小型股指基金，防止小型股指数在很长一段时期内绩效不佳。先锋整体股市ETF（VTI）包含了全部企业类别和各种特征的美国股市投资产品，费用是微不足道的0.05%。在股票部分，可以投资"先锋整体股市ETF（VTI）"；在债券部分，可以投资"先锋整体债券市场ETF（BND）"。这是十分完美的常青树组合。

我仍然推荐"3%信号计划"的基础方案：在你大部分的工作时期，将小型股指数作为增长工具；将债券指数作为安全工具。股票和债券的目标配置比例是80/20。如果你期望获得更多的舒适感，可以在"3%信号计划"中配置更为安全的资产工具，同样让你远离"完美彼得"和"无效专家"的骚扰。

本章执行概要

我们的目标是击败代表大型股的标准普尔 500 指数。从规则上讲，我们可以使用不同类型的指数，来完成这个目标。我们将大部分资本配置在小型股指数，并将债券配置于"3%信号计划"的安全部分。小型股的波动性提升了"3%信号计划"的绩效。通过自动化地操作债券基金，能够更好地执行"3%信号计划"，能够超越押入全部资金的"成本平均法"计划。

关键点：

- 小型股的波动性高过大型股。当"3%信号计划"应用于小型股指数时，通过低买高卖的信号，可以获得更多利润。来自小型股指数的更高的绩效和更多的超额利润，为我们提供了双重优势。

- 在"3%信号计划"中，唯一的真正竞争对手是"成本平均法"。无论股市如何变化，"成本平均法"都会按照固定的时间表，继续投入资金。

- "成本平均法"的弱点在于，它总是将全部的资金都投入股市中，缺乏对股市波动进行反应的机制。在糟糕的市场时期，"成本平均法"无法为投资者带来情感舒适感。随着账户余额的崩溃，许多人惊慌失措，被迫在错误的时刻卖出离场。

- 在单一股票基金中使用"成本平均法"，会产生情绪压力。所以，大多数人将"成本平均法"应用于分散化的多只基金。一旦分散化，就无法胜过集中在小型股上的投资，这正是"3%信号计划"的核心优势。

- 面对股市波动，"3%信号计划"实现了自动化的买进/卖出指导，为投资者提供了心理舒适感，能够坚守"3%信号计划"，并从小型股的高绩效中获得回报。

- 当"3%信号计划"和"成本平均法"计划都应用于相同的基金时,"3%信号计划"掌握了优势,能够胜过后者。即使选用其他基金,"3%信号计划"也能取得显著优势。"3%信号计划"能够大幅超越股市指数本身的绩效。

- 市场出现了极端下跌,导致 SPY 季度收盘价从前面两年的最高点下跌了 30%,这时候"3%信号计划"将暂时持有股票基金,并忽略后续的 4 个卖出信号。这就是"下跌 30%,坚守"规则。

- "下跌 30%,坚守"规则希望利用历史中的高概率事件——当价格发生了极端的深幅下跌之后,强劲的价格复苏将随之而来。在此期间,我们希望持有充分投资的股票,尽量赚足利润。

- 在"3%信号计划"中,也可是以采用其他的替代工具。例如,使用部门基金、成长型股票基金和价值型股票基金、单一股票或者替代债券的现金。但是这些工具的绩效并不突出,无法胜过"3%信号计划"的基础方案——80/20 比例的小型股和债券组合。

第五章 计划的资金管理

我们在前面的章节探讨了以下问题：人们在股市中挣扎的原因；如何通过自动化的"低价买进、高价卖出"，提升绩效；每个季度赚3%，就是提示我们买卖的最好信号线；小型股指数和债券指数都是"3%信号计划"的理想投资。接下来，我们将探讨现金管理。

无论你在哪里运行"3%信号计划"，都需要定期地提供更多现金，用来补充债券基金。在你的个人退休账户中，你可能需要每月补充一次资金。在雇主退休账户中，每次支付工资时都有相应的现金补充到退休账户中。在"非退休经纪账户"中，你可以设置一个时间表，定期地向账户补充现金；另外，当你幸运地搞到一些钱，就把这些钱存到账户里。

股市长时间上涨，并且没有触发"3%信号计划"的买进信号。这时，你的卖出收益和补充现金都可以增加债券余额，直到债券余额相对于股票余额显得过高。你期望大部分的资金都能投入股市中为你工作。随着股市上涨，你的资金也出现了上涨。为了保障投入股市的资金，就要避免出现不合理的过高的债券余额。我再次强调，因为股市不时发生暴跌，如果债券余额非常充沛，就可以方便地在下跌后出现的股市底部大买特买。所以，你需要权衡。

我们将在本章探讨：逐步使用大量现金管理投资；管理"3%信号计划"中的债券余额的技术；如何应用"底部买进账户"；以及随着年

龄增长风险厌恶增强,如何调整债券余额。

从大的现金余额开始

　　管理庞大的现金余额,是一件很麻烦的事情。无论现金来自工作储蓄、财产继承或者是一笔意外之财,首要任务就是保护好这笔财富。你最不想做的事情,就是当股市出现重大顶部时,却把钱都投到股市里,在后面几个月里,眼睁睁看着1/3的资金蒸发殆尽。你想必懂得以钱生钱,生成的利润要超过微薄的现金利息。

　　从历史结果看,最好的方式就是将大量资金直接投放到股市里。但是,作为情感动物,当我们把钱投入股市时,往往遭遇新闻周期中那些最易犯错的时刻。

　　来看新闻杂志的那些封面故事——1987年"黑色星期一"的预警、1997年亚洲金融危机的舆论恐慌、2000年互联网泡沫破灭中的无效专家故做精明的讲座、2008年次贷危机崩盘中的持续更新的财富损失——再加上其他金融灾难的压力,在我们的集体潜意识中灼烧。我们决心尽可能避免这种赔钱的痛苦。现在,假设我们拥有了一大笔现金可供投资,并且犯错的概率很小,但你的头脑却让你忽略了这种犯错的低概率,认定你会犯错。这就导致你的现金无法进场,错失了应得的股市绩效。

　　为了解决这个问题,在"3%信号计划"中,我建议把一笔大的现金余额,分解成4个相等部分。然后,分别投入后续的4个买进订单。这4个买进信号不一定连续发生,所以这4个季度级别的买进信号可能会持续数年。无论这4个买进订单何时产生,你都需要补充期望的额外现金。如果你持有一个"3%信号计划"之外的投资组合,你期望把这个投资组合的余额转入"3%信号计划"中,同样可以采取这种方法。每当"3%信号计划"出现了买进信号,你就把当前投资组合卖出1/4,然后,把卖出之后获得的资金满足买进订单的需求。

例如，你把10万美元分成4个相等部分，投入"3%信号计划"中。在接下来的4个买进信号中，每当出现一个信号，你都会投入2.5万美元。根据你的当前投资余额，如果在下一个季度末发出了提示买进3,000美元的买进信号，你就捎带着把2.5万美元也一起投进去。这样，共计投资28,000美元。如果你当前基金的季度收盘价是88美元，你将动用28,000美元买进318份，而不是用3,000美元买进34份。当你的额外资金进入"3%信号计划"之后，你将根据较大的投资余额，计算下个季度的3%信号线。

按照这种方式，经历了4个季度的买进之后，你的大现金余额就在计划中生效了。当你逐渐将现金余额转移到股市时，恰逢股市下跌，你可以低价买进，感觉不错。当你还没来得及把全部现金投入股市，而股市已经持续走高时，你的感觉也很好，因为你的一部分现金已经进入股市，享受到股市上涨的好处。不确定的股票环境会带来挫折感，为了消除这种挫折感，我热衷于分步买进、分步卖出。

对于分步买进、分步卖出，完美主义者可能会嘲笑这种方法。他们会引用统计数据，解释股市的上涨次数明显多于下跌次数。可是，他们永远忽略了一点——人类不是冷酷的机器，无法在每次市场转折时都能做出完全理性的选择。情感有一个逐渐变化的过程。所以，分步买进、分步卖出能够在理智与情感之间取得良好的平衡，能够让你的大现金余额产生舒适的预期效果。

吞吐吸纳的债券余额

在"3%信号计划"中，股票部分和债券部分的价值都会波动。对于股票部分来说，股市的日常波动和你的季度买卖，都会对股票价值造成影响。对于债券部分来说，你的存款、可能的临时取款、相同季度的股票部分的买卖，都会影响到债券部分。这可能让你惊讶。实际上，你与债券部分的联系更多，胜过了股票部分。这正是每个季度交易的一部分。在两次交易之间，你唯一能够操作的正是债券部分，通常是存入更多的现金。

由于这种活动，你的债券余额将发生逐月或逐季的变化。就像肺部的呼吸一样，你的债券基金也会吸入资金，吐出资金。这是它的正常功能。当吸入资金时，债券余额会变大；当吐出资金时，债券余额会变小。在这个变化过程中，没有理由担心。可是，就像肺部一样，债券余额不应当长期地过高或过低。

本书的大多数例子都是从 80/20 比例的股票/债券组合起步的。80/20 的比例关系很好，值得牢记于心。这样，债券可以提供充足的资金，来应对股市大跌。同时，你的大部分资金也会随着股市长期上涨而获利。股票/债券之间，如果是 5/95 比例、25/75 比例或者 50/50 比例，都会让你错过太多的收益。如果是 95/5 比例，债券余额就不够充足，无法在股市低迷时买进股票。所以，你需要在这些极端之间，找到期望的平衡点。80/20 比例的股票/债券组合适用于大多数的环境——当然无法适用于所有环境，你现在已经明白原因了，它会在大多数环境中有效。80/20 比例的股票/债券组合将是我们的基础方案，当"3%信号计划"提示机遇来临时，我们会进行定期的重新平衡，使股票/债券重返 80/20 比例关系。

如果你和大多数人一样，你就会在退休账户里执行"3%信号计划"。你看到效果很好后，你可能也会在非退休账户中使用它。但我们会在这里讨论现金管理，因为它和你的退休账户有关。由于定期的补充现金，在退休账户中，债券部分能够自然地增长。至于股票/债券之间的互动，将随着时间推移，能够保持相当平衡的关系。当股市的牛市或熊市状态持续很久时，股票/债券的比例关系会偶尔偏离均值。即使这样，最终也会修正并重返均值，使得股票/债券重返 80/20 比例。然而，你需要不时干预，使其尽快返回 80/20 比例。

执行"3%信号计划"时，在退休账户中，你将使用两种技术，让增长的债券余额流入股票部分。如果不采用这两种技术，计划将持续发出信号，只能让最初投资的股票余额以每月3%的速度增长。随着债券余额的增长，如果你不进行调整，会产生什么样的结果呢？和整体账户余额相比，该计划的交易信号将稳定地逐渐变少，并且留下了过多的资本，无法参与到这个系统。为了摆脱这种局面，我们现在采用两种方法，让新现金进入"3%信号计划"，使股票/债券组合维持在正确的方向上。

修正后的增长目标

为"3%信号计划"引入新现金时，第一种方法，将季度信号调整至更高的水平，从而与增长的债券余额匹配。当新的补充现金稳步增加时，这种方法最有效。例如，在补充现金的结构中，包含了你6%的工资，再加上雇主为你缴纳的3%，共计9%的工资。在这种情形下，如果你每月赚6,000美元，每两周领取一次工资，那么9%的工资，相当于半月270美元，或者每月540美元，一年共计6,480美元，这笔钱会存入你的退休账户。在启动"3%信号计划"时，如果初始余额是1万美元，那么每年6,480美元的新增存款在第一年里将占到你的初始余额的65%。

在这个例子中，每月补充540美元，每个季度就能补充1,620美元。在计划的第一个季度，对于8,000美元的股票配置来说（1万美元初始余额，80%的股票配置），每个季度增长3%，也就是增长240美元，使股票余额从8,000美元增长至8,240美元。你的新补充现金是1,620美元，几乎是当季的3%增长目标——240美元的7倍。如果将1,620美元也囊括在计划中，你需要的增长目标将不是3%，而是23%！相当于8,000美元加上3%信号线要求的240美元，最后再加上1,620美元，共计9,860美元。

记住，我们正在努力维持80/20比例的股票/债券组合，所以你不应该把所有的补充现金都转移到股票上。有一些新补充现金需要投到股市里，但是，有一部分需要继续停留在债券中，用来把握未来的买进机会。在划分新补充现金时，能不能效仿我们的整体投资组合，采用相同的80/20比例？这样，将使得80%的新补充现金进入股票部分，20%进入债券部分？你可能会这么设想。实际上，最好把新补充现金分成相等的两部分，将50%的新补充现金投入股票部分，50%投入债券部分。

这是因为股市倾向于上涨，每个季度赚3%的增长目标，逐步提高了股票部分的余额。为了使债券部分保持20%的基础配置比例，最好是提供一半的新补充现金，这点很容易实现。将你在每个季度的新补充现金分成相等的两份。在本例中，需要投入1,620美元的一半，就是810美元，用来服务于你的增长目标。在"3%信号计划"的第一季度——初始账户的股票部分是8,000美元——随着你的新补充现金的成立，股票余额的季度目标是9,050美元。来看下方公式：

$8,000的股票余额 + 3%增长（$240）+ 50%的新补充现金（$810）= $9,050目标

该季度需要增长13%，才能实现改进目标。这种季赚13%的结果往往很难实现。所以计划开始时，如果股票账户余额很低，不足以满足季度目标，几乎每个季度你都需要买进更多的股票。这不是问题，因为你的债券基金能够提供购买力，能够满足额外的增长目标。在公式中，"50%的新补充现金"来自每个季度的补充现金。它已经存放在你的账户里，随时准备买进股票。对大多数人来说，情况不会如此极端。首先，在启动退休账户计划时，很少有人能够月赚6,000美元。其次，当他们月赚6,000美元时，他们的退休账户的余额已经足够高，所以，每月补充现金不会带来大幅的扭曲。

大幅的扭曲代表着一种好的境况，意味着你正把大量的新现金投入计划中，这是我们大多数人都会欢迎的问题。如果你发现自己正面临这个问题，请保持安静。在圣诞节聚会上，没有人乐意听到一个人抱怨说，在退休账户中管理大量现金是多么辛苦。此外，如果你采用这种方法，持续将现金投入计划中，过不了多久，退休账户的余额将充分增长，使新的现金流下降至更适合的相对规模。

来看这个例子在一些年月里的表现。假设你的工资在这期间保持不变。我们将看到，在每个季度末，该计划如何把每个季度的补充现金（1,620 美元）的 50%（810 美元）存到债券基金余额中，把另外的 50%（810 美元）存到股票余额中。假设每个季度的股票余额增长恰好达到 3%，所以，不会产生由 3% 信号触发的交易活动。当然，在现实生活中，你不会持续 3 年没有买卖活动，我们这样假设，只是为了展示"3%信号计划"是如何吸收新现金的：

表31 "3%信号计划"将50%的季度现金也纳入股票余额的增长目标

季度	退休账户债券余额	退休账户股票余额	季度补充现金	股票余额目标：3%增长 + 50%季度新补充现金（$810）
第一季度	$2,000	$8,000	$1,620	$9,050
第二季度	$2,810	$9,050	$1,620	$10,132
第三季度	$3,620	$10,132	$1620	$11,245
第四季度	$4,430	$11,245	$1,620	$12,393
第一季度	$5,240	$12,393	$1,620	$13,575
第二季度	$6,050	$13,575	$1,620	$14,792
第三季度	$6,860	$14,792	$1,620	$16,046
第四季度	$7,670	$16,046	$1,620	$17,337
第一季度	$8,480	$17,337	$1,620	$18,667
第二季度	$9,290	$18,667	$1,620	$20,037
第三季度	$10,100	$20,037	$1,620	$21,448
第四季度	$10,910	$21,448	$1,620	$22,902

3 年结束后，债券余额达到 10,910 美元，占到了退休账户总余额 32,358 美元的 34%。不要被最后一行最后一列的 $ 22,902 迷惑，那是你在本季度的股票余额目标。在该季度初，你的债券余额加上股票余

额，使得账户总余额达到 32,358 美元。债券余额为 10,910 美元，除以账户总余额，结果是 0.34 或 34%。

在我们的基础组合中，股票/债券是 80/20 比例。3 年结束后，股票/债券变成了 66/34 比例，和 80/20 比例相距甚远。66/34 比例的组合与我们基础组合的 80/20 比例发生偏差的原因，在于股票余额每个季度只增长了 3%，而债券部分却接收了和股票部分相同数额的新补充现金。债券部分起初只有 2,000 美元，而股票部分为 8,000 美元。在每个季度的补充现金中，一半投入到债券，一半投入到股票，使得债券部分的增长比例，高于股票部分。例如，在首个第二季度，810 美元相当于上季度的债券余额的 41%，却仅仅相当于股票余额的 10%。所以，当每个季度的补充现金的数额相同时，补充现金/债券的比例理所当然增长更快。

在现实生活中，股市的波动无法保证每个季度的回报达到 3%，你会根据需要买卖股票。买进股票，将消耗你的债券资金，所以，债券部分也不会按照占一个总数的百分比持续增长。卖出股票，将增加你的债券基金，使之越来越多。你可能会认为，应该调整我们的补充现金。投入股票部分的补充现金少一些，投入债券部分的多一些，从而防止 80/20 的基础组合失常。但是，考虑到无效性环境的涨跌起伏，这样做是不值得的。

幸运的是，我们可以处理这种失衡。我们现在就探讨方法，把新现金加入"3%信号计划"，并处理偏离基础组合的 80/20 比例的失衡问题。

调整后的订单规模

在 80/20 比例的股票/债券组合中，大多数波动都是良性的。它可能会移动到 75/25 比例，然后到达 85/15 比例，在大多数环境中，都会重返 80/20 比例。有时，它会超出合理的波动区域，这时就需要你的干预，使之恢复到基础的 80/20 比例。

合理的波动范围介于70/30比例和90/10比例之间，这取决于解读方法，但20%的波动范围是一个很好的选择，能够让股市有回旋的余地。在每个季度，都需要将债券余额除以总余额，来看看债券/总余额的百分比。如果债券/总余额的百分比低于10%，增加现金就成为好主意，我们稍后将进行探讨。如果债券/总余额的百分比超过了30%，可以调整后续的信号订单规模，使之重新平衡，恢复到20%的基础水平。

例如，如果债券余额是1万美元，而账户总余额是5万美元，债券比例是20%，股票比例是80%。如果债券余额是15,000美元，而账户总余额是7万美元，债券比例就是21%。如果债券余额是2万美元，账户总余额是8万美元，债券比例就是25%。如果债券余额是3万美元，账户总余额是9万美元，债券比例就是33%。这时，你可能认为堆积在债券上的资金过多，期望将更多的资金转移到股市。这时，你需要等待一个买进信号，然后增加买进订单的规模，从而让充足的债券余额转移到股票部分。需要将买进订单的规模增加多少呢？让我们看一看。

让多余的现金运转

如果你像大多数人一样，漫不经心地浏览这个计划，你就会认为买进信号越强，动用的额外现金就越多。原因在于，更强的买进信号揭示了更好的股市交易。我们希望股票基金每个季度上涨3%，如果股票基金的余额只上涨了2%，就显得基金的价格便宜一点了，值得买进。如果余额上涨了1%，代表价格便宜一些了。如果余额下降了5%，那就意味着价格比前两次更划算了。因此，买进信号越强，价格就越便宜，也就代表着投入更多资金的更好机遇。

有了这种想法之后，我构建了"3%信号计划"的原始版本。围绕着一个优雅的系统，如果股票部分没有达到每个季度增长3%的目标，每落后1%，我就动用额外的债券余额，增加10%的买进订单。如果股票部分在一个季度中只上涨了2%，比3%的增长目标低了1%，那么订单规模就会增加10%。随着便宜股票的增加，订单规模也会增加，在战略部署上，这样做能够加速使用额外的债券余额，从而实现了我们的意图。我们将一直执行计划，直到账户中的债券余额恢复到20%的比例，这时我们将恢复"3%信号计划"的标准订单规模。

小提示：
对于额外现金，订单规模很重要

将一个大的现金余额，分解为4个季度的分步买进动作。这样，在价格和时间上逐步展开，帮助我们克服"全仓杀入时却遭遇股市崩盘"的恐惧感。现在，我认为最好的方法，不再是扩大订单的规模，而是将计划中的债券配置，干净利落地从30%重新调整至20%的目标。差别之处在于，我们对待这两种现金集合的情感是不同的。

在"3%信号计划"中，当债券余额达到30%时，我们会等待下一个买进信号，并将超出20%比例的超额债券资金投入这个买进信号中，使得债券配置重返20%的比例。在"3%信号计划"中，这种额外的购买力来自早先卖出信号中的盈利。并且相对于整体资本，所占比例相对较小。所以，在较大规模的订单中使用这笔资金，你不会过于紧张。"3%信号计划"将增强你的信心，认定信号是有效的。所以，跟随它的买进信号，使用早先卖出信号中产生的额外利润，将不会造成过度的压力。

当然了，如果初始的现金余额就非常庞大，或者是计划外的意外之财，又是另一回事了。首先，这笔大额现金可能比计划中的超额债券大很多。其次，当你在情感上还依恋着一堆摊在你大腿上的现金，如果不合时宜地买进股票并让这些钱蒸发殆尽，你会敏锐地意识到在情感上很难接受这种巨大的损失。所以，通过4个季度的买进信号，逐步投入，有助于谨慎地让这笔钱产生效果，同时又降低了进入股市操作的压力。这样，你就不会手持现金，陷入旁观。

通过4个买进信号逐步投入资金的方法看起来很聪明，其实过于复杂了。事实上，当债券达到30%比例时，面对下一个买进信号，不妨直接将债券比例降至20%，并使多余的债券余额转移到股票中，这样做效果更好——无论买进信号的规模是大是小。这是违反直觉的，却是真实有效的。这样，我们能够重新权衡债券和股票配置，我们曾在第四章的"成本平均法置疑"一节探讨过。

将多余的债券余额，通过一次性的买进订单买进股票，而不是轻微地调整订单规模，这样操作效果更好，原因在于，股市不会频繁地深度下跌。所以不需要让庞大的债券余额迅速到位，用于买进低价股票。最终在几个市场周期里以徘徊盘整告终。因为股市趋势是上升的，在大多数的股市环境里，将额外现金投入第一个机会里，效果更好。注意，你只需要使用多余的债券余额，并且将债券比例降至20%的基础水平即可。当债券比例降至20%时，又可以积累债券余额，恢复到30%比例。这样操作，可以防止债券比例过低，无法为未来的季度买进信号提供资金。

合适的债券配置是必要的，人人都需要。股市沿着一个方向行进，然后又反向运动，这种倾向被描述为橡皮筋式的伸缩。如果股市在一个季度下跌了8%，人们就会认为橡皮筋向下拉扯得过重，有动力向上反弹。股票下跌越深，下坠力道越足，最后反弹就越强，对吗？是这样的。可是，有一个终极答案——你知道现在地球上没有一个人能告诉你何时反弹。快速浏览最近的股市历史，就能说明这一点。

通过追踪标准普尔500指数的先锋500指数基金，以下表格显示了2003年至2012年之间的回报率低于3%的季度。在22个回报率低于3%的季度里，只有9个季度的后续季度的回报率高于3%。余下的13个绩效不佳的季度里，后续季度同样绩效不佳。22个季度里，有13个季度延续了颓势，比例高达59%。在提示买进股票的那些季度里，有超过半数的季度，在其一个或数个后续季度里，继续发出买进信号。下表突出了9个回报率低于3%的季度，它们的后续季度都实现了高于3%的回报率。注意，沿着左列向下的序列没有一直标出连续季度：

表32 标准普尔指数绩效不佳的季度（自2003年至2012年）

回报率不足3%的季度	该季度绩效	下一季度绩效
2003年第一季度	-3.2%	15.4%
2003年第三季度	2.6%	12.1%
2004年第一季度	1.7%	1.7%
2004年第二季度	1.7%	-1.9%
2004年第三季度	-1.9%	9.2%
2005年第一季度	-2.2%	1.3%
2005年第二季度	1.3%	3.6%
2005年第四季度	2.1%	4.2%
2006年第二季度	-1.5%	5.6%
2007年第一季度	0.6%	6.2%
2007年第三季度	2.1%	-3.4%
2007年第四季度	-3.4%	-9.5%
2008年第一季度	-9.5%	-2.8%
2008年第二季度	-2.8%	-8.4%
2008年第三季度	-8.4%	-21.9%
2008年第四季度	-21.9%	-11.0%
2009年第一季度	-11.0%	16.0%
2010年第二季度	-11.5%	11.3%
2011年第二季度	0.1%	-13.9%
2011年第三季度	-13.9%	11.8%
2012年第二季度	-2.8%	6.3%
2012年第四季度	-0.4%	10.6%

这张表格提示投资者不要贪婪，不能将"全部债券余额"一次性地投入当前的一个买进信号中。这个季度的下跌可能属于一次性的下

跌，就像2004年的第三季度。但是，它也可能意味着新的下跌趋势的开端，就像2007年第四季度。如果你在2007年第四季度，把"全部债券余额"都投入进去，当后面5个季度里出现了更便宜的价格时，你就失去了优势。这个阶段异常糟糕，无论采用什么方法管理债券余额，都会持续地消耗债券余额，使之持续降低。最终，你需要从计划之外补充新现金。但是，遵守着"3%信号计划"的买进信号，同时遵守着超额债券余额的指导方针，你可以延长"3%信号计划"的内部购买力。大多数情况下，它的运行效果相当好。一个定期补充现金的账户，类似于你的退休账户，是不会枯竭的。

即使遇到非常糟糕的情况，这种修改的订单方法也很好。因为你只动用超出了20%比例的超额的债券余额，去放大买进订单的敞口风险。一旦你把债券恢复到20%，你就使用标准的订单规模。

消除现金短缺

当债券基金里的现金过多时，应当如何处理呢？面对这种愉快的情景，我们刚才已经探讨了方法。如果现金过少，让人扫兴时，该如何处理呢？在上一章中，我们探讨过，股市倾向于上涨，所以我们不再对多个订单进行调整，而是直接在第一个买进信号中，一次性地投入"多余的债券余额"。这样，也会引导着我们，避免卖出计划信号之外的多余股票。股市倾向于上涨，我们在重新平衡时，应该让尽可能多的钱发生效力。同时，在股市下跌时，依然能保持"合理数量"的购买力。我们对"合理数量"的定义是——20%的债券配置是基础，当债券比例达到30%的上边界时，重新平衡，向20%的债券比例回归。10%的债券余额是下边界。这是债券余额出现危险低值的信号，应该增加更多的现金。

有时你难以获得更多的现金。这种情况下，你应该撅着嘴巴忍耐，一直等到股市复苏，并趁着股价走高卖出股票，把卖出股票的资金补充到账户中的债券部分。经常需要这样操作，从而将债券余额调整至20%

比例——但并非永久如此。本计划中的债券余额有时会趋于零，就像次贷危机中的表现。如果没有外部储备可供利用，你将别无选择。你只能忽略买进信号，直到通过定期的补充现金和股票部分的卖出信号，将你空空如也的债券基金再度充实起来。

在股市中，你可能需要几个季度或几年的时间才能恢复到健康的股票/债券基础组合。这点让你不适。当债券余额长期等于或接近于零时，意味着发生了最坏的事情。在此期间，你将变身为"买入并持有"投资者，成为这支花样繁多的队伍的一员。和下跌时持有股票的所有人一样，你会牢牢地蹲守在股市中，等待股价最终复苏。没错，当股价较低时，你也没法投入更多资金并期望在价格复苏时获利，可是，你也不会在底部卖出。即使面临可能最为糟糕的股市状况，你也不会抛售股票。你的做法和很多"无效专家"的信徒不同。你会等待，等到股市慢慢反转向上。这样，股票上涨了一段时间之后，卖出信号就会出现，你就能卖出股票，然后卖出股票的资金补充到你的债券基金。

当"3%信号计划"里的债券余额过低时，最佳行动是就是存入更多的现金，此外别无他法。存入现金之后，计划运行就能符合预期，你就能够利用强大的买进信号。只有当股市无休无止地长期下跌，或者短期内发生了深幅下跌时，才会耗尽你的债券余额。此时，"无效专家"都变得情绪低落，在公开场合里咬牙切齿地评论说，股市一定出错了。这正是买进的好时候。当你按下"买进"按钮时，你会轻声低语说："太棒了！"如果你的债券基金中还有购买力，你就买进。

这个基本真理还有一个罕见的例外，我们将继续探讨。

持有一个"底部买进账户"

大多数情况下，你的计划将持有充足的债券余额，能够满足买进订单的资金需求。这要归功于你的定期补充现金，以及在强劲的股市季度里遵守3%信号发出的卖出指令。然而，当你耗尽了全部的债券余额时，你需要合理地设置新一层的安全网："底部买进账户（bottom-buying account）。"你可以在这个账户中积蓄富余的现金，服务于一个明确目的：当身边所有人都听从了无效评论家的容易出错的建议，正在恐慌卖出时，你就可以启动买进按钮，买进股票了。

你为退休账户定期补充现金，并且把一半的补充现金投入在债券里。因为股市里牛市长，熊市短，最常见的挑战就是债券基金中的现金积累过多，而不是现金匮乏。然而，每隔一段时间，黑暗骑士就会行动，让股市发生大崩溃。如果遭遇股市崩盘事件，而你拥有一些额外的现金，你就能从股市崩盘中获益，避免了崩盘的打击。面对崩盘时刻，你已经拥有了一项工具——"3%信号计划"，它将告诉你行动步骤。现在，你需要保障火力并最终从崩盘中获益。

你可以从容地补充资金，因为你在绝大多数情况下都不需要动用"底部买进账户"。在2001年初到2013年中50个季度里，我们注意到，只有不到两成的时间才需要补充额外现金。这段时间还包含了一段史无前例的股市崩盘。8成以上的时间都不需要补充额外现金，让人宽慰，所以你有充裕的时间为"底部买进账户"积累资金，就像松鼠储存坚果一样。因此，即使是罕见的股市暴跌都成为你有益的帮助，而不是与你为敌。

你不需要在每个月份或季度都投入资金。当你搞来一点闲钱，或者能够抵抗住重铺地毯、牙齿美白之类的家庭生活中的诱惑，都可以把这些钱充实到"底部买进账户"。这些零星存款可以积少成多。如果你能定期地补充现金，那就更棒了。这些积蓄可以担当应急基金和"底部买进账户"的双重责任。

一些好的资金来源：来自公司的一些定期奖金，生意繁荣时提取的部分利润、礼物、退税、房地产销售收入，等等，这样的非固定收入都是"底部买进账户"的候选财源。"底部买进账户"的资金形式，可以是来自经纪商或者银行的任何类型的安全基金。

另外，还有一个好的选项——将新增收入按照一定的比例，存放到

"底部买进账户"里。如果你的收入增加了，你可能会将这笔新增收入用于其他目标——当然也能投到退休账户里——所以，把"底部买进账户"也列入"补充资金清单"中吧，自然地进入新增收入的分配程序里。至于新增收入的贡献比例，可以是5%，或者其他适度的比例。绝大多数时间里，都不会动用"底部购买"基金，却能为你带来踏实感。当股市或者日常生活出现紧急情况时，你还拥有隐藏某处的现金。我非常喜欢隐藏的现金池。

留出多少资金

"底部买进账户"应该存有多少钱？无论怎样计划，我都喜欢简单地设置为第二个"20%"。在"3%信号计划"中，我们将债券余额设置为20%。当债券余额过高时，需要重新平衡，降低债券比例；当债券余额过低时，你需要增高债券比例。"底部买进账户"的余额与债券余额相同，容易记住。

诚然，因为可能涉及大笔金额，将两者保持同样的比例关系并不容易。我们再次有了充裕的时间，可以方便地管理开始阶段的余额。以示范账户为例，里面存有8,000美元的股票和2,000美元的债券。充分投资的"底部买进账户"同样存入2,000美元。随着时间的推移，退休账户的余额将变成2万美元，其中包含4,000美元的债券部分。而充分投资的"底部买进账户"将另行持有4,000美元。"底部买进账户"与债券部分亦步亦趋，你可以在脑海中描绘这种场景。

例如，"3%信号计划"于2000年底启动，其中股票占用了8,000美元，债券占用了2,000美元，每个季度还会有300美元的补充现金。2003年第四季度，账户总余额达到20,000美元。2006年第一季度达到了30,000美元。启动计划的第三年，需要向底部买进基金补充2,000美元，与债券基金的4,000美元的目标余额匹配。然后，再过两年，需要再次补充2,000美元。2008年第四季度，次贷危机耗尽了"3%信号计划"中的债券余额，你无法在后面两个季度里继续利用市场大跌买进。在2006年至2008年的两年里，你可能会在你的"底部买进"基金中再增加1000美元，这样，共计7,000美元可供使用。这将覆盖2008年第四季度的计划所需资金的80%。这点相当不错。而当时大多数人在忙啥呢？他们正在拼命卖出股票。

请记住，"3%信号计划"运行以来，只有这两个季度发出了最为极端的买进信号，而股市出现了史无前例的最大季度跌幅。2008年第四季度，IJR小型股指基金下跌了26%。2009年第一季度，又下跌了17%。能够处理一半的买进信号，已经相当不错了。这样的的情形非常罕见。

因此，需要使用额外现金创建一个附加的"预防万一"的基金。我们称之为"底部买进账户"。尽管创建这个账户并不容易，却是可行的，而且很值得去做。此外，风险是什么？面临紧急情况，你有额外的现金吗？拥有"底部买进账户"没有过错，即使极少动用它。终有一天，"3%信号计划"会轻拍你的肩膀，低声说："是时候了，需要在底部买进了。"当次贷危机导致股市暴跌时，"底部买进账户"让你甚感安慰。遵照2008年第四季度的信号买进IJR，到了2009年底，收益已经达到了26%。遵照2009年第一季度的信号买进IJR，到了2009年底，收益已经达到了52%。真真切切抄到底部了，确凿无疑。

最高危险点

如果股市无休无止地下跌，你在执行"3%信号计划"时，已经耗尽了债券余额、"底部买进账户"里的所有资金，还有你能筹集到的其他资金，但是信号提示你还需要买进更多股票。这时候，你就到达了最高危险点。

与你的想象不同，最高危险点并不是股市蒸发了你的终生积蓄。恰恰相反，最高风险点是你变得极度脆弱，从而精确地犯下错误——在股市底部卖出了股票。你把所有资产都投入股票账户里，却毫无效果，看起来车轮正从车厢脱落，股市似乎永远不会复苏，于是你就在底部割肉出局了。

如你所见，这也是"买入并持有"策略和"成本平均法"所面临的困境。在绝大多数的场合中，都要避免陷入这种困境。即使我们采用经过验证的效果更胜一筹的3%信号规则，集中投资于小型股以寻求更高的回报，也要做出防备。然而，无论你做了多少预备，股票仍可能严重脱轨，破坏你的购买力。即使"3%信号计划"中的债券比例不低于20%，即使建立了一个规模良好的"底部买进账户"，然而，下跌的股市依然洗劫了一切，你需要处理"哥斯拉巨兽"级别的严重暴跌。究竟哪里出了问题呢？那就是太多风险暴露在外。这是我们见过的最大规模的风险——我们已经领教了其中的滋味——这是迄今为止最大规模的风险。如果让银行家和政客们去处理这类风险，他们肯定在某天鼓捣出更高的风险来。

当你正被外部风险吞噬，被惨烈的地板价痛击并且无钱可用时，试着拨打我的电话。你会抱怨说，"太他妈感谢了，伙计。情况不像你说的那样呢……"这时，请转向"3%信号计划"，看看它的提示——继续持有。可是，你已经没法买进了，后面应当怎么办呢？持有当前的投资。这一时刻，你也没法胜过任何"买入并持有"的投资者，除非你拥有一个他们并不具备的优势，那就是"3%信号计划"。当3%信号发出买进信号的时候，你可能无力买进。但是，你知道"3%信号计划"最终将证明自己。当前价格虽低，未来却终究上涨。即使你无法跟随3%信号，它也能为你灌输信心，为后面的价格复苏做好准备。

情感预备是穿越生活困境的关键，而我们正身陷困境。在耗尽你的现金的最高风险点上，当你明白第二套猜行情的引擎将会超速时，你就不会对此感到惊讶。"我意识到这种可能性，"你自言自语说，"我知道这事可能发生在我身上，现在麻烦终于来了。情绪上，我希望逃避痛苦，这是可以预见的。尽管想割肉出局，但我明白这是错误的动作。股市终会复苏，我应该不理会新闻，并且聚焦在经过证实的3%信号上。3%信号提示买进股票，但我只能持有现有的投资，因为已经没有现金了。我知道这是最高风险点。如果这时放弃投资，在底部卖出股票，我就因为情感缺陷和鲁莽行动，放弃了多年积累的成果。"

如果你预备了足够的现金，你将极少遭遇这种困境，但我们也不能完全避开它。如果你不幸陷入了这种困境，就要做好准备，紧跟"3%信号计划"，持续对小型股指数进行充分投资。这样操作终有回报。为了让你感到宽慰，我告诉你，你的资金同样也留在股市里，和你的资金一起等待股市复苏。

随着年龄的增长，调整债券余额

在你大部分的工作年月里，股票/债券的基础比例为80/20，这是有益的。然而，随着年龄增长，你打算降低股票比例，提高债券比例，让投资组合变得更安全。"3%信号计划"能够容易地增强安全性。而且，你依然只需要两只基金。我们不想留下任何依靠运气或者主观判断的余地。所以，这是我推荐的调整基本比例的计划表，我也提供了重新平衡的水平位。当债券余额到达这些水平位时，你需要重新平衡，使之恢复到债券配置目标。我们在本章稍早的"让多余的现金运转"部分已经探讨过：

表33 "3%信号计划"的目标配置规划

距离退休年数	股票配置	债券配置	债券的重新配置临界线
距退休高于10年	80%	20%	30%
距退休5至10年	70%	30%	40%
距退休0至5年	60%	40%	50%
退休	50%	50%	55%
退休超过5年	40%	60%	65%
退休超过10年	30%	70%	75%
退休后超过15年	20%	80%	85%

对于很多理财规划师来说,这个计划表显得过于简单。他们更乐意展示经过了数字分解的详尽研究,希望数字的精确性能够降低生活的不确定性。我曾经看过一份面向 50 岁人群的推荐报告:41%的美国股票投资、17%的国际股票、33%的美国债券、8%的国际债券、1%的通货膨胀保值债券(TIPS)。人们需要投入大量的额外时间来维持这样的配置。事实上,你的精力不必消耗在这里,可以去做那些更为有趣的事情。

"3%信号计划"包含了安全措施。财务规划师试图通过附加的资产类别配置来保障安全。资产类别之间唯一的区别就是波动性,你可以将其视做灯光开关,要么开,要么关。在"3%信号计划"中,股票部分是波动的,债券部分是稳定的。在你大多数的工作期间里,将80%的资本配置在波动性最高、绩效最好的主要资产类别——小型股,将产生最好的资产绩效。20%的债券部位为你提供了购买力,能够在股市大跌之后取得更好的绩效。我们也能利用债券的波动性,获得情感上的舒适感,并远离恐惧。

距离退休还有 5 到 10 年的期间时,你的股票比例将降低至 70%,并将债券比例增高至 30%。重新平衡的界限是 40%的债券比例。在这一阶段,如果债券余额达到40%,你将通过下一个买进信号,使用债券的超额部分买入股票,并将目标配置重置为 70/30 比例的股票/债券。在距离退休不足 5 年的期间,你将目标配置调整为 60/40,重新平衡的界限是 50%的债券比例。当你完全进入退休状态后,每隔 5 年,就降低 10%的股票风险敞口。直至你退休 15 年,将股票/债券比例调整为 20/80。在退休年月里,因为债券的配置比例非常高,所以,重新平衡的界限每次只升高 5 个百分点。退休后 15 年,股票/债券的配置是 20/80 比例,重新平衡的界限是 25%的债券比例。

在你的工作期间,"3%信号计划"作为资本增长引擎,效果最佳。你的工作收入为"3%信号计划"增加了新资金。你在退休之前,还会拥有多年的恢复潜力。这样,"3%信号计划"就获得了充足的燃料,资金呼吸也有着广阔的空间。临近退休和正式退休时，资本增长的意义已经不及资本保值和增加收入重要。增高的债券配置能够保护你的资本，同时也提供了收入。

在你的工作期间里，"3%信号计划"为你恪尽职责。现在，你从职场退休了，同时，你也想告一段落，从"3%信号计划"中退休。这样，你可以终止"3%信号计划"，并对退休资本进行传统分割。1/3 的资本放置在支付股息的大盘股指数里；1/3 的资本放置在债券指数里；1/3 的资本放置在国债和现金里。这样的组合相当稳固，资金不会快速增长，也不会损失太多。所以，这种安排适用于退休生活。

退休之后，你可以继续运行"3%信号计划"，采用较大的债券比例，赚取退休后的收入。你可以在退休时就终止"3%信号计划"，转向保守的投资组合。在你的大部分的工作期间里，通过"3%信号计划"，80/20 比例的股票/债券组合产生了庞大的资产基础。你只需要做出使用资产的决策。只要你的头脑不会突然短路，贸然采用"无效专家"的建议，你就会平安无虞。

融会贯通

在"3%信号计划"中，加入这些附加的资金管理技术，你将获得一种近乎无懈可击的方式，让退休账户保持增长。同时，你也远离了"无效专家"或"完美彼得"的干扰。

定期的补充现金将服务于你的增长目标。对于每一期的补充现金，都要把一半配置于股票部分，另一半配置于债券部分。这样，配置于股票部分的一半现金立即生效，通过"成本平均法"的方式，提供了很多收益。同时，你还会将另一半的资金，配置于债券里，提供了未来的购买力。当股市持续单边上涨，或者产生了牛市泡沫时，你就需要卖出股票，从而推升了债券余额，最终使之超出账户价值的30%。然后，当第一个买进股票的信号出现时，你将自动地重新平衡，将债券比例调整至20%。当股市下跌时，你的股票基金也会下跌，你就能通过预备的债券余额，利用股市下跌的机遇，买进更多股票。在极少数情况下，"3%信号计划"可能遭遇极端的市场下跌，并耗尽全部债券余额。这时，你将动用"底部买进账户"中的后备资金，在股价异常低廉时，趁机买进股票。如果"底部买进账户"资金也耗尽了，你就跟随着3%信号，将现有投资继续持有，直至股市复苏。

无论股市荣枯和人气兴衰，"3%信号计划"都能让你的补充现金有效运作。它在每个季度都行之有效，并确保你忽略无关事项。你不必理会那些煽动错误情绪的惊悚标题，然后被诱惑着"投身股市，试图控制局面"。

大多数情况下，你的债券余额将保持在账户价值的20%左右，股票/债券的基础比例是80/20。如果债券余额达到30%，等到下一个买进信号出现时，你就用债券的超额部分买进股票。当买进信号出现时，"无效专家"就会纷纷评论：经历了一个让人失望的季度之后，股市将要蓄势下行。这时，你借机买进股票，并对股市的未来走向不置可否。你无法预测股市的未来走向，实际上，"无效专家"也同样一筹莫展。

增长目标经过修正之后，将把你的补充现金纳入"3%信号计划"里。重新平衡的技术能够让你的债券余额设置合理，可以灵活地应对你的各种生活状态。当你的工资增加时，季度补充现金就会增加，用来满足"3%信号计划"增长目标的金额也会增加。如果你临时失业，没法提供季度补充现金了，怎么办呢？没问题，将季度补充现金降低为零。如果有幸获得了一笔意外横财，你打算投入"3%信号计划"，没问题，把它投到债券基金里。如果这笔意外之喜让债券比例达到了30%，你就遵守"3%信号计划"的信号，按照它的提示转移资金到股票中。同时，也将你的股票/债券组合调整至80/20的基础比例。随着年龄的增长，你将调整股票/债券的80/20基础比例，降低股票比例，增高债券比例。

在"3%信号计划"中，"无效专家"毫无容身之处。这是最好的消息。你只需使用本书传授的技术和一个计算器，每年进行4次操作。

以后你也只需要重复执行这些简单程序,而"无效专家"却口沫横飞,日复一日地制造一种可靠产品:市场噪音。

本章执行概要

在长期投资计划中,定期补充现金是常见做法。"3%信号计划"采用独特方式处理流入的现金。如果定期补充现金的数额较多,就应当逐步投资。如果定期补充现金的数额较小,可以一次性地投入到债券基金里。但是,50%的补充现金继续服务于股票基金的3%增长目标,能够为"3%信号计划"注入买进股票的资金。如果出现了买进股票的罕见机遇,并且债券基金无法满足买进信号的资金需求时,你将启动计划外的一个"底部买进账户",继续满足买进信号的需求。

关键点:

- 为了防范投入大量现金后股市随即下跌的情形,我们将现金分成4个相等部分,并通过后续的4个季度的买进信号配置这些现金。
- "3%信号计划"基础方案的目标配置比例:股票比例为80%,债券比例为20%。股票/债券的比例关系随着股市波动而变化。当债券比例超过30%时,需要重新平衡,并将股票/债券调整至80/20比例。
- 长期看,股市呈上涨趋势。所以需要向债券基金添加一些补充现金,维持合理配置并保持购买力。
- 虽然全部的补充现金都先流入债券基金中,但是,需要让一半的补充现金,充当股票部分的新资本,从而确定股票基金的增长目标。增长目标的公式是:股票余额+3%的增长+50%的补充现金。一半的补充现金充当股票部分的新资本,另一半的补充现金充当到债券部分的新资本,这是补充现金的最佳分配比例。
- 在你大多数的工作期间,股票/债券的目标配置围绕着80/20比例，在 70/30 比例和 90/10 比例之间波动。这是合理的波动范围。随着年龄增长，你可以降低股票比例并增加债券比例，然后提高重新平衡的触发界限。

- 股票/债券的目标组合是 80/20 比例。经过一个季度，如果债券配置符合重新平衡的触发界限——30%，你将通过下一个买进信号，把超额的债券余额转移到你的股票基金，从而重新回到股票/债券的 80/20 目标比例。

- 当罕见的绝佳买进机遇出现时，你需要明智地做出反应。为了应对这种情况，你需要动用计划之外的储蓄，所以你应当建立一个"底部买进账户"。你可以从容不迫地向"底部买进账户"注入资金，因为绝大多数情况下不会动用这个账户。

- 当债券余额和"底部买进账户"的资金双双耗尽时，你容易变得脆弱，并精确地犯下"在底部卖出"的错误。然而，即使资金双双耗尽，"3%信号计划"继续为你提供支持并发出买进信号，鼓励你继续持有现有投资，等待最终的价格复苏。

第六章　行动计划

现在，我们已经获得了执行"3%信号计划"的充足信息。

我们在第二章探讨过，退休账户是运行"3%信号计划"的最佳账户。通过退休账户，我们可以遵守有益的季度卖出信号，不必担心纳税问题。我们将在本章探讨账户问题。通过任意类型的退休账户或非退休账户，我们都能运行"3%信号计划"。

就像储藏着多种食材的各种厨房，账户类型也是五花八门。这些账户提供了种类繁多的投资产品。在任何厨房，相同菜品都有相似的味道。同样，在任何账户，运行相同的"3%信号计划"，结果都是相近的。这种效果让人安慰。那么，预备相同菜品的关键在于相似的食材和必要的设备。运行"3%信号计划"的关键在于相似的投资选项和每个季度的交易能力。"3%信号计划"的"食材"很简单，只需要一只股票基金和一只债券基金。"3%信号计划"可以应用于所有账户。没有账户也不要紧，很容易开通一个新账户。简而言之，任何人都可以将钱投入到"3%信号计划"中，并且迅速生效。

在本章，我们将概述"3%信号计划"的季度操作程序。你将遵守这些程序，并在任意类型的账户中执行"3%信号计划"。你将理解：保持低廉费用的原因、自动使用指数基金的方法、交易税的影响、"3%信号计划"在典型经纪商账户和雇主退休金账户中的运行过程。

季度程序

现在是操练复杂的铜管乐器的时候了。在本节，你将理解季度程序的五步大纲，然后，再详细地学习具体步骤。这个过程很简单，每年只需要重复操作4次。所以，花不了多少时间就能理解它。

在每个季度末，你需要检查 IJR 小型股指基金或其他股票基金的余额。如果余额实现了良好增长，将这个余额减去股票基金的3%增长部分，同时，也要减去50%的季度补充现金，并将超额资金投入债券基金中。如果正好达到股票基金3%的增长目标，你就坚持不变。如果低于3%的增长目标，你将卖出适量的债券基金，买进相关数量的股票，从而符合股票基金的增长目标。你需要关注两种罕见的情况：债券余额是否达到了账户总余额的30%？股市是否从季度收盘价的最高点下跌了30%？

简单地说，五个操作步骤是：

1. 确定这个季度的信号线：通过将上个季度末的股票基金余额乘以1.03，确认3%的增长，然后将你50%的季度补充现金，也加入进去。两者相加，这样就得到了这个季度的信号线。

2. 从信号线中减去当前的股票余额。如果结果为正，那就买进股票。如果它为零，坚持不动。如果结果为负，就卖出股票。决定买进或卖出多少股票，需要把结果除以股票的当前价格。四舍五入取整，得到整数位的数量。

3. 如果是买进信号，首先卖出适当数量的债券基金，为股票基金的买进订单提供资金。如果是卖出信号，就把卖出股票基金的收益，转移到债券基金中。

4. 如果是卖出信号，请确认债券基金配置仍然低于重新平衡的触发界限。在大部分时间里，债券基金的触发界限是30%。如果债券基金的配置已经达到30%或更高，请做一个标注，当下一次的买进信号出现时，使用债券基金中的超额部分，买进股票基金，从而使债券基金恢复到目标配置比例。大部分时间里，这个目标配置比例是20%。

5. 检查SPY，看看它是否从前两年的季度收盘价的最高价下跌了30%以上。如果是，进入"下跌30%，坚守"阶段，并忽略后续的4个卖出信号。很少发生这种情形，可是一旦发生，就需要采取非常重要的正确行动。

现在，对上述五个步骤进行详细说明：

1. 确定当前季度的信号线：用上个季度末的股票基金余额，乘以1.03，得到乘积；然后再加上50%的季度补充现金，得到结果。例如，如果上个季度末的股票余额为12,845美元，季度补充现金是660美元，计算结果如下：

$12,845 × 1.03 = $13,230，这是本季度的3%增长目标。

660/2 = $330，这是季度补充现金的一半。

13,230+330 = $13,560。这样就得到了这个季度的信号线。

等到这个季度过后，$13,560的信号线将成为股票基金的期末余额。你期望以这个信号线的数额$13,560为基础，在下个季度再度实现3%的增长。

2. 用信号线减去当前股票基金的余额，得到结果。如果结果为正，那就买进股票基金。如果它为零，就坚持不变。如果为负，就卖出股票基金。决定买进或卖出多少数量的股票基金，需要把这个结果除以股票基金的当前价格。从第一步开始，继续使用信号线。当前余额为12,976美元。股票基金的价格是49.17美元：

$13,560 - $12,976 = $584：需要购买价值为584美元的股票基金。

$584/$49.17 = 11.88：需要购买11.88份股票基金，价格为49.17美元。

当前余额为14,110美元，而股票基金的价格已经涨到了53.47

美元：

$13,560-$14,110=-$550 美元：需要卖出价值 550 美元的股票基金。

-$550/$53.47=-$10.29：以 53.47 美元的价格，卖出 10.29 份股票基金。

在现实生活中，需要把数字四舍五入取整数，使股票基金的份额成为更为方便的整数。例如，在设置订单时，需要买进 12 份股票基金，比首次计算得到的 11.88 份更为方便。在第二个例子中，卖出 10 份股票基金，比第二次计算得到的 10.29 份更为方便。在多年的计划运行中，这类微小偏差不会产生实际的影响。即使偏差相当微小，在大多数的时间周期里也会最终中和。在四舍五入取整数的时候，有些小数会让整数增大，有些小数会让整数变小。随着时间的推移，由于股票基金的余额越来越高，小数位的差异对计划的影响将稳定地降低。所以，四舍五入取整数就可以了。

3. 如果季度信号提示买进，将买进股票基金所需的金额，除以债券基金的当前价格，计算出卖出债券基金的份额。来看步骤二中买进 584 美元的股票基金的例子，当债券基金的价格为 11.83 美元时，得到计算结果：

584 美元/11.83 美元=49.37，需要卖出 49.37 份债券基金。

如果季度信号是卖出信号，一定要把卖出股票基金的收益转移到债券基金中。当前订单已经能够快速执行，你可以卖掉股票基金，然后用这笔收益迅速买进债券基金。登录一次账户，就能把所有事情搞定。

4. 如果季度信号是卖出信号，请检查你的债券基金配置。确保债券比例低于重新平衡的触发界限。在你的大部分时间里，对债券重新平衡的触发界限是 30% 的债券比例。将债券基金的余额除以账户总余额，如果结果低于 0.3，就不必重新平衡。如果结果是 0.3 或更高，当下一次的买进信号出现时，将多余的债券基金余额转移到股票基金中。这样，你的债券配置又会恢复到目标比例。在大部分时间里，债券基金的目标比例是 20%。在上述第二步的卖出信号之后，债券基金余额是 2,416 美元，总账户余额是 15,976 美元：

＄2,416 ／ ＄15,976 ＝ 0.15，债券基金余额是安全的 15% 配置比例。

如果债券余额是 4,793 美元或者更高，到达了这个季度的 30% 触发界限，那么，在下次的买进信号中，做一个标记，将多余的债券基金转移到股票基金中。

5. 最后，从 SPY 在两年之内的最高季度收盘价算起，确保跌幅不得超过 30%。如果跌幅超过 30%，进入"下跌 30%，坚守"的阶段，并忽略后续的 4 个卖出信号。

这种类型的大幅下跌通常是显而易见的，因为主流舆论是抛售股票。那些对新闻事件毫不理睬的投资者极其稀有——他们只专注于季度收盘价和不期而至的 30% 下跌。"哦，亲爱的，显然我们正处于一个严重的熊市当中。"完成了每个季度的账户检查之后，这样的谈话都不会出现在你和配偶的十大评论中。即使彻底远离了新闻舆论，你也注意到一个现象——伴随着每个季度的买进股票基金的信号，债券配置也出现了下降，这就提醒你遭遇了麻烦。

所以，你明白股市正在下跌。这时，你需要查看过往季度的最高收盘价数据，看看股市的猛烈下跌是否触发了"下跌 30%，坚守"规则。这样的情形很少发生，但是非常重要，需要你正确操作。要想取得巨大收益，就需要你在熊市底部买进股票。然后，你的每一盎司的资本，都能在随后的股市复苏中充分获利。只需要抓住一次这样的机会，就能极大地改善你的期末余额。只需要抓住两次这样的机会，就能改善你的命运。因此，你要养成"监控 SPY"的习惯，看看股市是否发生了深幅下跌，让我们进入富有价值的"下跌 30%，坚守"阶段。

排序列表

为了帮助你完成这个程序，我创建了一个在线电子表格，你可以免费使用它。通过链接jasonkelly.com/3sig，你可以找到本书相关的其他资源。

低费用，大生意

在玩弄小号字体的艰涩条文方面，金融行业算得上先锋。金融行业的那些滑头们通过观察的方式，混淆重要的细节。他们还堂而皇之地打着合法名义的旗号，我们再也找不到比他们更擅长混淆视听的人了。他们知道，随着时间的推移，低廉费用也能够转化成巨大的金钱。所以，他们竭尽全力，确保你没有注意到费用的影响。为什么呢？因为你节省的每一分钱，都相当于从他们的钱包中掏钱。还有同类的金融炼金术士也为你带来了暗扣费用的信用卡消费和次贷危机。他们热衷于通过你的退休账户的交易费用，把你撕裂成碎片。"3%信号计划"能够帮助你避免大部分不需要的费用，让你远离最昂贵的"无效专家"的托管投资，转向支持最便宜的指数基金。

"3%信号计划"除了具备绩效优势之外，还能将你的大部分资本配置在一只低成本的股市指数基金里。这样，在你的一生里能够为你节省数万美元，甚至可能超过10万美元。省钱就是赚钱。我们需要评估这些可以预知的费用总和，构成策略的一种绩效优势。降低费用有一个最美妙之处，因为这种省钱方式与股市绩效不同，股市绩效随着股市波动而波动。降低费用的效果是确定的，股市绩效并不确定。

通过低成本的指数基金，执行"3%信号计划"，能为你省下不少钱。为了确保你喜欢上这种省钱的妙处，我们将深入探讨一个话题：为什么低费用代表着大生意呢？

美国劳工部在《审视401（k）计划的费用》中予以提示：雇员因为退休账户的高额费用而牺牲了大量利润。美国劳工部举了一个例子，假设你是一位工人，距离退休还有35年，在401（k）账户中存有25,000美元的资金。35年的平均投资回报率是7%，将费用降低至

0.5%，这样，即使没有再补充资金，你退休时的账户余额也将达到22.7万美元。然而，把费用提高至1.5%，你的账户余额只能达到16.3万美元。费用仅仅相差1%，退休账户的余额却减少了28%。所以，努力将账户费用降至最低吧。

避开高额费用，能够带来喜悦，现在让我们详细考察上涨的年度费用的影响。假设初始投资为2.5万美元，年度回报率为10%，投资期限是30年。如果在投资过程中没有产生费用，并且把本该支付费用的资金留在账户继续投资呢？我们需要研究与高额费用相关的机会成本，毕竟我们错过了投资于亏损基金以获得更高利润的机会。如果将这些高额费用进行投资，并且年回报率相同，我们可以计算出这些年来产生的费用的未来价值，从而评估机会成本。由于费用是逐步积累的，需要考虑时间延期的问题。从这个角度考察组合，将得出惊人的结论。来看下表：

表34 投资成本升高的后果

初始资金	年度回报率	持有年数	收费前的期末价值	年度费用	期末价值减去(费用+机会成本)	费用	机会成本	损失的潜在期末价值
$25,000	10%	30	$436,235	0.10%	$423,336	$4,430	$8,469	3.0%
$25,000	10%	30	$436,235	0.20%	$410,806	$8,679	$16,750	5.8%
$25,000	10%	30	$436,235	0.50%	$375,329	$20,390	$40,516	14.0%
$25,000	10%	30	$436,235	1.00%	$322,683	$36,792	$76,760	26.0%
$25,000	10%	30	$436,235	1.50%	$277,209	$49,838	$109,188	36.5%

这张表格对于上涨的费用提出了严厉的警告信号。当25,000美元的投资按照年均10%的速度增长的时候，貌似无害的1.5%的年度费用，在30年里产生了49,838美元的总费用。如果将这笔费用用于投资，等到30年的投资期结束时，还能使账户价值增加109,188美元。已产生

的费用和错失的机会成本加在一起，达到了159,026美元。如果没有产生费用，账户的增长余额将达到436,235美元。已产生的费用与机会成本相加，将大幅降低投资的潜在价值，降幅高达36.5%。

拉塞尔·金赛尔（Russel Kinnel）是晨星公司的共同基金研究主管。他在2010年进行了一项研究，检验晨星公司评级系统的预测能力与基金费用比率。金赛尔在报告开头就提出警告："多关心费用！每笔买卖都要支付费用的。"你已经知道，无效的基金经理们无法击败指数，然而，他们的主动管理基金却收取高于指数基金的费用。所以实现了低廉费用就有两种效果：费用较少时，能够直接提升账户余额；可以避开无效的基金经理们的有害干预。因为基金管理费越低，这支基金对基金经理的吸引力就越低。

有鉴于此，金赛尔的研究结果符合预期结论。他强调说，务必寻找到费用最低的基金。在每个资产类别和周期，低成本基金都击败了高成本基金，从而显示出费用比率是强有力的绩效预测指标。费用越高，出现糟糕绩效的概率就越大。这就改变了"付出必有回报"的普遍观念。在共同基金的竞技场里，付出越多，遭受的痛苦就越多。在2005年的国内股票基金类别里，有人买进了价格最低五分位的基金，其中有48%的人在市场中幸存并且取得了优异绩效；有人却买进了价格最高五分位的基金，其中只有24%的人能与前者匹敌。成本最低的基金的成功可能性是成本最高的基金的两倍。

在报告中，金赛尔提出了直率的建议："费用比率应当成为投资者选择基金的主要衡量标准。费用比率依然是最为可靠的绩效预测指标。选择那些成本处于最低或次低五分位的便宜基金，你将走上成功之路。"

在制订具体的退休计划时，我们将搜寻费用最低的小型股指基金和债券指数基金。你也需要在自己账户中寻找费用最低的投资产品。阅读本节之后，你就明白：将费用降低，在长期投资中就能够减少利润流失。使用费用低廉的指数基金，也就消除了无效投资经理和他们的50%

错误率的破坏性影响。

降低费用有百益而无一害。所以,"3%信号计划"会引导着你的账户资金,买进费用最低的基金。

纳税的考量

在任何一本金融书籍中,纳税内容都很少受到欢迎。不过,和生活中无可逃避的其他事项相比,纳税还显得友好一些吧。另外,与"3%信号计划"相关的纳税并不复杂,所以我们就不另费笔墨了。

在"3%信号计划"中,每年只需要行动4次。每个季度末,非退休账户都会产生一些令人压抑的纳税后果。在"3%信号计划",每次卖出股票基金都能实现盈利。因为只有当IJR小型股指基金或者其他股票基金的季度利润超过3%时,我们才会卖出。如果你持有IJR的时间不足一年,在IJR处于盈利状态下卖出,你就需要缴纳短期资本利得税,比长期资本利得税更为糟糕。持有资产超过一年并且处于盈利状态时,才会收取长期资本利得税。短期资本利得税与普通所得税税率相同。长期资本利得税属于特殊税种,用于鼓励非投机性的财富积累方式。当你处于10%或15%的税率等级,长期资本利得税的税率为零;当你处于25%或者更高的税率等级,其税率为15%。大多数的投资者的长期资本利得税属于后者。就是说,长期资本利得税的税率为15%,而短期资本利得税的税率高达25%或更多。

这意味着,如果你通过非退休账户执行"3%信号计划",并在季度末卖出股票基金时,需要缴纳短期资本利得税。幸运的是,大多数人都把大多数的终生积蓄存放在退休账户里,得以免税或减税,也就避免了短期和长期资本利得税的问题。以传统的个人退休账户(IRA)为例,你可以在退休账户中随意买卖。从账户里取钱之前,你不必关心纳税问题。当你取钱时,也只需要按照常规税率去缴纳所得税。由于收入下降的原因,退休人员的所得税率通常予以降低。这样,当你从退休账户取款时，缴纳的所得税就低于工作期间的所得税。你在罗斯个人退休账户（Roth IRA）存入税后收入后，只要你在59岁半之前不会取钱，并且5年前就开通了该账户，那么，这些税后所得产生的投资收益是免税的。当符合上述条件时，你从罗斯个人退休账户取钱，就不需要承担任何纳税责任。传统的个人退休账户属于税款缓征账户，而罗斯个人退休账户属于免税账户。

这些税务结构意味着，通过上述两类账户运行"3%信号计划"，你的季度买卖活动就不需要缴纳资本利得税。真是绝妙的巧合，因为大多数人都打算通过退休账户运行"3%信号计划"。

使用退休账户之外的其他账户，短期资本利得税的怪物就会一路跟踪你。当你卖出持有期为一年或不足一年的获利资产时，需要按照常规所得税率交税。即使如此，你同样能在非退休账户中运行"3%信号计划"，因为你可以买进多份IJR小型股指基金来避税。出现卖出信号之后，卖出那些持有期超过一年的投资。在绝大多数经纪公司的账户里，都能实现这种效果。但是"3%信号计划"只涉及少量交易，所以很容易追踪效果。举例来说，你的"3%信号计划"可能生成简短的交易记录，来看下表：

表35　"3%信号计划"的交易历史样本

季度	行动	价格
去年第一季度	买进12份	$93.71
去年第二季度	买进17份	$95.24
去年第三季度	买进65份	$93.32
去年第四季度	卖出73份	$101.71
今年第一季度	买进65份	$99.65
今年第二季度	买进20份	$101.09
今年第三季度	卖出9份	$104.80
今年第四季度	买进17份	$106.62

假设在去年第四季度，你必须卖出 73 份股票基金。如果卖出去年前三季度，或者前年第四季度买进的股票基金，就必须缴纳短期资本利得税。然而，如果卖出前年第四季度之前买进的股票基金，只需要支付 15% 的长期资本利得税。相似地，在今年的第三季度，你只需要卖出去年第三季度之前买进的股票基金，就能避开短期资本利得税。如你所见，这种操作很容易实现。你在去年第二季度总共买进了 17 份基金，而在今年第三季度，你只需要卖出 9 份基金，从而避开了短期资本利得税。

"3%信号计划"运行一段时间后，你就拥有了充足数量的早期买进的 IJR 小型股指基金。当你需要卖出 IJR 时，可以进行一番选择，进而避免短期资本利得税。另外，你只需要卖出 3% 季度利润之外的超额利润，也就限制了 IJR 的卖出频率和卖出数量，从而将需要交税的投资利润限制在合理范围。尽管不需要频繁地对这些投资利润缴纳 15% 的长期资本利得税，但是，这些纳税从长期看总归也是障碍。所以，最好通过纳税优惠的账户运行"3%信号计划"。

个人退休账户

我们需要消除一种可能的误解。

没有比个人退休账户（IRA）更为弱势和低级的退休计划了。5,000 万美国人都持有个人退休账户，但它有时却会被视为二线退休计划——如果你不能获得金质雇主计划或政府计划，才被迫接受这种退休计划。这是错误的观念。我想在此澄清事实，确保持有个人退休账户的你明白一点：个人退休账户同样能够完美地执行"3%信号计划"。

为了运行"3%信号计划"，当我探讨退休账户时，有些没有持有 401（k）雇主退休账户的人会显得沮丧不已。"我没有一个真正的退休账户。"一位朋友曾经告诉我。"我只有一个 IRA。"

这让我觉得很奇怪，因为每个人都知道 IRA 也是退休账户啊。看看IRA的三个英文字母吧，它们精确地解释了"个人退休账户"（individual retirement account）的含义。以我的朋友为例，他可能认为"个人退休账户"并不属于真正的退休账户，与很多雇主退休计划不同，并不具备公司匹配。绝大多数情况下，这是事实。公司匹配的确是一些雇主企业提供的优渥福利。但是没有公司匹配也不要紧，IRA和其他非雇主退休账户的纳税优惠并不低于401（k）账户。和非退休账户相比，退休账户具有享有纳税优惠的显著优势，从而构成了退休账户的特色，和公司匹配并无关系。

另外，我还得到来自匹配部门的消息。通过雇主建立的某些种类的个人退休账户也享受公司匹配。后文我将列出一些信息。此类个人退休账户也具备大型公司退休计划的独有优势，含有同等的公司匹配福利。同时，这些账户还提供了更为出色的证券清单，能够让我们通过这些账户进行买卖。

即使你的个人退休账户缺少公司匹配，它同样也能够提供大量的证券供你买卖。其中有很多证券的成本甚至低于401（k）账户中的那些数量有限的证券。任何一家大型经纪商都能为你开通个人退休账户，进而买卖账户中的所有证券。一些401（k）账户却对员工投资予以限制，只能买卖同一家公司的少数共同基金，这样将把参与者撕成碎片。我们将通过后文探讨。

如果你只持有个人退休账户，不要绝望，这并不是错误。你的个人退休账户同样能够很好地运行"3%信号计划"。在任何个人退休账户中，"3%信号计划"都具备魅力，包括：

- 在银行或者经纪商开通的传统或罗斯个人退休账户，可以买卖绝大多数的金融产品。这类账户通常由你自行管理，公司或第三方不会参与其中。
- 简化雇员养老金个人退休账户（SEP-IRA），这是雇主为其雇员设立的个人退休账户。雇主会向此类个人退休账户支付相当于员工工资 25% 的补充现金。
- 面向雇员个人退休账户（SIMPLE IRA）的储蓄激励匹配计划：这是雇主为员工提供的其他类型的个人退休账户。顾名思义，它也包含了公司匹配。

如果你只持有唯一的个人退休账户，也没有理由难过，即使是缺乏雇主参与的传统个人退休账户，也能运行"3%信号计划"，并且无须缴纳资本利得税。你可以在整个证券市场搜寻费用最低的基金，并通过账户买卖这些基金。面对种类繁多的证券产品，你也不会迷失，因为"3%信号计划"只需要两支基金，就能实现广告宣传一样的美好效果。不过，你在个人退休账户能够找到成本更低的替代产品，也是好事一件，也就不必局限在那些预设的证券中了。

考虑到个人退休账户的优势，我们将继续研究个人退休账户的使用方法。同时，我们也会探讨在经纪账户中管理非退休资金的方法。

典型的经纪账户

经纪行业存在已久，所以，有很多优质的常规账户和退休账户可供选择。例如，我们在前两节中探讨过的传统个人退休账户和罗斯个人退休账户（Roth IRA）。在下一节，我们探讨公司退休账户，例如 401(k) 账户。

下列经纪公司提供常规账户和退休账户。通过这两种账户，都可以买卖 IJR 小型股指基金和其他小型股基金：

E * Trade	etrade.com
Fidelity	fidelity.com
Firstrade	firstrade.com
Schwab	schwab.com

Scottrade	scottrade.com
ShareBuilder	sharebuilder.com
TD Ameritrade	tdameritrade.com
TradeKing	tradeking.com
Vanguard	vanguard.com

通过任何一家经纪公司，都可以开通新账户。前雇主退休账户至传统个人退休账户的转户也容易实现，从而让你取得更强优势。例如，通过前雇主计划选择基金，你可能会遭受限制。开通新账户，你就解除了此类限制。当你通过新账户首次购房或者申请符合条件的教育费用时，你甚至可以免除基金费用。然而，最佳改进在于更为广泛的投资选项——包括 IJR，还有其他 ETF 和一系列的共同基金、股票、债券、CD，等等。近年来，经纪公司降低了费用，甚至取消了开户费用。绝大多数情况下，当前的在线交易成本都不到 10 美元。

最重要的是，有些经纪商免除了很多 ETF 的佣金，其中也包括我们的朋友 IJR 小型股指基金。是的，你只需要通过这些经纪商开通一个账户，你在每个季度都可以通过这个账户免费买卖 IJR。经纪商通常有一项要求：在买进这类 ETF 之后，需要至少持有 30 天。而"3%信号计划"自动地满足了这项要求，所以免除佣金不成问题。在 Schwab，你也能获得零佣金的 IJR 对等产品——Schwab 小型股核心品种（SCHA），费用仅为 0.08%。在先锋，你也能获得零佣金的 IJR 对等产品——先锋小型股指数（VB），费用仅为 0.1%。还有许多经纪商也提供零佣金的 IJR 小型股指基金，费用仅为低廉的 0.16%。

总之，你都能挑花眼的。上述经纪商富有吸引力，你会迫不及待地冲进去开户，获得低成本甚至免费的 IJR 或 IJR 对等产品。访问这些经纪商的网站，比较费用，做出最适合的选择。

向账户存入资金

一切都从存入现金开始，除非你从其他经纪商那里转户过来，否则，你就需要为新的经纪账户存入现金。在本书例子中，账户的初始余额设置为 10,000 美元。真实交易中，你可以存入任意金额的现金。

将现金存入到经纪账户，只需要登录网站，访问"账户"区，然后到达"存款和取款""入金和出金"之类的选项，并将银行账户与经纪账户绑定。然后，你就可以一次性或者经常地存入现金。

买进和卖出

所有的经纪账户都让交易变得简单，这是职责所在。准备开启"3%信号计划"时，访问你的经纪商网站。先找到"交易"区，然后选择"股票/ETF"部分，确认打算买进的金融产品的代码、数量、订单类型，等等。

你的账户初始资金是 1 万美元。启动"3%信号计划"时，先用 2,000 美元买进债券基金，再用 8,000 美买进 IJR 小型股指基金。IJR 的昨日收盘价是 96.26 美元。8,000 美元除以 96.26 美元，表明你需要买进 83.11 份 IJR。但是，你认为 83 份 IJR 与 83.11 份相差无几，更易追踪。所以，通过限价单，你将 IJR 的买进价格设定为 96 美元，并买进 83 份 IJR。如果按照这个价格成交，需要 7,968 美元的现金。

市价单和限价单

《股市投资精要指南》（*The Neatest Little Guide to Stock Market Investing*）说明了市价单与限价单的区别。

市价单"能够指示经纪人以当前的卖出价（ask price）买进某种证券。这是市价单的意义所在。买卖任何金融产品时，你的买进价就是你的交易订单到达交易所时的成交价格。当代通信已经十分发达，即使成交价格与市价单的设置价位并非完全相同，也会非常接近"。在上述

IJR 的例子中，如果你设置了市价单，通过市价买进 83 份 IJR，而第二天 IJR 的开盘价是 96.09 美元，你可能会以 96.09 美元的精确价位买进 IJR。如果你的订单没有按照 96.09 美元的价格成交，成交价也会很接近，可能是 96.05 或 96.15 美元。

现在，我们开始探讨限价单。我首先在此强调：市价单很简单，"3%信号计划"完全可以接受市价单。通过限价单，可以行之有效地获得更好价格。由于"3%信号计划"按照季度交易，时间跨度很长，而限价单提供的微不足道的价格改进意义不大。就算在某个季度里限价单提供了实惠，在下一个季度，可能又被限价单的不利因素抵消了。综上所述，市价单更具吸引力。

但是，限价单也是一种有效的买卖方式。我们将探讨限价单在"3%信号计划"中的运行原理。限价单会通知经纪人"按照你指定的价格或者更好的价格买卖证券。如果你指定以 10 美元的价格卖出一支股票，你的经纪人将以 10 美元或更高价格卖出股票。如果你指定以 20 美元的价格买进一只股票，你的经纪人会以 20 美元或更低价格买进股票。"在上述 IJR 的例子中，你可以使用限价单，通知经纪人以 96 美元或更低的价格买进 IJR，并持有这张订单，直至你取消这张订单。限价单分为两种——当天有效限价单和长期有效限价单（GTC）。当交易日结束时，当天有效的订单就会失效，也不必考虑它的订单条件是否得到满足。长期有效单却会持续生效，直到满足了成交条件或者超过了长期有效单的有效期。长期有效单的成交条件可能永远无法满足。不同经纪商的长期有效单的默认有效期也是不同的。富达的默认有效期是 6 个月，TD Ameritrade 的默认有效期是 4 个月。其他经纪商的有效期也各有不同，最长有效期是 6 个月。

在每个季度末，你都能查看股票账户的余额和 IJR 收盘价，从而确定余额是否高于3%的增长目标，进而确定卖出或买进的股票基金的数量，并重新设置目标。如果你将限价单设置为"在 96 美元买进 83 份 IJR"，并且成交价正好是 96 美元，你的股票余额将是 7,968 美元。而本季度的3%增长目标是8,207美元。就是7,968+3%*7,968，或者是7,968乘1.03，得到8,207美元。计算IJR在本季度的目标价格也很容易：96美元+3%*96，或者96乘1.03，就得到98.88美元。如果IJR的交易价格低于98.88美元，你的余额就低于8,207美元，你需要买进更多的IJR。如果它正是98.88美元，意味着你的余额恰恰是8,207美元，你就不必做出任何变动。如果IJR价格高于98.88美元，而你的余额高于8,207美元，你就需要卖出一些IJR。

简而言之，我们将这个季度的价格设定为97.74美元，你的83份IJR小型股指基金的价值是8,112美元。这比目标余额低了95美元，所以你需要在IJR价格为97.74美元时，买进价值95美元的IJR。从技术上讲，你只需要买进0.97份IJR就行了。但在现实生活中，为了简单方便地设置市价单，你通常会买1份IJR。如果你在第二天以97.75美元的价格买进，你就拥有了84份IJR小型股指基金，其价值为8,211美元，非常接近8,207美元，足以完成这个季度的目标。至于下个季度的目标，是在新的8,211美元的余额基础上，再度增长3%，最终达到8,457美元。

假设当前正处于一个强劲上涨的伟大季度。"无效专家"欢呼雀跃，热议着图表中的那些看涨的技术突破，并且提高了目标价位。对你而言，在这个季度结束时，却会一如既往地屏蔽了这些专家喋喋不休的评论，只关注价格数字。IJR在本季度的收盘价是109.48美元，你的84份IJR小型股指基金的价值是9,196美元，远远超过了8,457美元的目标。实在太棒了！你需要在本季度卖出超额利润——739美元。739美元相当于6.8份的IJR小型股指基金，你可以取整数卖出7份IJR。

当"3%信号计划"的季度程序运行至此，可以想象出你放下铅笔停下来思考。你开始自言自语："感觉不错呢，我顺着上涨趋势持有IJR，现在它都涨到109美元了，并且走势还很强劲。或许，我应当忽略这个季度的卖出信号。"这就是苛求完美了。你可能希望我讲授一些控制心态的课程——坚持计划的重要性，忽略人类容易干涉的本性，等等。放心吧，记住，"3%信号计划"有一个优点：既提供了理性信号，也会承认你的情绪弱点。对于你不时涌起的打算改变数字的冲动，"3%信号计划"同样也会处理。你的情绪冲动十分正常，当你看到股市上涨，利润攀升，你自然期望这种上涨势头尽量持久。当你稳坐不动，美滋滋地琢磨着从IJR火箭般飙涨的价格中赚到更多钱时，有一个好消息传来——有一种方法，能够让你坚守"3%信号计划"的同时，也能满足你的干涉愿望。我们将在后文讨论这个话题。

跟踪止损和其他交易战术

通过市价单或限价单，可以买卖证券。采用市价单以当前价格卖出IJR时，如果是交易时间之后下单，第二天开盘时就会成交。一般来说，成交价格与上一交易日的收盘价非常接近。在本例中，你将访问经纪商网站的"交易"区，填写表单，决定以市价单卖出7份IJR小型股指基金。如果IJR的成交价格是109.50美元，卖出7份IJR之后，你持有的IJR总数量就变成了77份，你的现金将增加至767美元（卖出7股IJR，卖出价格109.50美元）。然后，你将这些现金存入债券基金。新的IJR小型股指基金的余额是8,432美元。下个季度的目标是比8,432美元的余额多出3%，也就是8,685美元。

即使看涨股市，但是股市的上涨力度却超出预期，毫不停顿地大幅上涨呢？举例来说，如果你在109.50美元时卖出了IJR小型股指基金。两周之后，IJR价格上涨到114.50美元，让你心生挫败。要知道，如果继续持有7份IJR将多赚35美元。这还不打紧，毕竟你在这个季度只卖出了7份IJR。按照"3%信号计划"，用不了多久，你就需要卖出70份IJR，最终达到700份。7份IJR就能让你错失35美元的利润。如果卖出数量更多70份和700份IJR，你将分别错失350美元和3,500美元。

通过跟踪止损单，能够让你坚守"3%信号计划"的同时，避免卖得过低。我在《股市投资精要指南》（*The Neatest Little Guide to Stock Market Investing*）一书中讲解了跟踪止损单："跟踪止损单的专长是在持续的上升趋势中，能够稳稳地持有股票。股价上涨时，跟踪止损单能够在价格下方跟踪着价格。当价格开始下降时，它就锁定某个价位。通过跟踪止损单，你可以设定一段与当前价格保持的距离。当股价下跌达到设定的距离时，移动止损单就会生效并让你的订单出场。和所有停止单一样，跟踪止损单可以是按照当前价格卖出的市价单，也可以是按照指定价格卖出的限价单。当你设定与当前价格保持的距离时，可以采用美元金额或者百分比单位。我更喜欢后者。美元金额越大，或者百分比越大，订单的触发可能性就越小——但是，在你卖出之前，需要接受较多的损失。10%幅度的跟踪止损单是一个典型代表。"

当"3%信号计划"需要卖出7份IJR小型股指基金时，从技术上讲，应该采用市价单。由于股市正在强劲上涨，而你期望从上涨趋势中获得更多利润，所以你不想使用市价单，而是使用跟踪止损单卖出7份IJR。如果你采用了10%幅度的跟踪止损单，当IJR从季度收盘价109.48美元下跌10%，到达98.53美元时，你可能就会失去全部的季度利润。这个结果非常糟糕，由于"3%信号计划"只寻求每个季度3%的利润，所以你可以使用跟踪幅度更小的"紧密型"止损，比如1%或2%幅度的跟踪止损单。

假设你在本季度取得了优异的绩效，能够承受IJR下跌2%的损失，并期望以更高价格卖出IJR。在设置了2%的跟踪止损单之后，最大风险就是IJR立即下跌2%——从109.48美元，立即跌至107.29美元。原本通过市价单在109.50美元的价格卖出7份IJR将收获767美元，现在，由于IJR下跌2%只能收获751美元。再来看乐观的例子。你相信理想情景终将发生，所以你选择使用跟踪止损单，而非市价单——因为你认定IJR将继续上涨。每次上涨，都提升了跟踪止损单的卖出价格，使之到达更高的价位，从而锁定了更多利润。

我们将乐观地思考，并设置一个更为美好的季度的例子。假设设置了 2%幅度的跟踪止损单之后，IJR 将从本季度的收盘价 109.48 美元上涨到更高价格，以下是新的 2%幅度的跟踪止损单的价格：

表 36　伴随着 IJR 价格上涨，2%跟踪止损位也抬高了

IJR 最高价	2%幅度的跟踪止损价格
＄111	＄108.78
＄113	＄110.74
＄115	＄112.70
＄120	＄117.60
＄130	＄127.40

在这个值得回忆的季度里，IJR 小型股指基金上涨了 19%，从 109.48 美元涨至 130 美元。然后在 2003 年第二季度，IJR 上涨了 20%。在同一年的第四季度，它上涨了 14%。在 2009 年的第二和第三季度，股市从次贷危机的崩盘中开始反弹，分别上涨了 22%和 18%。2010 年第四季度，上涨了 16%，2011 年第四季度，上涨了 17%。有时会出现大幅上涨的季度，甚至数个季度都会持续上涨。如果你有疑虑，当持续上涨的趋势刚刚启动时，你可以动用一些利润来冒险，通过一张跟踪止损单可以押注价格涨得更高。你现在已经明白，你对于持续上涨局面的判断错误率是 50%。对此，我们暂时按下不提。

表格显示，每次价格上涨都能抬高跟踪止损单的价格，并与当前价格保持指定距离。本例中的跟踪止损是 2%，如果 IJR 滑落到跟踪止损单锁定的最新价格，你就在锁定价格卖出 IJR，这种情况经常发生。当价格回落，打掉移动止损单之后，后市继续上涨的情况也会发生。在这张表格的价格历史中，IJR 向上触及 115 美元后，回落至 112.70 美元，此时最容易打掉移动止损单。等你卖出并不再持有这 7 份 IJR 时，IJR 却延续上升趋势，继续向上冲至 120 美元和 130 美元，创造了新的

辉煌。

打掉止损单的情况经常发生。跟踪止损单很有效，却并非万能。股市擅长在你最不期望的方向上发足狂奔。如果是短期趋势，它又能打掉你最想保住的跟踪止损单，然后立即恢复早先趋势，从最大程度上挫伤你的信心。投资者调侃说，论起打击最多投资者群体的全部事情，股市都能干得出来。如果在 112.70 美元的价格打掉了移动止损单，然后 IJR 继续跌到 102 美元，这时你不会心烦意乱。可是，在 112.70 美元的价格打掉移动止损单，然后价格到达 112.68 美元的底部之后，立即向上涨升，这时你就感觉很恶心了。糟糕的是，打掉止损就回头的情形经常发生。

举个例子，回到令人惊叹的 2009 年第二季度，IJR 在这个季度共计获得了 22% 的收益，4 月 7 日，它下跌了 3.7%，并将会触发 3% 幅度的跟踪止损，或者价格将回落至前一天收盘价稍低的位置。由于 IJR 跌了 4%，跌到了 4 月 7 日的低点。而 3% 幅度的跟踪止损订单正是你在"3% 信号计划"可能使用的宽松止损。更为糟糕的是，IJR 在后面两天里反弹了 8%——是的，两天反弹 8%。在令人窒息的双日大涨之前的一天，发生了暴跌。3% 信号能够避免在暴跌当天止损出局。第一季度末，它就发出了大量买进的信号，而非卖出信号。这是一个正确的提示。

在"3% 信号计划"中，2009 年第三季度能够引发最为剧烈的挫败感。股市在第二季度上涨了 22%。如果你有强烈的感觉，认为股市继续上涨，你可能为 IJR 小型股指基金设置 2% 幅度的跟踪止损单，回应"3% 信号计划"的大量卖出信号。在第三季度的首日，也就是 7 月 1 日，IJR 抵达最高点 45.50 美元，2% 幅度的跟踪止损单锁定了 44.59 美元的触发价位。猜猜看，IJR 在第二天的开盘价是多少？精确的 44.59 美元，正好触发跟踪止损单。三周后，IJR 的交易价格超过了 48 美元。第三季度的收盘价是 52.34 美元，涨幅高达 17.8%。这让我们极度沮丧，股市就像蠕动的虫子，有点恶心人呢。

这是止损单的老问题了。止损单设置过紧就会很容易出发，将部位止损之后，后市涨得更高。如果止损单设置过松，在卖出部位避免更大损失之前，就已经损失很多了。在"3%信号计划"中，你期望通过跟踪止损单从强烈的上升趋势中尽量赚到最多，满足你的情感需求。但是，跟踪止损单的帮助甚少，原因在于季度计划设置的是3%的利润率。显然紧密型跟踪止损单是最好的。大多数的跟踪止损单应该设定5%到10%的幅度，防止在随机的股市噪音中触发了跟踪止损单。这种宽松型的跟踪止损单在长线单中表现最好，而这些长线单已经涨了50%或者100%，有的甚至涨了十倍。如果股票在5年里已经增长了10倍，在卖出股票之前，你当然能够承受10%的下跌。当你在每个季度只打算获得3%或者略高的收益时，你就不能这样操作。总之，在"3%信号计划"中，紧密型的跟踪止损单通常只是情感安慰，在绩效上帮助不大。

跟踪止损单变得毫无价值了？并非如此。当你坚守"3%信号计划"时，如果跟踪止损单能够更好地控制投资，你就渴望在无效环境中拥有这种有所把握的感觉。跟踪止损单能为你带来安慰，却不会产生剧烈的伤害。使用紧密型止损的最坏结果，无非就是回吐了上个季度的一些利润。这是暂时的现象，只需要支付便宜学费就能得到市场教训。"3%信号计划"能够避免大的错误，因为它在任何季度都能限制了你卖出股票的数量。即使跟踪止损单遭遇了最坏情况，它也只会影响一小部分股票，而非全部股票。在本例中，你只卖出了84份IJR小型股指基金中的7份。无论这7份IJR的卖出价格如何，剩余的77份IJR将继续从持续上涨的价格中受益。

如果你决定在卖出时使用跟踪止损，一定要调整卖出股票的数量。所以，即使遭遇最坏的情况，也会让"3%信号计划"保持正轨。为了便于理解，来看这个例子。我们的投资组合开始使用更多数量的IJR小型股指基金。现在不是从84份IJR中卖出7份，我们假设有8,400份IJR，需要卖出700份。随着IJR的数量扩张，本季度的计划增长目标是 845,733 美元。当 IJR 收盘于 109.48 美元时，8,400 份 IJR 的价值达到了 919,632 美元，比增长目标超出了 73,899 美元。73,899 美元除以 109.48 美元的收盘价，显示你需要卖出 675 份 IJR。如果市价单的价格是 109.50 美元，那么你就能拥有 7,725 股 IJR，价值为 845,889 美元——接近 845,733 美元的季度增长目标。

然而你决定使用一张跟踪止损单试试运气。你设置了一个 2% 幅度的跟踪止损单卖出 675 份 IJR。季度收盘价为 109.48 美元，初始止损的触发价格是 107.29 美元。在无效性的环境中，经常遇到打掉跟踪止损单的情形。如果打掉了跟踪止损单，你需要在 107.29 美元的价格卖出 675 份 IJR，留下 7,725 份，价值仅为 828,815 美元——比 845,733 美元的目标低了 16,918 美元。这个结局显然不太好！

为了避免上述问题，需要调整卖出 IJR 的数量，以适应打掉跟踪止损单时的价格。当 IJR 价格为 107.29 美元时，你的 8,400 份 IJR 的价值是 901,236 美元，比季度增长目标高出了 55,503 美元。55,503 美元除以 107.29 美元，你就需要卖出 517 份 IJR。你会针对 517 份 IJR 的数量，设置 2% 幅度的移动止损单，而不是你按照季度收盘价得出的 675 份的卖出数量。现在，即使打掉了跟踪止损单，你需要在 107.29 美元的价格卖出 517 份 IJR，你还剩下 7,883 份，价值为 845,767 美元——足够接近 845,733 美元的目标。

如果出现了理想状况，结果如何呢？本例也展示了理想状况。你的投资得到上天的眷顾，IJR 爽快地上涨到 120 美元。在上涨至 120 美元的途中，没有发生 2% 回落，所以没有触发你的跟踪止损单。直到 IJR 的价格抵达 120 美元之后，才下跌 2%，到达 117.60 美元。这时，你会卖出 517 份 IJR，卖出价格为 117.60 美元，你的债券账户增加了 60,799 美元。你仍然持有 7,883 份 IJR，价值为 927,041 美元，比本季度增长目标多了 81,308 美元。没有人会对此抱怨。

你仿佛已晋身为投资行家和市场大师，先沉浸在这种美妙场景中，体味一番幸福感吧。你持有 517 份 IJR 小型股指基金，期望在卖出它们之前能够等来更多利润。同时，你也不打算冒险破坏完整的"3%信号计划"。只有杜绝冒险，完整地执行"3%信号计划"，才能展示你的真正实力。等待更高的卖出价格需要幸运，但是通过这种方式设置移动止损单，坏运气就不会造成任何伤害——就需要技巧了。我们成功地将IJR卖出了更高价格，可是在欣喜之余却不必提及这种设置订单的技巧。"无效专家"才不这样干呢！

在那些需要买进IJR的季度呢？值得为了更好的价格而努力吗？当然值得。当季度收盘时，如果股票基金的余额低于增长目标，你需要买进一定数量的IJR小型股指基金。如果你认为IJR价格继续下跌，你可以设置一个限价单，并使限价单的价格低于当前的交易价格。只要限价单的价格与季度收盘价不会距离甚远，通常就是可行的。这是利用股市固有的波动性的方法。股市波动性较高时，能够打掉很多紧密型的跟踪止损单，却能帮助紧密型的买进限价单成交。

例如，如果IJR的季度收盘价是98.45美元，你需要买进320份IJR小型股指基金，这时你可能会设置一个97美元的价格买进的限价单。就像你调整卖出订单以适应最坏情况那样，你将这个买进订单调整至它将要成交的价格，而不是当前市场价格。如果你打算以98.45美元的价格买进320份IJR，那么，使用相同数量的现金，你需要以97美元的价格买进325份IJR。

风险在于，IJR在开始上涨之前从未向下抵达你设定的97美元。如果那样，在IJR上涨时，你需要投入现金而不是袖手旁观。为什么最好采用紧密型的限价买单？原因在于任何低于2%的IJR价格都意味着良好的成交机遇。距离97美元越近，成交机会越多。例如，当IJR到达98.45美元时，设置在98美元的限价买进订单很有可能成交。98美元相当于最新收盘价98.45美元下跌了0.5%，这种波动性富有规律地产生。在调整IJR数量时，也不需要做出重大修改，直接使用321份代替320份IJR就行了。

如果你对限价单的用法感到天晕地眩，暗暗思忖："真见鬼啊，我宁愿在每个季度都不调整价格和数量。"这时你只需坚持使用市价单，并且跟随"3%信号计划"的行动。对于初次使用"3%信号计划"的人来说，最常见的做法就是自作聪明地使用跟踪止损单卖出，使用宽松型限价单买进。经历了多次最坏情形之后，他们终于明白这种做法只会招致麻烦。然后，他们开始学会了使用市价单卖出，使用紧密型限价单来买进。没有比股市本身更好的投资导师了，所以可以理解他们的这番过程。懂得50%失败概率的知识是一码事，深入骨髓的体验和投入真金白银的感受却是非常不同的。

值得强调的是，"3%信号计划"能够充当你的试验安全网。你可以继续尝试任意价位的限价单和跟踪距离。最坏结果无非就是：你损失了股票余额中的少量资金，或者在一个卖出季度里，损失了全部的季度利润；或者在买进季度里，彻底错过了买进价格。然后，你会摇摇头，咕哝几句："和我的想象不一样啊。"然后在后续季度里解决问题。生活总有挑战，这不算什么。

雇主退休账户

许多雇主提供或者"赞助"退休计划。它们有时被称为"固定供款计划（defined contribution plans）"。因为你需要把一定比例的工资投入退休计划中。等你确定了相应金额之后，雇主会自动地从你的工资中扣除相应金额的现金，补充到你的退休账户中。有些公司还提供匹配资金，数额通常是员工补充现金的一部分，例如员工补充现金的50%。对于员工来说，公司提供的这笔匹配资金属于白白得到的钱，无论投资策略如何，每个人都应当让这笔钱发挥最大效益。最常见的雇主退休计划包括：面向公司雇员的401（k）计划、面向大多数非营利组织和部分公共教育系统的403（b）计划、面向非营利组织以及州和市政雇员的457计划以及面向联邦雇员的"节俭储蓄计划"（TSP）。

超过5,500多万美国工人积极地参与了401（k）计划，这是你经常听到的类型。然而，除了退休计划的类别不同，所有计划都是相似的。对于使用这些退休账户运行"3%信号计划"的问题，其实很容易探讨。

通过"智能401（k）投资"网站的相关页面，金融行业监管局（FINRA）解释了大多数账户的投资情况。在你的退休计划中，你至少拥有3种投资选项，甚至可能超过100种投资选项。平均每种选项有8到12种的替代选项产品。这些投资通常是共同基金，不过，有一些退休计划与经纪账户相似，能够让你买卖全部股票、债券、基金、年金产品，等等。许多雇主提供了匹配的补充现金，员工可以在合适的时候使用它们进行投资。如果雇主选择了补充现金的投资方式，通常主张员工需要投资于公司发行的股票。金融行业监管局提醒说，使用雇主退休账户极易出错。投资选项越多，在权衡你的目标和风险承受能力时，组建正确组合的难度就越高。你需要把这件事做好。

这种现象非常典型：投资品种纷纭繁多，让人眼花缭乱。个人退休账户就面临着这样的问题。很多人并不熟悉金融，可是他们面前却摆满了各种市场投资产品。一些人甚至对股票的字面含义都一无所知。很多人的工作领域和金融素无关联，对金融也缺乏兴趣。这类退休计划却期望他们能够面对复杂的金融市场，采用大量的金融工具，来照顾他们用来退休的储蓄。毫无疑问，许多人的投资生涯将以失败告终。有人在类似2008年的次贷危机崩盘的大熊市中，承担了过高的风险和痛苦。而有人不愿意冒险，在结束了一生的劳苦工作之后，退休账户中资金寥寥无几。

然而，个人掌管退休计划正是社会的发展走向，最初是传统养老金计划的美好时光。那时雇主为你的养老金计划提供了所有资金，制定了所有投资决策，承担了所有投资风险，处理了所有管理细节。到了当前，你的个人退休计划主要由你投资，由你管理，结局通常以司空见惯的失败告终。正是这种原因敦促我写下了本书。

人们总是误打误撞地闯进了那些积极管理资产的金融蠢材的地盘。

其实，只需要运行一项万能的简单计划就能取得胜利，就算是那些对变幻莫测的股市毫不关心的人也能运行这项计划。我在金融行业越久，越认为所有人都应关注这项简单计划。在金融市场中，来自四面八方的丑闻，"无效专家"在疯狂奔走，"完美彼得"在各个角落的窃窃私语，随着时间的推移，资产价格变得越来越容易受到操控……对于所有缺乏准备的人来说，股市能够毁坏他们的生活。不幸的是，雇主退休计划中的大多数参与者都毫无准备。这不是他们自己的过错，他们也无意成为金融家，但是社会却认为每个人都应该成为金融家，显然对大多数人期望过高了——除了这个显而易见的事实之外，谁会是这种局面的受益者呢？当然是那些收费的"无效专家"了。

许多退休计划的投资者不堪重负。幸运的是，"3%信号计划"准备提供援助。无论你的投资选项可能相当受限，还是你在开放市场中有着广阔选择，"3%信号计划"都能奏效。你只需要一只安全基金和一只股票基金，最好是小型股指基金。不过，普通股指基金也能凑合。

对于个人退休计划和雇主计划退休的投资者来说，他们面临着一个难题：要想节省费用，就需在从大量投资选项中筛选出成本最低的投资。但是投资选项越多，越让人不知所措。最终结果是：很多人最终迷失在选择的海洋中，过度分散化；很多人没有掌握绩效优势，只能胡乱应付；很多人被迫选择了极为有限的投资选项，却支付了昂贵的费用。"3%信号计划"并不需要大量的投资选项，只需要费用最低的两种基金执行"3%信号计划"。然后，你就不需要关心退休计划中的其他投资选项了。对于这种情况，投资行业对你三缄其口，但我实实在在地明白真相。如果你的退休计划只有费用高昂的少数投资选项，我们也尽力做到最好。

任何人都能在他们的雇主退休账户中，轻易地开启"3%信号计划"。你将发现，现实生活中有一些退休计划，这些退休计划与你自己的雇主退休计划有相似之处，所以，你也能立即使用"3%信号计划"中的操作方法，并将市场压力抛在脑后。

私营部门

在我们探讨401（k）计划之前，我先披露一个事实。当我向一些公司询问退休项目的具体细节时，遇到了麻烦。我会说明他们不愿意透露细节的原因，从而让你更加智慧地理解世界的运转之道，特别是金融世界。当低成本的指数基金应用于"3%信号计划"之后，你将变得睿智机敏，远离了那些江湖骗子。他们骗了人们很多钱。

401（k）账户的细节

在某天的晚餐聚会中，一位朋友告诉我，他对自己无所作为的401（k）账户感到沮丧，想尝试新的投资方法。

"你为什么不使用3%信号呢？"我建议道。朋友说他的401（k）账户找不到IJR小型股指基金，所以没法应用"3%信号计划"。

"3%信号管用，"我回答说。"把你的401（k）手册发给我，我会选出效果最好的基金，让它成为IJR的最佳替代品。"

他在第二周就传来了公司的401（k）资料。我花了两分钟时间去寻找费用最低的债券基金。这样，他的资金安全就有保障了。我也找到了费用最低的IJR替代品。然后，我俩一起寻找和选定这些投资选项。在这个过程中，我注意到他脸上的表情亮了，就像看见巨大的金手指从天堂降临，指引着他：通过账户中早就存在的同类金融工具，建立起有效的"3%信号计划"。"就这样吗？"他问我。"就靠这两支基金吗？"

"是的，只需要这两支基金。"我确认。

朋友如释重负。我能看出，日益缩水的退休账户是他的沉重负担。他遭遇了熊市的打击，牛市来临之后又没有充分投资。他采纳了公司手册中推荐的通用配置，但是绩效平平。在阅读了投资媒体的文章后，他又试图集中投资那些"热门"基金。一如既往地，这些所谓的"热门"基金，都是在崩溃前夜才会广泛宣传。我的朋友就这样沦为了"完美彼得"和"无效专家"的牺牲品。在401（k）账户中，他再也不会重蹈覆辙。他的平静心境让我欣慰。

这次经历让我萌生了一个想法：我需要详细检查现实生活中的一系列 401（k）计划和其他的雇主计划，并且展示 3%信号可以轻易地应用于这些计划。然后，我要把结果分享出来，让人们找到与其境状相似的范例，然后跟随这些范例尝试"3%信号计划"。我想，不妨先从朋友公司开始。他已经取回了我为他标记的手册。过了几天，我希望向他索取一份公司 401（k）材料的副本并保留下来。

"把我们公司的 401（k）计划，写到你的书里？"他问道。听到了我肯定的答复之后，他有所踌躇。"我现在不能给你肯定的答复，我需要和人力资源部门联系，他们对这种曝光很紧张。"我也向另一位朋友提出了同样的要求，他同意提供公司材料的副本，但是警告说："我们有一个非常厌恶风险的高管团队。"他解释说，高管们并不欢迎公众详细地阅读这份福利计划的细节。我多次遇到这个问题。

小提示：

> 401（k）账户是有代价的
>
> 2012 年 5 月，一家名为 Demos 的公共政策组织发表了一份长达 18 页的报告——《退休金外流：401（k）计划中的潜藏和过度的费用》(*The Retirement Savings Drain: The Hidden & Excessive Costs of* 401（k）*s*)。分析师罗伯特·希尔史密斯（Robert Hiltonsmith）介绍了这项关于费用的主题。他问道："你为退休计划支付了多少费用，你清楚吗？"许多美国人在 401（k）计划中为了保障退休生活而存钱，他们通常都会回答说"不知道"。美国退休人员协会的一项调查发现，65%的 401（k）账户持有人都不清楚他们支付了多少费用。83%的 401（k）账户持有人，也就是每 6 个人中就有 5 人，甚至对于其支付的大量费用缺乏基本常识。
>
> 这份报告的关键结论包括：

- 以一个双职工家庭为例。在工作期间，男士和女士都赚到了按性别划分的中位数收入。在 401（k）账户中，他们支付的费用和错失的回报加起来，平均达到 154,794 美元。
- 在收取费用之前，典型的共同基金可以提供 7% 的回报率。这个结果与股市的平均回报率匹配。然而，共同基金的费用却占到了总回报的 1/3 以上，使得绩效仅仅达到 4.5%。
- 在 401（k）计划中，如果计划参与者低于 100 位，中等费用比率是 1.29%，如果计划参与者超过 1 万名，中等费用比率是 0.43%。

鉴于这份报告的发现，难怪希尔史密斯得出如下结论："对于工人来说，401（k）计划是一笔非常糟糕的买卖。"

我不再向朋友索取计划，改为直接联系公司，看看我是否得到豁免，可以在写作中探讨这类计划。"我们不会公布任何福利细节的。"接待我的公司代表甚至都没有请示董事会就生硬拒绝了。他们还让我对其公司冠以美誉——"领先的互联网技术公司""主要油田服务公司"或者"美国中型零售商。"其中有些公司是著名的行业巨头，我们经常与之稳定地打交道。有些公司却鲜为人知。在探讨员工退休计划的详情时，却没有一家公司允许我列出公司名称。事实上也无人能够提供计划的细节。有些人甚至对我不屑一顾："如果你想搞白这项退休计划，干脆来我们公司找份工作吧！"

我绕了一个大圈又回到了起点。然后我就通过读者邮件和其他联系方式，向数千名雇员索取资料。结果成堆的手册和报告蜂拥而至，经常留有提供者的备注，要求我——"解开这团乱麻"和"请为我正确清晰地指明方向"。绝大多数的资料都提出了警告，希望永远不要列出公司名称。这让我倍觉奇怪。难道这些公司不希望全世界都看到它们为员工提供了优质的退休计划吗？然后，我对读者发来的许多计划进行处理并做了对比，保密原因也变得清晰起来。

这是一个悲哀的发现，揭示了美国工人年复一年难以获得成功的原因，以及雇主对计划细节三缄其口的秘密。很多糟糕的退休计划向员工收取了过高费用，并强迫员工通过有限的投资选项管理退休储蓄。让员工无处可去，管理投资的投资公司可真是开创了一项伟大事业。在某些情形下，员工的每种投资选择都会产生过高的费用和贫乏的回报。在检查你的具体计划时，这是需要牢记的关键教训。公司懂得成本问题，却不想向世界展示其计划向员工的退休投资收取了多少费用。公司无意降低费用，只是因为计划的参与者是员工，正是员工承担了全部费用。401（k）账户的费用构成对于提供赞助的公司没有任何意义，因为公司无须支付任何费用。所有的费用都由员工来承担。

现在，并非所有的退休计划都很糟糕。有些计划提供了优渥的福利，有些极为出色。对于那些提供了优质退休计划的公司，我本认为能够得到允许，可以说出公司名称，并将其计划当成光辉榜样，但是它们却拒绝了。这样，可口可乐的秘方、谷歌搜索算法、肯德基鸡肉配方，再加上401（k）账户的细节，就成为了美国公司保守得最好的秘密了。

我无意对公司A和公司B的计划进行公开比较。计划的具体细节与公司A和公司B的员工身份无关。重要的是你启动"3%信号计划"时，能够从退休账户中找到需要的金融产品，在获得更好的绩效的同时，也能节省费用。除了这些秘密，不同账户之间差别不大。我们将通过4项退休计划，来鉴别其中的细微差别。我们选取了从大型的航空公司到小型的营养补充品公司的4家公司展开说明。

航空航天和防务公司

这是一家飞机、卫星和导弹技术的制造商，员工超过了175,000人。它的401（k）计划管理着140亿美元的资产。根据该计划的披露文件，参与者可以"在任何时候，对账户余额直接投资。"对于改变配置或者下单交易的时间，也没有任何限制。员工通过登录就能进入网站进行投资。

买进股票之后，如果持有日期不足 15 个日历日，在获利卖出时就需要缴纳 15% 的短期赎回费。3% 信号在三个月里只交易一次，所以这些短期赎回费和其他短期交易费用都不是问题。该计划还提供了"无效专家"的建议。这些专业账户经理会收取滑动调节的费用。初始账户余额是 5 万美元，每年收取 0.40% 的费用。每增加 5 万美元，费用就下降 0.10%。等到账户余额超过 15 万美元，就开始收取最低费用——0.10%。费用似乎可以忽略不计，但事实并非如此。披露的案例显示，当账户余额为 13.8 万美元时，每月费用为 35.50 美元，或者说每年费用为 426 美元。这不会让任何人破产。但是，"无效专家"试图挑选市场时机，或者向你兜售服务，诱导你把资金投入那些昂贵的基金选项里。你又何必为 50% 的错误率买单呢？每月 35 美元的费用可以省下来，你不妨和某人一起去看电影；或者把它积累几年，然后出去度假。

这项 401（k）计划提供了 14 只基金，分布在普通类别中：债券、股票、房地产和雇主的股票基金，再加上 9 只所谓的基于年龄或目标日期的基金。后者是很受欢迎的方式，它降低了和退休相关的投资压力。一位基金经理会根据投资者的年龄或距离退休的年限，进行资产配置。投资者的年龄和距离退休的时间通常密切相关。对于大多数的 20 来岁的人来说，距离退休还有大约 40 年。50 来岁的人距离退休还有大约 10 年。当工人年轻时，以年龄为基础的基金向股票配置更大的百分比；当工人年老时，他们的股票配置就会少一些。很多基金确定了退休的目标年份，比如 2040 年，因此，也被称为"目标日期基金"。

这个想法是，如果你打算在 2040 年退休，你就把钱存入 2040 年的"目标日期基金"。然后，你放心地休息，接近 2040 年的时候，它的资产组合将会正确调整。该公司在 2013 年提供了 9 支类似的基金，它们的目标日期从当前直至 2050 年。在 401（k）账户的其他金融产品中，有一支罗素 2000 小型股指基金，可以应用于"3% 信号计划"的股票部分。这项特别产品的费用也很低,费用比率仅为0.07%,远远低于"无效专家"管理基金的费用。通常而言,便宜的、未经管理的指数基金绩效更好。这只基金是"3%信号计划"的优质选项。下表展示了该退休计划截至2012年底的拥有10年以上追踪记录的基金,并通过平均年度绩效进行了比较,以下为绩效情况和费用比率:

表37 航空航天防务公司401(k)计划的基金比较

投资	1年	5年	10年	费用
科技基金	16.0%	3.4%	7.7%	0.67%
稳定价值基金	2.7%	3.4%	4.2%	0.29%
罗素2000小型股指基金	16.5%	3.8%	9.7%	0.07%
国际指数基金	18.1%	-3.3%	8.4%	0.13%
标普500指数基金	16.0%	1.7%	7.1%	0.05%
平衡指数基金	12.0%	3.1%	6.2%	0.08%
债券市场指数基金	4.1%	6.0%	5.2%	0.06%

注意,科技基金虽然被视为高绩效基金,可以却被股市指数基金击败。科技基金有着高大上的名字,人们期待这种未来的名牌基金能够产生在聚光灯下万众瞩目的优异绩效,最终绩效却难尽如人意。对于罗素2000小型股指基金来说,貌似业余、单调、缺乏管理、俯拾可得。可是,它的绩效在任何期间都优于科技基金——费用还降低了13倍。毫无疑问,小型股指基金符合你的选择条件。

对于"3%信号计划"的安全部分来说,债券市场指数基金非常好,费用是微不足道的0.06%。

以年龄为基础的基金收取高额费用。当前日期基金收取0.33%的费用,直至2050"目标日期基金"收取0.42%的费用。大部分的"目标日期基金"只是将指数产品进行整合,并收取额外的费用。因为"3%信号计划"直接使用了低成本的指数基金,通过每个季度的买卖来提升绩效。和基于年龄的"目标日期基金"相比,"3%信号计划"是更佳选项。如前所述,"3%信号计划"是一个简单的程序,在你接近退休时能够降低股票部分的投资,并且不需要付费。

总而言之,这家航空航天与防务公司的员工可以给退休计划点个赞,因为它包含了低成本的指数基金选项。这只小型股指基金能够应用于"3%信号计划",产生出类拔萃的绩效,并且仅仅收取0.07%的费用。然而,糟糕的行业数据显示,在该公司员工当中,典型的401(k)账户投资者大都选择了费用较高的投资选项。

油田服务公司

这家油田服务巨头雇佣了10多万员工。它的401(k)账户管理着45亿美元的资产。

就像上节的航空公司401(k)账户一样,这家油田服务公司的退休计划同样提供了目标日期型基金。这样,参与者也就避开了对投资进行选择的压力。这些目标日期型基金于2013年6月被引进,"提供了一项单一退休投资组合,以服务于以下类型的计划参与者:他们倾向于投资一个投资选项,并让代表其利益的专业人士去管理投资"。[引用文字来自《公司员工退休报告(2013年春季版)》]。目标日期投资组合中的三个资产类别是成长型资产、绩优型资产和通货膨胀敏感型资产。

除了基于年龄的投资组合外,401(k)账户还提供了精选的其他投资选项,包括本项退休计划的稳定价值策略、大盘股策略、通胀敏感策略,以及单一股票基金,涵盖了以下基础类别:标准普尔500指数代表的大型股、中型股、小型股、非美国股票。倒数第二项通常是我们需要的小型股基金,但该公司的401(k)计划的小型股基金是一只积极管理的基金,并不是指数基金。而指数基金的绩效一如既往地远远胜过"无效专家"们提供的服务计划,而且更便宜。我从文献中获得了截至 2013 年 3 月 31 日的最新数据,以下是罗素 2000 小型股指基金与该退休计划的小型股基金的对比。来看年化业绩和费用:

表 38　油田服务公司 401(k)计划的基金比较

投资	1 年	3 年	5 年	10 年	费用
小型股基金	13.1%	11.6%	9.2%	10.5%	0.87%
罗素 2000 小型股指基金	16.3%	13.5%	8.2%	11.5%	≤ 0.16%

在 4 个对比时期中,未受管理的指数在三个对比时期都轻松击败了该退休计划的积极管理的小型股基金。显然,这只小型股基金在进行抛硬币式的预测时,出现了多次错误。的确,错误的预测结果能够连续出现。更为糟糕的是,"无效专家"管理基金的年度费用是 0.87%,比 IJR 的 0.16% 高出 5 倍以上——这就是买进这只小型股基金的服务费用,要知道它在 3/4 的时间里都输给了指数基金!这还不够,请记住,在低成本的小型股指数里面,IJR 的 0.16% 费率算是高的。在油田服务公司的这项计划中,"无效专家"管理的小型股基金的费用,是联邦政府 TSP 计划同类产品的 32 倍。对于 TSP 计划,我们将在后文予以更多探讨。积极管理的基金只是简单地进行剽窃同类产品罢了。

如果我是这家油田服务公司的雇员,我会要求增加一个普通小型股指基金的选项。例如,需要加入 IJR 小型股指基金或其他比较便宜的同类产品。它能从循环的怪圈中剔除"无效专家",并让我们以低廉费用拥有绩效更好的原始指数基金。同时,我将中型股指基金应用于"3%信号计划"。下方表格再次使用了 2013 年 3 月 31 日的数据,对应用标准普尔 500 大型股指数的"3%信号计划"、应用中型股指数的"3%信号计划""无效专家"管理的替代方案,在年化绩效和费用上进行了比较:

表39 在油田服务公司401（k）计划中，指数基金的绩效更佳

投资	1年	3年	5年	10年	费用
大型股增长基金	7.9%	12.8%	5.3%	7.8%	0.51%
标准普尔指数500大型股指基金	13.8%	12.5%	5.7%	8.4%	0.13%
小型股基金	13.1%	11.6%	9.2%	10.5%	0.87%
中型股指基金	17.7%	14.9%	9.7%	NA	0.15%

很容易做出选择。中型股指基金的绩效优于其他基金，也击败了"无效专家"管理的小型股基金。中型股指基金的费用是比较低廉的0.15%的费用，比标准普尔500指数基金的0.13%略高。将中型股指基金应用于"3%信号计划"，属于401（k）账户的最佳投资选择。在"3%信号计划"的安全部分，员工可以选择费用低至0.15%的债券指数基金。2008年，债券基金上涨了5.4%，而标准普尔500指数下跌了37%，罗素2000指数下跌了34%。

体育用品零售商

这家公司在美国经营着500家体育用品商店，大约拥有15,000名员工。它的401（k）资产达到7,500万美元。其退休计划也提供富国银行管理的以年龄为基础的投资组合。富国银行的净费用比率介于0.60%至0.70%，费用非常高昂。

该计划还提供了一系列的国内股票投资选项，其中有一支适用于"3%信号计划"的小型股指基金——先锋小型股指基金，费用为0.28%。该计划也包含一个"无效专家"管理的投资选项，费用为1.48%。很多投资者支付了超出5倍的费用，去购买一支低于平均绩效的产品，他们甚至不知道还有更好的投资选项，实在太可怜了。跟随"无效专家"落得如此下场。以下是2013年7月底的两只小型股指基金在跟踪总回报和费用上的对比结果：

表 40 体育用品零售商 401（k）计划的基金比较

投资	1 年	3 年	5 年	10 年	费用
无效专家管理的小型股基金	25.6%	15.1%	5.5%	11.0%	1.48%
先锋小型股指基金	33.3%	21.8%	10.5%	11.2%	0.28%

信不信由你，有些人支付了 1.48% 的费用，却仅仅获得了低劣的"无效专家"绩效。事实上，他们只需要付出 0.28% 的费用，就能获得更为出色的指数绩效。

无论选择哪种计划，我们都会选择成本便宜的优质投资选项，需要永远锁定最低费用。有一个很好的经验法则，就是避开任何费用超过 0.75% 的基金。指数基金的费用通常不到 0.30%，经常大幅低于 0.30%。

这项退休计划的确提供了一个相当便宜的小型股指选项，但是成本还没有合理地降低。我们从其他计划甚至零售经纪市场获知，费用可以低于 0.20% 甚至 0.10%。对于一家拥有 1.5 万名员工的公司来说，需要努力寻找成本更低的 401（k）计划。如果我是一名员工，我就会提出这样的要求。

另外，这项 401（k）计划的参与者如果使用 3% 信号，就需要选择小型股指基金。"3% 信号计划"的安全部分可以选用先锋中期债券指数基金。在截至 2013 年 6 月 30 日的三年里，其年化回报率为 6.6%。费用比率是 0.22%。

某营养品制造商

这家营养品制造商雇用了 350 名员工，它建立了一个由 25 万名独立销售人员组成的多层次网络，用来销售产品。在《商业周刊》和《福布斯》的小型企业调查中，该公司的排名非常领先。它的 401（k）计划管理着不到 1000 万美元的资产。

不幸的是，其 401（k）计划仅仅向员工提供了费用过高的平庸产品。从它的平衡基金，到以年龄为基础的基金，再到市场基金，都处于"无效专家"的控制之下。过高的费用换来的却是平庸的绩效，该公司的员工需要服用自家生产的营养品，来对抗401（k）计划必然引发的压力。

即使是指数基金的费用也过于高昂，竟然超过了0.40%。以年龄为基础的基金费用约为1.00%，而其他基金的费用则超过1%。以下是截至2013年7月底，该计划的指数基金与"无效专家"对等产品在跟踪总回报和费用方面的对比：

表41 营养品公司401（k）计划的基金比较

投资	1年	3年	5年	10年	费用
大型股收入基金	18.8%	14.4%	8.3%	8.1%	1.21%
标普500大型股指基金	24.8%	17.6%	8.2%	7.5%	0.42%
中型股价值基金	16.9%	10.5%	5.9%	9.4%	1.00%
标准普尔400中型股指基金	32.3%	18.7%	10.1%	10.5%	0.43%
小型股混合基金	23.1%	15.1%	7.8%	10.2%	1.16%
罗素2000小型股指基金	34.2%	19.9%	10.4%	10.4%	0.44%

美国的每位401（k）账户的投资者都应当牢记这张表格。在12个时间周期的对比中，指数基金都战胜无效专家管理的对等产品。大型股指基金在5年期和10年期的时间周期中，曾经发生了微不足道的损失，甚至不及费用导致的重大影响。另外，这一分组的最佳基金正是"3%信号计划"钟爱的类型。对于罗素2000小型股指基金来说，它除了在10年期间以0.1%的劣势输给中型股指基金之外，在余下的时间周期里，回报率都超过了其他基金。这是令人信服的证据。只要有可能就坚持使用小型股指数。

这项退休计划虽然包含一只小型股指基金，可以应用于"3%信号计划"，只是费用太高了。员工应该联系管理层，想办法将这支指数基金的费用降低3倍或更多，没有理由为它支付0.44%的费用，毕竟，这只指数基金都不需要积极管理，并且与其他指数基金应用了完全相同的指数，却要收取更多的费用。

这家公司的员工对于"3%信号计划"的安全部分缺少好的选择。货币基金的回报率很低，却收取了0.48%的费用。两种标准债券基金的费用是0.85%和0.89%，通胀调整后债券基金的费用为0.73%。最好选用费用为0.85%的债券基金，因为它的绩效最高，风险最低，只是费用过高罢了。

这家公司的员工无法逃避高额费用。从长期看，这种401（k）账户中的每项投资选择都会吞噬大量的利润。尽管如此，小型股指基金依然是最正确的投资选项，并且适用于"3%信号计划"。

退休计划规模越小，费用越贵

前面列举了4个例子。从员工高达175,000名的航空航天防务公司，直至员工仅为350名的营养品制造商，可以看出401（k）计划的质量逐步下降。公司规模越小，陷入费用高昂的401（k）计划的风险就越高。这种相关性虽然并不完美，但是足够强大，需要引起你的注意。下表总结了4项退休计划的关键统计数据：

表42 公司规模大，基金成本就低

公司	员工数量	401（k）资产	小型股指基金费用
航空航天防务公司	175,000	140亿美元	0.07%
油田服务公司	100,000	45亿美元	0.15%（中型企业）
体育用品零售商	15,000	7500万美元	0.28%
营养品公司	350	<1千万美元	0.44%

这种行业规则显而易见。在4家公司中，规模最大的公司的小型股

指基金非常便宜。规模第二的公司提供了一只中型股基金，费用是规模最大的公司的小型股指基金的两倍，但是费用仍然很低。规模第三的公司的小型股指基金再次将费用翻倍。最小公司的指数基金的费用非常高，甚至接近"无效专家"管理的替代产品的高昂费用。

在降低费用的谈判中，规模较小的公司经常没法讨价还价。当航空航天国防公司与401（k）计划的经理碰面时，可以摆谱说："本公司有175,000名员工，还有140亿美元可供投资。"大公司的确有讨价还价的资本，而营养品制造商与401（k）计划经理谋面时，在预约日程上都会遇到麻烦。"贵公司有多少钱可供投资呢？"经理的接待人员可能这样询问，同时，标注会面日期的铅笔却稳稳地搁在日程表上。"您说还不到1,000万美元？我明白了。嗯，或许我们能在下个月底安排面谈吧。"在这种弱势环境下，营养品制造商打算把费用从0.44%砍到0.10%之下，能有多少胜算呢？真的毫无胜算，弱者身份已经确定无疑。公司本身又没有动力去降低费用，毕竟不是公司掏钱，只是把费用传递给员工罢了。所以，出现这种场面也就不足为奇了。私营部门的退休计划对参与者不利。

这4家公司作为代表性抽样，分布在不同的范围，没有重大的统计意义，其结论与更大规模的研究结果吻合。在第189页的小提示中，你会读到公共政策组织Demos发布的2012年5月报告：当401（k）计划的参与人数少于100人时，费用是1.29%；当参与人数超过1万名时，费用为0.43%。

人力资源管理学会（SHRM）出版了《401 k通用手册》（由于某种原因，"k"字母没有括号）。在遍布14个章节的调查发现中，它详细介绍了一系列401（k）计划的费用。从25名参与者的微型企业，直至成千上万名参与者的巨型企业，所有的计划细节都展露无疑。人力资源管理学会对平均余额为1万美元和5万美元账户的费用也进行了对比。通过154张图表，手册第13章展示了直至2012年9月底的数据。主要结论包括：

- 小型401（k）计划的平均投资费用——对于计划中持有的资产，共同基金收取了1.37%的费用。
- 大型401（k）计划的平均投资费用为1%。
- 小型401（k）计划的"目标日期基金"的平均费用为1.37%，而平衡基金的平均费用为1.45%。
- 大型401（k）计划的"目标日期基金"的平均费用为0.98%，而平衡基金的平均费用为1.12%。

401（k）计划的规模越小，付出高额费用的风险越高。幸运的是，应用于多种401（k）账户的"3%信号计划"的工作原理都是一致的，与401（k）计划的规模无关。关键是找到费用最低的小型股指基金，如果找不到指数基金，就选择费用最低的积极管理的小型股指基金，直至你能说服公司将费用低廉的指数基金补充到401（k）账户。债券基金也面临相同的费用问题。

通过费用最低的小型股指基金配置你的大部分退休资产。这样，"3%信号计划"就能为你省下一大笔钱。在我们研究的4项401（k）计划中，最昂贵的小型股指基金的费用比率是0.44%，最便宜的是0.07%。《401（k）通用报告》中的所有基金的平均费用在1.00%至1.37%之间，而我们的两只小型股指基金的费用要低得多。

政府

以军队为代表的某些政府部门维持着传统养老金计划，没有进行投资管理，而是提供了基于服务时间、收益历史和相关因素的明确收益。然而，其他的政府计划却像401（k）计划一样运作，要求投资者参与其中，以实现最佳绩效。因为费用很低，此类政府退休计划很适合运行"3%信号计划"。能够利用"3%信号计划"的每位政府人员，包括军事人员在内，都应当发挥自己的优势。

我们在上节探讨过，退休计划的规模越大，成本就越低。因此，作为规模最大的退休计划，联邦政府退休计划也被称为"节俭储蓄计划"（Thrift Savings Plan），自然也提供了一些费用最低的指数基金，这点不足为奇。我们将在本节探讨俄亥俄州立大学的退休计划。

"节俭储蓄计划"（TSP）

联邦雇员的投资退休计划被称为"节俭储蓄计划"（TSP）。这是一种明确的供款计划，类似于私营部门的401（k）计划，它接受传统类别的供款。这类传统类别的供款对于其中的存款和盈利，工人们直至在取钱时，才支付所得税。它也接受罗斯退休账户的供款。缴纳所得税之后的资金进入罗斯退休账户，在取钱时免税。在2012年底，"节俭储蓄计划"管理3,600亿美元，参与这项计划的人数达到了460万。

与许多私营部门的计划一样，"节俭储蓄计划"提供了"目标日期基金"的投资组合，称其为"L"基金，"L"代表生命周期。"节俭储蓄计划"也提供了5只单独的投资基金，各用一个字母来命名，具体如下：

C基金：标准普尔500指数

F基金：巴克莱资本美国综合债券指数

G基金：短期美国国债

I基金：摩根士丹利资本国际EAFE股市指数

S基金：道琼斯美国完全整体股市指数

没有哪支列表中的基金使用"小型股"或类似的字眼，所以，找到适合"3%信号计划"的最佳投资工具，有点棘手。正确的选择是S基金，它跟踪着道琼斯美国完全整体股市指数。这个指数是道琼斯美国整体指数的一项子集，将标准普尔500指数成分股排除在外。标准普尔500指数是大型股指数。如你所知，道琼斯美国完全整体股市指数忽略了所有的中小企业。在"节俭储蓄计划"中，S基金最接近小型股指数，并且适用于我们的目标。"S"代表"小"，这样很容易记住。

第六章 行动计划

政府的"节俭储蓄计划"极其出色。那些苛求政府的种种负面评论,真应该暂停了。在这项计划中,政府员工的退休金不会碰到费用过高的积极管理的投资选项。在这 5 只单一基金中,每只基金都以国债或者指数为标的。在过去几年里,费用还不到 0.03%——2012 年只有 0.027%。这样低廉的费用也适用于以年龄为基础的 L 型基金。根据接近退休的程度,这种基金整合了各种单一基金,对其进行不同的配置,并且不收取额外的服务费。

在"3%信号计划"中,政府雇员可以使用 S 基金信心十足地操作。通过 S 基金,中小型股票的高波动性能够带来利润潜力,"3%信号计划"管理着风险和回报,而 S 基金的费用接近于零,几乎忽略不计。以下为 S 基金与 C 基金、I 基金和 IJR 小型股指基金的绩效对比。2003 年曾经出现大幅上涨,在 2008 年至 2012 年的情况如下:

表 43 TSP 基金绩效 vs IJR

投资	2003	2008	2010	2011	2012	费用
C 基金	28.5%	−37.0%	15.1%	2.1%	16.1%	0.027%
I 基金	37.9%	−42.4%	7.9%	−11.8%	18.6%	0.027%
S 基金	42.9%	−38.3%	29.1%	−3.4%	18.6%	0.027%
iShares 核心标准普尔小型股指基金(IJR)	38.5%	−31.5%	26.6%	0.8%	16.3%	0.160%

如你所见,S 基金是一个很好的选择。在上述表格的 6 个抽样年中,S 基金在 4 年里都击败了 IJR,并且多年来只收取极低的费用。S 基金样本显示,下跌时,它比 IJR 跌得更深,上涨时,又比 IJR 涨得更高。对于"3%信号计划"来说,这是很理想的。通过这种波动性,可以投入更多资金,让进场价格更低,出场价格更高,从而收获更多利润。

政府理应为其雇员退休计划的低廉费用而自豪。在 2013 年 1 月—2 月《"节俭储蓄计划"简报》中,它自豪地宣称,国会在 1986 年制订

"节俭储蓄计划"时,要求管理费用一定要节俭,而政府已经超额完成了任务。2012年的费用比率仅为0.027%,相当于"对账户中的每1,000美元只收取27美分的费用。这样低廉的费用在固定供款计划中非常罕见。要知道固定供款计划的平均费用是8.30美元/1,000美元。其实,10%的此类计划,费用更是超过了13.80美元/1,000美元。"这一说法来源于投资公司研究所在2011年的研究。

这份简报警告说,从政府部门离职之后,也不要将基金从"节俭储蓄计划"转移到私人雇主退休账户:"金融服务公司只是为了做生意。为了赚钱,它们会染指你的储蓄,这意味着你需要付出更高的成本。'节俭储蓄计划'却不是一门生意,并不以盈利为目的。"这项计划由联邦雇员运营,以尽可能低的成本,向那些预备退休的政府雇员提供支持。我们已经简要介绍了这项计划,它的成功令人钦佩。

在"3%信号计划"中,"节俭储蓄计划"的参与者将通过G基金配置债券。这是一种安全的选择,恰好是默认的基金。在过去数年里,G基金的增长速度超过了通货膨胀率。次贷危机之后,货币基金的收益率接近于零,G基金的绩效要比货币基金强出很多。2003年,G基金的回报率为4.1%。在2008年的股市跳水年,G基金的回报率为3.8%。

公共雇员计划

公共雇员有许多不同的退休计划,这取决于他们的工作机构。大多数的退休计划属于固定收益传统养老金选项和固定供款选项,与401(k)计划相似。固定供款选项通常就像俄亥俄州立大学的"替代退休计划"。事实上,无论你如何选择,同一批的投资公司总会出现在供应商名单上:富达、ING、T.Rowe Price、先锋,等等。

在每种情况下,如果员工管理自己的退休基金,都应该搜索基金清单,为"3%信号计划"的股票部分找到最便宜的小型股指基金;为计划的安全部分找到最便宜的债券基金。无论你在哪种退休账户中执行计划,只需要这两种基金就够了。

"3%信号计划"中的目标日期型基金

"目标日期基金"日益流行，对于许多退休投资者来说，这是个好消息。根据距离退休的年限，"目标日期基金"确定了资产配置，建立了预先组合的、自动化的投资组合。在其尚未流行之前，许多退休计划的默认设置都是安全基金。比如"节俭退休计划"的 G 基金。在很多情况下，退休账户都会长期甚至是全部时间里，将全部或多数的资金保留在低风险、低回报的基金中。在大多数情况下，这类账户无法快速增长，难以满足退休的目标。

有些人选择了一个投资选项之后，就再也不会检查他们的投资。这类人群极其众多。他们的目标日期型的投资组合能够胜过低风险基金。在毫不知情的情形下，他们竟然胜过了许多跟随"无效专家"建议和其他令人困惑的信息源的活跃投资者。当股市崩溃时，这些从不检查投资的胜利者在领取薪水时能够投入更多的资金，并且没有做错任何事情。避免错误、凡事无为的美德让这些懒人投资者避开了 50% 的错误概率。他们要开心才对！

然而，对于喜欢轻微努力的人来说，如果"3%信号计划"使用了小型股指基金，绝大多数情况下总是胜过目标日期型投资组合。原因在于，目标日期型投资组合在搭配资产类别时，将股票和债券、政府证券之类的其他资产组合在一起，从而稀释了股票的风险敞口。随着投资者越来越接近退休年龄，这类基金在配置资产时重心从股票逐渐转向更安全的资产。"3%信号计划"也对资产进行了组合，但是只涉及两种资产：现金基金可以是任何类型的使用政府债券的安全账户；股票基金应该是小型股指基金或另外的股票基金类型。

如果资产配置有着可靠的模式，我们更倾向于目标日期型基金。但是，资产配置的模式并不可靠。2011 年，晨星公司审查了目标日期为 2020 年的 36 只目标日期型基金，发现了其股票配置比例从 35% 到 80% 不等，平均比例为 61%。这暴露了"目标日期基金"可能的最大问题，也就是说，在考虑社会保障和退休后可能获得的其他福利时，这些基金的股票配置比例经常偏低。社会保障体系在当前具备偿付能力，我们得到了它的安全承诺。所以，让我们假设：低收入者如果选择在60岁出头时领取社会保障金，他们将获得一项资本化价值约为300,000美元的资产。高收入人群可以推迟到70岁再领取社会保障金，其价值约500,000美元。那么，在401（k）账户和其他退休账户中，最好需要动用多少资金投资于股票呢？显然，这笔30万至50万美元的安全资产应该投资于股票。由于社会保障的福利部分抵消了股票的风险，在大多数人的生活中，绝大多数的风险都得到了控制。

"3%信号计划"聚焦于小型股指基金，其波动性通常高于那些大中型股票基金。股价下跌时，小型股跌得更深；股价上涨时，涨得更高，这正是小型股的行为标志。当更低的低点出现时，"3%信号计划"能够自动买进股票，并在股价涨至更高的高点时，卖出股票获利了结。如果将你的大部分资金投资于小型股指基金，胜过将全部资金投资于一只混合基金，例如某个基于年龄的投资组合。以下是富国银行管理的一些退休目标投资组合，下表为这些投资组合在2008年至2012年的绩效表现，并且与IJR小型股指基金进行了对比：

表44　Well Fargo **目标日期基金** vs IJR

投资	2008	2009	2010	2011	2012	费用
富国优势道琼斯2015目标日期基金（WF-SCX）	-16.4%	16.0%	10.4%	3.1%	7.3%	0.49%
富国优势道琼斯2030目标日期基金（WFOOX）	-31.4%	28.0%	15.0%	-1.4%	12.3%	0.51%
富国优势道琼斯2045目标日期基金（WFQPX）	-35.5%	33.2%	17.1%	-4.1%	15.0%	0.52%
iShares核心标准普尔小型股指数基金（IJR）	-31.5%	25.8%	26.6%	0.8%	16.3%	0.16%

上表显示，随着退休日期越来越近，富国银行在降低风险和波动性方面表现出色。在 2008 年的瀑布式下跌中，2015 年"目标日期基金"只损失了 16.4%。相比之下，2030 年和 2045 年的"目标日期基金"各自亏损了 31.4% 和 35.5%。IJR 在那一年损失了 31.5%。同样，2015 年"目标日期基金"的年收益也有所减少。因为降低了投资风险，它的成长也更为稳定，正符合退休前几年的预期。

注意目标日期为 2045 年的基金波动十分剧烈，在 2008 年和 2009 年甚至超过了 IJR 的波动幅度。这只基金在 2008 年发生了 35.5% 的剧烈下跌，然后在 2009 年增长了 33.2%。而同期的 IJR 在 2008 年下跌 31.5%，在 2009 年上涨了 25.8%。在这两年里，2045 年"目标日期基金"是执行"3%信号计划"的极佳工具，这得益于其低点更低，高点更高。一般来说，如果距离退休日期越远，"目标日期基金""的表现和 IJR 就更为相似，因为更高比例的基金将配置于风险较高的股票。

在"3%信号计划"中，可以使用"目标日期基金"吗？这点确定无疑。"3%信号计划"有一个美妙之处，就是金融品种并非计划关注的焦点。我们只需要一个在 3% 信号线上方和下方波动的价格，并且波动性越高越好（在合理范围内）。小型股指基金通常是最佳工具，因为它们的波动性高，不需要人的主观判断，价格总能复苏，而且费用很便宜。然而，没有理由放弃能够替代小型股指基金的其他基金。就"3%信号计划"而言，你可以使用任何类型的基金——体育博彩、脱脂牛奶期货、艺术品、棒球卡和其他艺术品，甚至是明代瓷器。只要基金价格发生波动，并且能够最终复苏，它就可以应用于"3%信号计划"。所以，一个目标日期型的退休基金当然也是有效的。

那么，为什么还要增加麻烦呢？虽然你能使用任何金融品种，但是，如果能找到小型股指基金的话，你就可以使用它。注意，IJR 的费用比任何富国基金都要便宜很多。在大多数 401（k）账户中，"目标日期基金"的费用甚至比富国基金还要高出大约 0.5%。2013 年 6 月，晨星公司发现"目标日期基金"的资产加权的平均费用比率为 0.91%。

对于"3%信号计划"来说，选择成本最低的小型指数基金，比起选择任意类型的成本更高的基金，显得更为划算。小型股指基金的绩效将最终击败几乎所有的备选品种，并且费用更低。在这4年期的比较中，例如，2045年"目标日期基金"的净收益仅为11%，而IJR却取得了28%的收益，同时，费用却少了69%。正如本章的起始部分披露的事实——如此巨大的费用差距，对绩效将有重大影响。

虽然"目标日期基金"能够让投资者自动地管理退休计划，3%信号计划却是投资者的最佳选择，只需要付出最低限度的努力，通过更低的价格，按照季度频率进行检查，就可以实现卓越的业绩。选择了本书，证明了你是一个投资者，回到第五章表33，你学习了如何在临近退休时调整"3%信号计划"的资产配置，为你节省了购买目标日期基金所花费的高昂费用。

"3%信号计划"适用于你的工作场所

你的退休资金将存放于你的工作场所。也许你足够幸运地加入了顶级退休计划，便宜的指数基金俯拾可得。也许你的资金不幸地陷入了一堆费用过高的投资选项中。你在思考找一份邮局的工作是不是为时已晚？这样做只是为了加入"节俭储蓄计划"。不管怎样，"3%信号计划"可以应用任意的金融品种，让你实现更为美好的未来。

我们研究了各类退休账户，包含经纪商的个人退休账户、公司提供的401（k）账户、政府计划中的退休账户。有些退休账户提供了匹配资金，有些则没有。有些账户品质出众，有些账户差强人意。无论你的工作单位如何，退休计划是好是坏，你都可以通过这些账户运行"3%信号计划"。你的自行管理的退休账户提供了纳税优惠的好处，所以，你可以通过各类投资积累钱财。"3%信号计划"并不关注你的工作类型和退休账户类型。

你的计划与上述示范计划可能不会精确相符，但是十分相近。你只需要查看计划的投资选择清单，从中找到最便宜的小型股指基金，将其应用于"3%信号计划"的股票部分；同时，为安全部分找到最为便宜的债券指数基金。如果没有小型股指数，尝试中型股指数。如果没有中型股指数，就使用成本最低的任意种类的股市指数基金。指数基金的成本最低，绩效也更好，胜过了那些积极管理的同类产品。因此，你将在"3%信号计划"中使用成本最低的小型或中型股指基金。你在必要时也可以使用普通的股市指数基金。你的退休账户就能运行"3%信号计划"，你要对自己的能力抱有信心。

本章执行概要

你已经做好准备，开始执行"3%信号计划"了。通过退休账户执行"3%信号计划"效果最好，因为退休账户具备了纳税优势，当你卖出盈利状态的投资时，不必担心纳税问题。然而，"3%信号计划"在常规经纪账户同样行之有效。无论采用哪种账户运行"3%信号计划"，季度程序都是同样简单，只需要选择最为便宜的小型股指基金和债券指数基金就行了。这样，你就做好准备，能够运行"3%信号计划"了。

关键点：

- 在这个季度程序中，只需要执行5个步骤。对"3%信号计划"稍加练习，就能熟谙于心了。

- 晨星公司发现，低廉的费用是"基金绩效的最可靠的预测指标"，需要重点关注那些最为便宜的基金。"3%信号计划"就能享受低成本的效益，在你的账户中使用了最为便宜的小型股指基金和债券指数基金。

- 具备了纳税优惠的退休账户是运行"3%信号计划"的最佳账户。当你卖出盈利的股票基金时，能够有效地避税。

- 在非退休账户中，为了避免缴纳短期资本利得税，只能卖出持有期超过一年的股票。"3%信号计划"按照季度时间表操作，所以很容易实现上述效果。

- 类似于401（k）的雇主退休账户适合运行"3%信号计划"，只是这类账户提供了很多糟糕的投资选项。所以，需要挑选出最为便宜的小型股指基金和债券指数基金，并应用于你的"3%信号计划"。公司规模越大，401（k）计划的规模就越大，基金费用就越低。如果你在一家小公司工作，对于费用问题就要格外小心。

- 目标日期基金广受欢迎，随着退休日期的临近，它们自动调整资产配置，让投资变得更为简单。然而，它们的费用高于"3%信号计划"，而业绩通常落后于"3%信号计划"。

- "3%信号计划"与你的工作性质和存放资金的账户无关。

第七章 "3%信号计划"的完整周期

你对"3%信号计划"已经了然于胸，现在就在账户中开启"3%信号计划"吧。你可能有所踌躇，毕竟"3%信号计划"和你获得的其他建议完全不同。你对十分简单的"3%信号计划"知根知底，但是面对市场噪音，你可能在实战中无法发挥它的全部效果。

为了解决市场噪音问题，我们将观察并分析以下的场景：当投资者使用"3%信号计划"时，他面对真实新闻会忧心忡忡，需要经历市场噪音的挑战。同时，我们将"3%信号计划"与更为典型的长期投资方法进行比较，看看效果。我们将创建三位虚构的投资者：他们在同一家公司工作，工资收入相同，使用的401（k）账户也一模一样。他们面对着相同的重大新闻，需要处理这些事件引发的旋涡。三人之间唯一的区别，在于他们的投资方法不同，虽然资金相同，投资选项相同——结果却截然不同。其中有两位虚构的投资者是我见过的投资人士的两种典型形象——被无效性环境困扰的兼职交易员以及面对市场波动而忧虑不安的勤奋储蓄者。至于第三位虚构投资者，则执行"3%信号计划"。

"3%信号计划"简化了投资生活，实现了更多的利润。为了清晰地感受"3%信号计划"的力量，我们要对其进行深入探讨。当我们浏览真实的新闻故事和"无效专家"的预测时，请跟随我，了解它们对某些人士的影响——他们执着于为尚未出现的未来制订计划。注意，这些预言者会动用各种手法，使自己显得一贯可信。他们也喜欢旧调重弹，拿过去的观点放在今天说事。而他们在一半的时间里都会出错。你需要牢牢记住这一点。可是，如果专家笨嘴拙舌，就像小丑一样，投资也不会对我们构成挑战。投资之所以成为挑战，就是因为这些专家口若悬河，让我们产生了信赖他们的冲动。实际上，这些专家犯下的错误，并不比业余投资者少。

本章将讲述"3%信号计划"的更多内容，而不是教科书式的照本宣科，从而让你真实地体验"3%信号计划"。这样，你在真实生活中运行"3%信号计划"时，对于未来的潜在结果就会有所预期。

设置

我们的三位虚构投资者都在30岁时加入闪片公司（Snapshot）成为新员工。闪片公司的总部设在科罗拉多州的丹佛市，是一家信息分析公司。三位投资者都是有着不同专长的数据科学家，他们的家庭情况也因人而异。盖瑞特（Garrett）已婚，但是没有孩子；西尔玛（Selma）是一位单身母亲，需要抚养两个孩子；马可（Mark）已婚，有三个孩子。他们在2000年底加入闪片公司时，年薪都是54,000美元，相当于月薪4,500美元。他们每月都向闪片公司的401（k）账户投入6%的工资，也就是270美元。而闪片公司也为他们的401（k）账户缴纳现金，数额是6%的工资的一半。这样，三位投资者都向401（k）账户缴纳了最低数额的工资，同时又能够获得最高比例的公司匹配资金。这样，每个月投入到401（k）账户中的补充现金（contribution）就达到了405美元，也就是每个季度1,215美元。从前任雇主的退休账户中，三位投资者都转移了1万美元，投入到闪片公司的401（k）账户。因此，他们的初始投资余额为1万美元，并且每个季度的补充现金达到了1,215美元。

盖瑞特一直喜欢股市。他在20多岁的时候，就阅读了交易书籍，参加过技术分析研讨会，并且开通了个人经纪账户，尝试着挑选出一些赢家股票，练练手，成绩好坏参半。但是，当他进入闪片公司的时候，觉得自己的投资技能正在提高。他查看401（k）账户，高兴地发现里面提供了一长串的共同基金，同时，还包括一个经纪选项，可以买卖他期望的任何金融产品。他很想展开投资，特别是互联网泡沫破裂之后，他相信互联网股票的价格更为便宜了，当股市复苏后，互联网股票就有领先上涨的潜力。

西尔玛最为关心的，是如何用一份工资抚养她的两个孩子。她深深厌恶华尔街突如其来的市场波动风险。所以，她会阅读金融规划书籍，参加社区大学的课程，学习长期的资产配置。在闪片公司的401（k）账户中，她欣喜地发现了一组适合她的主流共同基金。有了这些共同基金，她就能够通过401（k）退休账户组建一种投资组合，并从股市的长期上涨中获益。她甚至能向账户中添加一些更为稳定的基金，增强安全性。于是，她开始着手选择正确的投资组合。

马可已经是专注家庭的居家好男人了。他在工作时间努力工作，下班后，总是陪伴着妻子和三个孩子们。和西尔玛一样，马可也不想让华尔街的市场波动扰乱自己的生活。但是，为了让退休账户增值，他需要依靠股票的增长潜力。

他研究了资产配置方法，希望既能保证资金增长，又能保障资金安全。这种方法并没有产生他期望的利润。他又研究了股市指数基金。这种投资方式的费用低，但是需要承担较高风险，才能获得更多绩效。如果遇到了价格下跌，他就需要等待价格的最终复苏，才能得到回报。最后，马可才跌跌撞撞地和"3%信号计划"结缘。"3%信号计划"是他最喜爱的投资方法，这样他的资本不仅集中在股票上，而且聚焦于获利潜力最高的小型股。同时，债券账户提供了稳定收入，每个季度都按照信号进行交易。当股市低迷时，债券账户为他提供了购买力。这是过往的"成本平均法"无法实现的。"3%信号计划"似乎是获得高额利润的最好方式，只需要承担低成本的指数基金的轻微压力，所以马可决定采纳"3%信号计划"。

2000年12月初，当他们三人加入闪片公司时，纳斯达克指数从3

月10日的峰值下跌了45%。总统选举彻底失败了，难以确定乔治·W.布什（George W. Bush）还是阿尔·戈尔（Al Gore）赢下了大选。最终结果取决于佛罗里达州的选票。当这个州正在重新计票时，最高法院也在处理布什和戈尔的竞选问题。12月12日，法院裁定布什为美国新任总统，然而，人们过后却发现戈尔才是普选的真正赢家。纳斯达克指数暴跌，选举也备受争议，使得401（k）账户的投资决策变得艰难起来。

盖瑞特认为，媒体几乎每天都在发布互联网股票的重磅消息。互联网股票崩盘之后，已经具备了极佳的潜在投资价值。他回顾了互联网泡沫中的那些宠儿——JDS Uniphase、Nortel、Sycamore 和其他公司——认定他终于等到了机会，可以通过便宜价格，买进中意的股票。前任公司的吹牛大王们嘲笑盖瑞特，调侃他没有在20世纪90年代的最后三年里持有上述股票。我们知道吹牛大王指的就是"完美彼得"。盖瑞特很容易遭受他们这种人的嘲讽。

盖瑞特认为，从互联网废墟的瓦砾中，挑选出合意的股票相当困难，但是值得。盖瑞特知道一个人肯定在行，此人正是通过雅各互联网基金（Jacob Internet Fund）获得声誉的瑞恩·雅各（Ryan Jacob）。当然，每一位记者都乐意谈论雅各，当互联网股票出错时，雅各正是最好的谈论题材。但是，在盖瑞特看来，雅各互联网基金将在几年内恢复元气，成为封面故事倍受赞誉的"东山再起"的明星。这类明星故事真实发生之后，后面进场的投资者就会纷纷涌入，推动在线互联网股票再度上涨。盖瑞特认为雅各互联网基金的价格将上涨100%，甚至达到300%。一两年前，就有这样精彩的故事在股市上演。所以，他认为这类美妙景象会再次发生。雅各互联网基金被群殴过后，必将上演复仇之战。

小兰德勒·托马斯（Landon Thomas, Jr.）在10月的《纽约观察家》里写道，瑞恩·雅各曾经是互联网投资界的摇滚明星。他在1998年将20万美元变成了2,500万美元，取得了当年共同基金的最高绩效。然而，他的基金从年初迄今已亏损54.1%，排名垫底。"如果业绩不稳定，雅各先生就一无是处。"托马斯写道，在文章中引用了雅各对他的一家持股企业的赞誉之词。依据雅各的持股规模，这家名为 iVillage 的公司排名第三。1999 年 4 月，iVillage 的股价高达 100 美元，现在只有 3 美元。雅各说："虽说股票表现不佳，可是，并不意味着公司本身不行。"

盖瑞特认为是时候真正买进股票了。他将 1 万美元的一半投给雅各互联网基金，期待它能够复苏。另外一半资金则投给传统的股票基金，防止互联网基金的复苏潜力不及预期。

他选择的是"瓦奇小型股成长基金（Wasatch Small - Cap Growth）"。此前，该基金曾在 TheStreet.com 的一份"长期任职经理的小型成长型基金"榜单中名列榜首。TheStreet.com 宣称该基金"拥有一个无法忽略的记录。从 1986 年成立以来，杰夫·卡顿（Jeff Cardon）一直担任该基金的掌门人，他的业绩追踪记录相当稳健。归功于他的衡量方法，他的基金在最近三年期、五年期、十年期都击败了 75% 的同行。这是来自晨星公司的数据。"

他选择了"雅努斯全球技术基金（Janus Global Technology）"，这只基金在看待科技潜力方面，比瑞恩·雅各的视角更为广阔。在 10 月份的《市场观察》中，盖瑞特从迈克·莫里斯基（Mike Molinski）的基金观察栏目获得了以下内容：

威森伯格（Wiesenberger）是一家追踪基金绩效的公司。它在最近的一项研究中发现，全球科技基金实际比国内科技基金的标准偏差更低，两者分别达到了 47.65 和 61.62。它们的每日收盘价与平均价格相比，并没有太大的偏差。更重要的是，在纯粹的国内投资组合中加入全球科技基金，可以降低投资组合的整体风险水平。因为外国股票与美国股票不是亦步亦趋的同步波动关系，当美国股市大幅下跌时，你就减少了敞口风险。

最大的全球行业基金是雅努斯全球技术基金。在 1999 年的首个运营年度，它就筹集了惊人的 100 亿美元，并取得了 211.55% 的回报率。该基金今年并没有取得惊艳表现，截至 9 月 30 日，基金下跌了 0.68%。

实在太妙了，盖瑞特认为，正因为"没有取得惊艳表现"，科技基金才出现了令人惊叹的便宜价格。价格便宜到什么程度？相信那些人数寥寥的聪明人能够领会"复苏"两字的魔力。从 3 月 10 日的纳斯达克峰值，直至 11 月底，雅各互联网基金下跌了 81%，瓦奇小型股成长基金则下跌了 4%，而雅努斯全球技术基金下跌了 51%。

从 2001 年开始，盖瑞特把他的 1 万美元进行了配置：5,000 美元配置在雅各互联网基金，2,500 美元配置在瓦奇小型股成长基金，2,500 美元配置在雅努斯全球技术基金。对于每月 405 美元的补充现金，他也按照相同的百分比，进行了配置。在闪片公司工作期间，盖瑞特都会让计划遵守这种设计路线。当他感到工作得心应手，能够抽出更多时间研究股票时，他甚至会精选一些股票，加入投资组合中，争取更好的绩效。

当盖瑞特被这三只基金的压缩弹簧式的蓄势上涨的外表迷惑时，我们先剥离那些明确的费用成本，这样，这三只基金的潜在绩效的外表就没有那样迷人了。不过，为了获得潜在绩效，盖瑞特肯定乐意支付以下费用：

表 45　盖瑞特的初始费用比率

基金	费用比率
雅各互联网基金（JAMFX）	2.87%
瓦奇小型股增长基金（WAAEX）	1.26%
雅努斯全球技术基金（JAGTX）	1.00%

结果难以预测，或许这些基金能够带来丰厚的回报，区区费用根本

不是问题。这是"无效专家"在销售费用昂贵的基金时的一贯承诺。盖瑞特在2001年押注这些基金将在随后的股市复苏中证明实力，而他将会更加富有。

西尔玛采取了不同的方法。互联网崩盘影响了她的工作，并且还伤害了她的退休账户。她在之后管理微薄的积蓄时，就变得异常谨慎。作为新的开始，她打算把储蓄风险降至最低。西尔玛加入闪片公司后，在教堂遇到了一位理财规划师。退休账户应当持有股票基金吗？西尔玛对此没有把握，所以也就没有持有任何股票基金。理财规划师告诉西尔玛："你的退休账户如果没有股票，就像花床上没有种花一样。花床用来种花，不仅仅是覆盖地面。退休账户里自然也需要股票，而不仅仅是债券。只配置了债券的退休账户就像没有鲜花绽放的花床一样沉闷。"西尔玛认为，与阳春三月烟火样的花海相比，"沉闷"两字听起来很稳健嘛，不过，她理解了理财规划师的观点。

理财规划师通过了一系列的问答题，对西尔玛的风险容忍程度进行确认。尽管西尔玛打趣道："干脆，我给你省点时间吧！我的风险容忍度肯定很低！"当最终答案证实了西尔玛的预测之后，策划者却直接否决了问卷结果，建议西尔玛用80%的退休基金买进股票。西尔玛对这种建议深感不安，甚至有些恶心。不过，西尔玛还有很长的职业生涯。理财规划师说，从长线看，股票最终必能复苏。所以，西尔玛深深吸了口气，勉强同意将退休账户80%的资金投入股票里。

西尔玛按照她的一贯方式，花费了数个周末，泡在图书馆里仔细研究。对于闪片公司的401（k）账户中的每款吸引她的理财产品，她都打印出晨星的基金评级。她研读文章，查看那些看似无穷无尽基金的排名。"当股市下跌时，基金却能上涨，""长征途中的三只顶级成长型基金，""适合谨慎投资者的最佳低波动性基金"……在类似报道中，通常都引用一些赢家经理们的言论，刊登出他们的办公室相片，总结了他们的人生轨迹。如果经理并非新手，媒体就会称赞他们"经历了时间考验""市场老兵"或者"久经沙场"。就算是新手也不要紧，他们会被形容为"诚实可靠"，可能"为基金绩效带来新的活力"。开始的时候，此类论调极有征服力，但西尔玛不是傻瓜，很快就发现了这些媒体报道有着重复套路。西尔玛按照她的方式对投资选项进行了分组，从而更易排列和组装。

西尔玛打算把大部分资本都配置在美国大型股中。她认为，这是在股市中建立风险敞口的最基本途径。她对专业化或者任何类型的集中投资都缺乏兴趣，只关心那些构成股市支柱的可靠的蓝筹股。在闪片公司401（k）计划提供的基金中，她确定了富达增益基金（Fidelity Growth & Income）和长叶合伙基金（Longleaf Partners）作为最佳选项。

2000年底，富达增益基金好评如潮。它聪明地限制了估值过高的科技股的风险敞口。基金经理史蒂夫·凯埃（Steve Kaye）采取守势，把投资组合定位在饱受股市打击的科技股、价格便宜的医疗保健股，还有稳步增长的金融股。晨星公司分析师斯科特·库里（Scott Cooley）在2000年11月总结道，凯埃的"低换手率的审慎做法为股东提供了长期效益。他的任期接近8年了，他管理的基金与标准普尔500指数的回报率大致相当，然而，风险却低于标准普尔500指数。简而言之，对于保守的投资者来说，这依然是一项绩效稳固、值得持有的核心投资。"西尔玛理所当然地属于保守投资者，对她来说，富达增益基金真是完美基金。她打算将退休账户中1/4的资金，配置于富达增益基金。

持同样保守态度的，还有长叶合伙基金的经理梅森·霍金斯（Mason Hawkins）。作为一位睿智的老者，无论股市如何变化，他总能管理好西尔玛的账户。他有追求卓越的动力，因为他和团队的其他同事都需要把自己的全部投资投到自家公司的基金。他们全心投入自己的事业，西尔玛喜欢他们的态度。长叶合伙基金在当年的第二季度就赚到了钱。长叶合伙基金赚钱的同时，同类产品却在纳斯达克指数到达3月峰值之后，发生了崩盘。霍金斯在7月份告诉《纽约时报》，"在过去26年里，我们做事有头有尾，始终如一，从不随意变化。"霍金斯的基金获得了高度评价，他本人也赢得盛誉，与互联网股票的疯狂炒作彻底绝缘。当时人们都希望参加互联网股票的投机，大赚特赚。晨星分析师克里斯朵夫·特劳尔森（Christopher Traulsen）在8月写道，霍金斯的基金最擅长"在股市艰难时刻，当大众对钻石失去兴趣时，趁机以低廉的价格买进，然后坚定持有，等到其他人高价抢购时卖出获利。"纳斯达克指数从峰值开始下跌，一直跌到11月底，长叶合伙基金却增长了34%。毫无疑问，霍金斯就是西尔玛中意的基金经理。于是，西尔玛打算把退休账户资金的1/4，投放在长叶合伙基金里。

西尔玛的股票配置资金还余下30%。理财规划师建议投放在国际基金里。她解释说："美国股票基金和国际基金不会同涨同跌，通过分散化，就能降低风险。"在闪片公司401（k）账户的国际股票基金中，有两只吸引了西尔玛的注意：艺匠国际基金（Artisan International）和提罗价格国际股票基金（T. Rowe Price International Stock Fund）。

自1995年以来，马可·约克奇（Mark Yockey）就掌管着艺匠国际基金，媒体对他的管理能力赞赏有加。他向采访者透露了对基本价值的信念，以及动用团队力量寻获"能够在几十年里保持增长"的优质公司的方法。他们研究长期趋势，发掘那些拥有最佳商业模式的公司，最后从中受益。其中，价格最实惠的那些股票就构成了全球股市的甜点。这些股票就是艺匠国际基金的猎物。

晨星分析师哈帕·布莱恩特（Hap Bryant）3月底写道，该基金"在1999年的外国股票类别的排名位于顶级的五分位。它对科技类股票和电信类股票重仓下注，获得了成功。"基金的成功，要归功于约克奇的成长型策略。10月，分析师威廉·塞缪尔·罗科（William Samuel Rocco）补充道，"该基金正在继续粉碎全球市场抛出的任何难题"。他指出，"该基金在2000年经历颇多，独独缺乏好运。""约克奇在3月大幅削减了基金的电信股的风险敞口，"并且"在媒体股和金融股找到了机会。"罗科继续评论说：

由于这些举措，与许多以成长型为导向的同类基金不同，该基金依然保持着今年早期建立的巨大领先地位（当时电信和科技股蓬勃发展）。尽管出现了亏损，截至 2000 年 10 月 23 日，它在该年度依然领先于 75% 的竞争对手。在过去的 4 个日历年里，该基金跻身其类别的顶级十分位的次数高达三次，超越了更多的竞争对手。

这一切颇为鼓舞人心。罗科在报告结尾评论说，"该基金的波动性居于平均水平"，并且它的费用正在下降。这就真正巩固了艺匠国际基金的地位。西尔玛下定决心，将艺匠国际基金加入投资组合。她将用于股票投资资金的 15% 投入艺匠国际基金。

用于买进股票的其余 15% 的资金，西尔玛买进了提罗价格国际股票基金。罗科在 11 月写道："从历史看，它的绩效非常稳定。"这只基金表现很好，在"1990 年和 1994 年都及时获利了结，并且也从 1998 年和 1999 年的强劲上涨中受益。在过去 10 年，它的业绩比普通同行每年高出大约 1 个百分点。"最重要的是，就西尔玛而言，罗科认为，该基金"对于那些保守的国外股票持有人来说，是一个可靠的选择。"

剩余的 20% 资金她会投入债券中。一半投放在奥本海默战略收入基金，一半投放在太平洋总收益基金。

在 10 月份，晨星公司的威廉·哈丁（William Harding）报道说，奥本海默战略收入基金"从 2000 年迄今为止，该基金的不拘一格的债券组合取得了良好的效果。"该基金强调投资的安全性，这点吸引了西尔玛。它甚至列出了 800 项议题，用来"限制单一灾难的影响"。哈丁写道，该公司的 5 年期回报率让它跻身前三强，"它的波动性一直低于所在类别的平均标准。买入该基金，有两个理由：经验丰富的管理能力、丰厚的收益。"西尔玛不仅考虑这些理由，她还将账户 10% 的资金投入该基金。

就像在长叶合伙基金的霍金斯一样，太平洋总收益基金的比尔·格罗斯也是该行业的传奇人物。晨星公司的莎拉·布什（Sarah Bush）在3月份写道："当基金经理比尔·格罗斯行动时，整个投资圈都会注目。"回购之前，他会大量买入长期国债并认为此举将减少供应，从而推高了决定买进的债券的价格，而结果也验证了他的说法。他的长期成功正是缘于识别和利用这样的异常状况。布什写道："尽管偶尔失误，但这只基金持续战胜了它的标的——雷曼弟兄综合指数（Lehman Brothers Aggregate）和中期债券同行们。它的10年期回报率在其类别中排名第一。所以，当罗格斯讲话时，整个债券市场都会侧耳倾听，并且不足为奇。"从纳斯达克的峰值跌到11月底，太平洋总收益基金上涨了9%，而每个月的债息为每份5美分。9个月来每份基金共计支付了48美分。西尔玛把退休账户资金的10%，投放在比尔·格罗斯管理的基金中。

西尔玛喜欢债券市场，它能够让投资组合保持稳定。当债券基金与她的相当安全的股票基金一起使用时，更能带来十足的稳定感。当然，她想，1/4的资金交给传奇人物梅森·霍金斯管理，10%的资金交给传奇人物比尔·格罗斯管理，她一定能收获回报。在西尔玛的退休账户中，超过1/3的资金分配给了商业界的传奇人物，2/3分配给了其他的受人尊敬的基金经理。后者的回报率高于平均水平，波动率却没有超出平均水平。

西尔玛出色地构建了理性投资组合。至于每月405美元的补充现金，都按照最初组合的相同配置比例，投放到6只基金，用来实现稳定、可靠的增长。她理解"成本平均法"利用了价格波动，并且价格最终必定上涨。她的顶尖经理人也深谙此道。西尔玛没有密切关注投资组合的成本。毕竟，在星光熠熠的报告中，那些传奇人物和令人尊敬的基金经理有着突出的能力，成本问题当然可以忽略不计了。以下是西尔玛需要支付的成本：

表 46　西尔玛的初始费用比率

基金	费用比率
富达增长收入基金（FGRIX）	0.71%
长叶合伙基金（LLPFX）	0.91%
艺匠国际基金（ARTIX）	1.19%
提罗价格国际股票基金（PRITX）	0.49%
奥本海默战略收入基金（OPSGX）	1.85%
太平洋总收益基金（PTTDX）	0.75%

西尔玛的费用比盖瑞特要低，却远远高于指数基金的低廉费用。此外，奥本海默基金还提出了延期卖出要求。如果在6年内出售基金，她就必须支付提前赎回的成本。但她没有重视这项要求，因为她知道自己从事长期投资。理财规划师说，奥本海默在业内享有盛誉，颇受欢迎。而西尔玛则认为只有她精挑细选的一流管理财队，才有资格收取更高费用。最后，财务规划师还提供了一个稳健建议，提醒西尔玛在配置国内外股票和债券时，需要符合她的年龄特征，这是正确的。通过股票基金和债券基金，对资产类别进行分散化的投资，就会更加安全。"没有最优的基金，"理财规划师说，"但是，你的6只基金和你的气质和年龄很般配。"太棒了！西尔玛安心了。

马可的计划最简单。加入闪片公司之前的几年里，他就得出了结论：虽然积极管理赢得了广泛好评，可是积极管理并不适合他。由于指数投资的成本很低，并且击败了绝大多数积极管理的基金经理，他开始寻找最好方法，来发展指数基金的投资组合。最终，他找到了两种方法——"成本平均法"和"3%信号计划"。在前任公司上班时，他通过"成本平均法"建立了股指基金的分散化组合。在90年代后期，他的投资组合就像钟表一样稳定可靠地增长，随后，互联网泡沫破灭，马可把全部资金都投到股市里，眼睁睁地看着自己的投资组合损失惨重，却束手无策。如果他在一年前的股市顶部，也就是 1999 年底，甚至在 2000 年初卖出，就能取得很好的结果。当价格回落时，他知道应当坚持每月买进股票，并且认真执行了。和账户中曾经蒸发的数以千计的资金相比，现在每月的买进金额显得微不足道。在股市崩盘的深渊中，他希望能够拥有真正的购买力。他在此时想起了"3%信号计划"。

他在找到闪片公司的新工作之前，曾经失业几个月。这段时间，他卖掉了所有的股票基金，并持有现金。当时，他为养活妻子和三个孩子深感忧虑，而西尔玛也为她的两个孩子焦虑不已。股市崩盘又恰逢失业，也就没法考虑股票投资了。寻找工作时，马可把他的全部资产都放在最安全的地方。加入闪片公司之后，他又能掌控新的 401（k）账户了，在"成本平均法"和"3%信号计划"之间，马可斟酌再三。"到底哪里出了问题呢？"一天晚上，当孩子们获得准许离开之后，他在新家的餐桌旁问他的妻子。

"股市崩盘了呀，"妻子回答说。

"我知道的。如果股市的每一次崩盘都能伤害我的退休账户，那我肯定也犯错了。"马可回答说。妻子认为，也许他们应该持有更安全的投资。"可以，"马可表示同意，"只是股市上涨时，多数时候我们都会绩效不佳。"他向妻子讲解了"3%信号计划"。他们将把大部分的资金投资于高绩效的小型股。同时，留下 20% 的债券缓冲，能够"在股市崩溃时真正地介入，就像今年一样。"在马可眼中，这是他们能够实现的最佳平衡——而且，这很容易做到。

就这样，他在闪片公司 401（k）账户中开启了"3%信号计划"。如你所知，最初投入了 1 万美元，将股票和债券按照 80/20 的比例，进行了配置。由于 401（k）计划也提供 iShares 核心标准普尔小型股指数（IJR），这是其中最为便宜的小型股指基金。于是，IJR 被马可应用于"3%信号计划"的股票部分。对于债券部分，闪片公司的 401（k）账户也提供了 Vanguard GNMA（VFIIX）。所以，Vanguard GNMA（VFIIX）应用于"3%信号计划"的 20%债券部分，以保障安全。从 2001 年，马可开始操作"3%信号计划",在 IJR 小型股指基金投入了 8,000 美元,在 VFIIX 债券基金投入了 2,000 美元。每个季度,"3%信号计划"还会获得 1,215 美元的补充现金。马可将一半的补充现金投入股票部分,用来实现每个季度赚 3%的目标。余下的一半,投入债券中,保持购买力。如果他的债券配置达到了 30%,他会在下一个买进信号出现时,把超额部分补充到 IJR 小型股指基金。如果股市在季度收盘时,距离两年内的最高季度收盘价下跌了 30%,他将进入"下跌 30%,坚守"模式,并忽略后续的 4 个卖出信号。以下是他的费用支出:

表 47 马可的初始费用比率

基金	费用比率
iShares 核心标准普尔小型股指基金(IJR)	0.16%
Vanguard GNMA 债券基金(VFIIX)	0.21%

马可的配置调整费用比率为 0.17,比盖瑞特的 2.00 低了 92%,比西尔玛的 0.92 低了 82%。在费用上,他的投资组合已经获得了明显优势。然而,盖瑞特和西尔玛并不知道这一点。"无效专家"评论员、"完美彼得"和那些活跃的经理们向投资者信誓旦旦地承诺,虽然收取了高额费用,可是更为出色的绩效能够弥补费用支出。这种观点直接来源于"付出终有回报"的哲学,而时间却会揭露真相。做好预备之后,我们三位投资者就通过新的 401(k)计划,展开了新的投资。

第一年

加入闪片公司的第一年,每个人的工资和退休补充现金都保持不变。互联网泡沫的崩溃尚未结束。该年 9 月还出现了重大乱局:9·11 恐怖袭击。

2001年4月

盖瑞特的麻烦首先到来。2001年3月底，他最初投入的1万美元，连同每个月都会投入的405美元的补充现金，已经跌至7,629美元。三位投资者共进午餐时，盖瑞特发泄道："要是把1,215美元的补充现金算在里面，我的账户已经跌了近24%！我曾经看好雅各互联网基金，以为它会呼啸着飚出新高。它在1月份的确涨了18%。可是，从去年年底我买了它之后，它在眼下已经跌了46%。我误以为互联网崩盘已经结束了，其实没有！"

"你要转向更安全的投资嘛。"西尔玛说。"一年前，我也被网络垃圾股弄得焦头烂额。所以，这次我就选择了更为稳健的基金组合。"

"我不需要稳健，"盖瑞特说。"我要的是刺激。"他笑了。"不管怎么说，我的其他基金也没好到哪里。第一季度，瓦奇小型股基金跌了11%，而雅努斯全球技术基金跌了30%。"

"我不知道你怎样熬过来的，"马可说。"你打算怎么做？"

盖瑞特说，"还不确定呢。分析人士说，科技行业的利润仍然很糟糕，很多人认为，整个经济形势在全年都会表现糟糕。不仅仅是科技企业，所有企业的利润都面临挑战。我应该离场观望。等股价更低时我再买回来。你们呢？"

"我啥都没做。"西尔玛说。"我和理财规划师研究了6只基金并组成了投资组合。我的奥本海默债券基金，还有太平洋债券基金都支付了债息。富达增益基金也支付了股息。对于这些债息和股息，我再次投资于支付它们的基金。我的基金比你的更安全。虽说这个季度很艰难，却没有对我的基金造成多大影响。债息、股息，还有我的补充现金，都是稳定收益。这个季度我总共取得5%的收益。所以，我挺高兴的。"

听到这个消息，盖瑞特并没有流露出喜悦的神情，而是重申了他的信念：先观望，等待更低的价格，然后再进场。这样，盖瑞特虽然暂时落后，后面却能赶超上来。

"你在去年 12 月不是干过这事吗?"马可问道。"那时你说过,互联网泡沫破灭之后,科技股就会变得更便宜,你会再次集中买进科技股。现在,科技股的股价更低了。如果你的目标是买进便宜的科技股,趁着股价降低,继续买进那些你已经持有的科技股,不是更好吗?"

"当然了,如果科技股能够很快上涨,那就很好了。问题是它们继续下跌呢?那就麻烦大了。对于这种进场和出场的股市游戏,我可以永远玩下去,不是吗?我先离场观望。我的补充现金也不会进入股市。你呢,马可?"

"我只是做了唯一能做的事,"马可说。这时,盖瑞特和西尔玛朝向他,脸上露出问询的神情。"真的,我在每个季度末都会执行相同的程序。我会查看一个结果:我的股票基金,加上投入债券基金中的一半补充现金,是否实现了 3% 的增长目标?如果正好达到 3%,我就保持原样不动。如果增长目标低于 3%,我就调动债券基金的资金买进股票基金,让股票基金实现 3% 的增长目标。如果股票基金上涨,超出了 3% 的目标,我就卖出超出 3% 目标的超额部分,然后把卖出收益,补充到我的债券基金。就这样。"

"那时候,你怎么干的?"盖瑞特问道。

"当时,我买进了更多的股票基金。然而股票账户的余额下降了 6%,没能实现这个季度 3% 的增长目标。不过,债券基金的绩效不错,第二季度涨了近 3%,并且也支付了债息。所以,我有充足的现金买进股票基金,使之达到 3% 增长目标。等到这个季度结束时,我的账户上涨超过了 8%。"

"这些都是好基金,"盖瑞特说。

"它们只是指数罢了。我的股票基金跟踪着标准普尔小型股 600 指数,我还持有政府 GNMA 债券基金。没有特别之处,也不涉及主观判断,我很喜欢这样。在和指数的战争中,人类积极管理基金的方法长期落败。何况那些积极管理的基金收费更高。"

西尔玛反驳说:"我的基金经理都是行业翘楚,他们击败了指数。

你知道，通过基金经理的排名系统，很容易选择优秀的基金经理。我的那些基金经理可都是高段位的大师。"

盖瑞特赞同西尔玛的观点，补充道。"西尔玛是对的，马可，不是所有人都输给了指数，败绩累累。"

"指数击败积极管理的观点是怎样形成的？"

2001年9月

2001年9月11日发生了恐怖袭击。股市关闭了一个星期，重新开市后，股价急剧下跌，可怜的盖瑞特的投资组合再遭重创。9月17日是恐怖袭击过后的第一个交易日。在这个周一，道琼斯指数下跌了7.1%，创造了当时史无前例的最大单日跌幅，纳斯达克指数下跌了6.8%。雅各互联网基金仅仅在9月就损失了27%，2001全年下跌了71%。瓦奇小型股成长指数在2001年下跌了6%，雅努斯全球技术基金下跌了54%。尽管盖瑞特一直动用每月的补充现金，趁着股价更为便宜时继续买进，他的账户价值却从年初以来下跌了26%。

午餐时间，三人在办公室附近的一个公园散步，盖瑞特告诉西尔玛和马可，从1万美元的初始资金，跌到当前的7,371美元，他在2001年的前9个月里总共亏损了2,629美元。"总损失可不止这个数，我必须把所有的月度补充现金也包括在内。在9个月的时间里，每个月会有405美元的补充现金，9月下来，补充现金就达到3,645美元。"他从口袋里抽出一张纸条。"总损失是6,274美元。我有些讨厌股票了。开始是无休无止的互联网爆雷事件，现在又轮到了恐怖攻击。哦，顺便说一下，马可，你的建议可真是一流的——在今年4月份，你出了主意，要趁着股价降低继续买进股票。"

"嘿，"马可说。"那不是我的错。我只是把信号提示的信息告诉你罢了。信号提示说，继续买进股票。我也买了股票，你知道的。"

"不过，你不是在夏天卖掉了吗？"西尔玛问道。

马可点了点头。"信号说，在第二季度末，我需要卖出股票基金。

我就卖出了。"

"现在信号怎么提示的？"盖瑞特问道。

"信号现在提示说，要大量买进股票。还能怎样呢？很多人手里的股票都在下跌。你又不是唯一的倒霉蛋。我的股票基金在上个季度就跌了16%。"

"在你上个季度卖掉之后，又跌了16%？"

"是的。"

"现在你打算买进更多股票？"

"是的，差不多超过2,500美元。这是一个大量买进的信号，至少对我来说是这样。"

"那么，让我猜猜，你认为我也应该买进更多股票吧？"

"我什么都没想，盖瑞特。我只是跟着信号走，它告诉我要多买一些股票，所以我会买的。另外，就算你想买进更多股票，你也没有现金了，对吧？"

"谢谢你的提示。"

"不，我只是问问。买进更多股票，不也是一种选择吗？"

"我至少可以动用每个月的补充现金，来买进更多股票，但我可能不会这样做。"盖瑞特说。

"我受够了。富国银行的首席经济学家说，恐怖袭击已经伤害了消费者信心，使商业活动产生数十亿的损失。我告诉你，我的信心肯定受到伤害了。经济学家说，经济增长也会受到影响，导致企业盈利下降，股价将会下降更多。这可是我刚刚得到的消息。"盖瑞特静静地走了一会儿。"但是，你的信号说现在就要买进，对吧？"

马可点了点头。他不想说太多，宁愿只报告信号。盖瑞特不是听够了，把信号视为噪音吗？

西尔玛说："我一直坚守我的计划。上个月我并没有输得很惨。艺匠国际基金和长叶合伙基金的价格分别下跌了12%和13%，但是太平洋债券基金赚到钱了。再加上我的定期补充现金、股息和债息，我的账户资金只跌了5%。盖瑞特，在股市下跌时买进，这很重要。你可以在便宜的价格买到更多股票。"

"我懂，我懂，不过，如果股价跌了又跌，变得更便宜了呢？那时，你的感觉如何。"

盖瑞特在这个问题上颇为纠结。他观看电视投资栏目，阅读投资网站信息，并且浏览了大量市场通讯的最新议题。妻子提醒他说，这些内容和一年前如出一辙。当时的舆论观点正推荐买进廉价的科技股。盖瑞特也承认了这一点。不过，他认为，在互联网泡沫末期，所有看跌股市的观点都被证实是正确的。同样的道理，现在是熊市末期，看涨股市，最终也被得到印证的。他想做出一些调整，但是不想错过预期的大幅上涨。

他的想法得到了媒体和市场通讯的证实。英国广播公司报道称，"最近纽约世贸中心的袭击进一步削弱了美国经济。华盛顿已经抹去了美国投资者数十亿美元的财富。许多人的反应是将资金撤离股票和共同基金。绝望的局面进一步加剧。"尽管他很讨厌这种声音，但他还是下定了决心，远离资金争相撤离市场时的踩踏现场。一些分析人士认为，这是投入新资金的完美时机。盖瑞特已经没有新资金了，但他可以调整早先的投资。

他很想放弃雅各互联网基金，甚至为曾经持有它而感到羞赧。在本年度迄今为止，它已经跌了71%。能不能放弃这笔互联网投资，重回市场关注的焦点领域，同时又不会损失全部的上涨潜力？他认为可以做到，因为他获知战争时期股市会表现良好。美国对阿富汗进行了报复性打击，从早期迹象来看，伊拉克也正在酝酿一些规模较大的军事动作。显然，如果美国在战争中有良好表现，股市就能上涨，人们期望由恐怖袭击引发的中东战争能够产生积极的结果。所以，他应该拥有股票。拥有哪种股票呢？航空股。

盖瑞特在一份新闻简报中看到了持有航空股的建议，认为航空股正处在底部区域，而股价即将展开火箭般的飙升。在9·11恐怖袭击中，恐怖分子劫持了飞机航班，作为回应需要保护航空运输，美国正对安全程序进行重大调整。因此，航空股和与航空业相关的股票都崩溃了。

可是，这些股票并不会消失。简报分析说，当人们恢复正常旅行时，股价就会大幅上涨，而且政府可以施以援手。这份简报提供了一份航空股名单，也推荐了"富达精选空运投资组合"（Fidelity Select Air Transportation Portfolio）。这份投资组合适用于"那些喜欢持有一篮子股票，而非挑选单一股票的投资者"。"就是这样！"盖瑞特买进了"富达精选空运投资组合"，并卖掉了雅各互联网基金。

他迅速行动，在第四季度启用了新投资组合，并期望获得更好的升值空间——事情已经无法更糟了——并且他的费用也降低了。早先的雅各互联网基金的费用是2.87%。而新的富达基金的费用仅为0.94%。他把一半资本都配置到"富达精选空运投资组合"中，费用降低意味着节省了很多资金。这是新投资组合的费用结构：

表48 盖瑞特在2001年第四季度的费用比率

基金	费用比率
富达精选空运投资组合（FSAIX）	0.94%
瓦奇小型股增长基金（WAAEX）	1.26%
雅努斯全球科技基金（JAGTX）	1.00%

盖瑞特熬夜研究，对他的选择进行再三权衡，并且和妻子探讨了市场情况，论证战争对股票造成的或好或坏的影响，期望选出在这场战争中表现良好的那些股票。西尔玛和马可却以逸待劳，显得无所事事一样。

西尔玛保持现状，让6只可靠的基金继续运行她的成本平均计划。不理会恐怖袭击的影响，她将405美元的补充现金一如既往地配置到投资组合。午餐后，她和同事们一起散步时，也没有对股票另生想法。

马可已经查阅了这一季度的信号线。上一季度的 IJR 小型股指基金的余额，再加上每季度投入债券基金 VFIIX50% 的补充现金，在这两者之和基础上这一季度需要实现 3% 的增长目标。信号线显示这一季度没有实现 3% 增长目标。这一季度的信号线是 10,620 美元。而 IJR 的收盘价 95.50 美元（未经调整），所以他需要买进 111 份 IJR。他只持有 85 份，所以他需要再次买进 26 份基金，需要 2,483 美元。他卖掉了债券基金，然后买了 26 份 IJR。他又瞥了一眼 SPY，查看它的跌幅是否过深，触发了"下跌 30%，坚守"的规则。结果是否定的。忙完之后，马可和西尔玛一样，对股市没有另生想法。

2001 年 12 月

加入闪片公司之后，第一年就这样结束了。以下是三位投资者的退休账户余额：

表49 盖瑞特、西尔玛和马可在 2001 年 12 月的 401（k）账户余额

投资者	401(k)账户余额 01 年 12 月 31 日
盖瑞特	$10,748
西尔玛	$14,553
马可	$16,216

2001 年，道琼斯工业平均指数下跌了 7%。除了恐怖袭击之外，投资媒体也对安然破产事件表示忧虑。《经济学人》在 11 月底写道，安然公司的股票市值在 2 月份达到 600 亿美元，破产之后，股东们却一无所有。一年前，安然公司的创始人肯恩·雷（Ken Lay）"还被吹捧为下一任能源部长"。现在，"他的职业角色却成了以惨败收场的创新企业家。"

"这个插曲可真有趣，"盖瑞特想，但他更关心新行业基金——富

达精选空运投资组合，它在第四季度仅仅增长了21%。而雅各互联网基金，就是被他放弃的那只基金，却增长了51%。盖瑞特用富达精选空运投资组合替代了雅各互联网基金，而其他基金的表现也胜过富达精选空运投资组合。瓦奇小型股基金上涨了30%，而雅努斯全球科技基金上涨了31%。盖瑞特虽然放弃了雅各互联网基金，但他仍然感觉良好。他只是希望在更换基金之前，将雅各互联网基金再持有一段时间就好了。

至少顾问们依然看涨航空股。国际空运协会表示，通过企业航空旅行调查，对商业团体持乐观预期，57%的受访者预计在6个月内将恢复正常旅行。盖瑞特认为，这属于航空股的利好消息，所以，他会继续持有他的三只基金，期望最终有所回报。

第四季度，西尔玛获得了很好的回报。艺匠国际基金获得了9%的收益，股息为1.06美元，而长叶合伙基金上涨了13%，股息为52美分。和孩子们参加新年晚会之前，她瞥了一眼账户余额，看起来不错，并很快将这码事抛之脑后。

在这个季度末，马可继续运行他的常规程序。"3%信号计划"发出了一个相当出色的卖出信号，这让马可心生喜悦，从而证明了上个季度的大量买进信号是正确的。IJR在第四季度上涨了20%，产生了一个10,176美元的卖出信号。马可执行了这个卖出信号，并将卖出收益转移到债券基金里。只需要15分钟的简单计算，简单操作几次订单，马可就完成了这个季度的工作。

第二年

2002年1月，每个人的工资都增加了5%，年薪为56,700美元，相当于月薪4,725美元。401（k）账户经过雇主匹配之后，每月补充现金增加到425美元。该年有一个标志事件——美国总统乔治·W. 布什（George W. Bush）针对伊拉克、伊朗和朝鲜的反恐战争论调日渐升温。他在第一次国情咨文演讲中强调，要打击这三个"邪恶轴心国"的恐怖主义。布什还概述了三个目标：赢得战争，保护家园，克服经济衰退。

2002年3月

这是盖瑞特的又一个乏善可陈的季度，富达精选空运投资组合涨了12%，但是瓦奇小型股指数跌了4%，雅努斯全球技术基金又跌了7%。他的整体余额，包括每月的补充现金，增长了13%，达到12,137美元。他很乐意看到这个结果并陶醉其中，认为自己拥有出色的判断力，幸亏将资金集中在航空股里，正是航空股强劲复苏才让资金增值加速的。"我已经搞明白了一两件事，"他在晚餐时告诉妻子。妻子问他："卖掉富达精选空运投资组合，获利了结并取出钱来，好不好呢？"他说，"不，还不行。我想它还有上涨的空间。"《投资人商业日报》告诉盖瑞特，持有赢家股票非常重要。航空股绝对是赢家股票，所以他想继续持有。

9·11恐怖袭击事件过去了6个月。据美联社报道，"自9·11袭击后的低点以来，道琼斯指数已经攀升了28.9%。纳斯达克指数上涨了35.6%，而标准普尔指数上涨了近21%。"美联社又报道说，"上涨难以维系，股价下跌不止，这样的景象已经持续了两年。对未来进行适度的预测之后，有观点认为，针对某些问题，现在已需要付出昂贵的代价。（一部分投资者）大量买进股票之前，希望更多公司能够提供业绩改善的报告。"

西尔玛和马可并不关心这些。他们很少关注金融媒体，而是将关注焦点放在家庭。西尔玛的账户在本季度增长了12%，达到16,243美元。马可的账户增长了103%，达到18,359美元。

2002年9月

2002年9月30日，《今日美国》发布了一篇《市场之熊将股票拖至洞穴深处》的文章。作者亚当·谢尔（Adam Shell）认为，股票从逻辑上讲不会永远下跌，但考虑到道琼斯工业平均指数已经跌了 3 年——在之前的 3 个月里，下跌就接近 18%——"无数投资者开始怀疑股票是否还能复苏。"道琼斯指数和标准普尔 500 指数取得了自 1987 年第四季度以来的最差季度表现。纳斯达克指数也跌到了 6 年来的低点。

"无效专家"的阵营也开始分化，多空双方挥拳相向。股市"至少已经到达了熊市的最末阶段"，伍迪·多尔西（Woody Dorsey）说。他是市场符号学公司（Market Semiotics）的总裁，这家公司专门研究行为金融学。"我们正在一个非常艰难的时期，所有的负面重大新闻都是自我强化的。"而看空人士则提出了反对意见，对下述事项表达了担忧情绪——伊拉克战争、恐怖主义、"一场潜在的通货紧缩"、公司利润疲软以及可能发生的双底衰退。经济有了起色之后，斯特拉热姆全球咨询（Straszheim Global Advisors）的唐纳德·斯特拉热姆（Donald Straszheim）还评论说，他预计这仅仅是"零星的、不可持续的反弹"，不会有更高的预期了。法尔米勒 & 华盛顿资产管理公司（Farr Miller&Washington）的总裁迈克尔·法尔（Michael Farr）说："过去几年，卖出股票总是对的，买进股票总是错的。"富国证券的交易员托德·克拉克（Todd Clark）补充说，"空气里弥漫着令人难以置信的悲观情绪。"

盖瑞特简直不敢相信这些悲观论调。他翻阅了他的家庭办公室的研究报告，回顾了整个季度。股市的噩梦会结束吗？

有一位市场策略师来自瑞恩贝克公司（Ryan, Beck & Co.）。他向美联社说，"我认为，当前多空阵营陷入了拉锯战。空方阵营期望经济和企业收益与当前相比，出现显著下降，而多方阵营希望经济扩张……"盖瑞特叹了口气，往后推了下电脑。"咄，你既说涨又说跌，想什么呢？"他嘲讽道。"除了既说涨又说跌，你还能提供其他选择吧？我给你出个主意：如果你什么都不知道，那就啥也别说。"

他对空运基金的重点押注已经失败。该基金今年以来，已经下跌了 30%，甚至跌破了 9·11 恐怖袭击之后的低点。但是，分析师仍然对航空股看涨。"航空股取得胜利的那一天终将到来，"通讯编辑写道。一年前，正是他向盖瑞特灌输了买进航空股的观点。"我们提前进场了，但是没有犯错。"

"提前进场，还没有犯错？"盖瑞特大声反驳说。"提早进场，让你站到火车轨道上试试！你会说'提前站上车轨并不安全，不过后面会安全的，对不起啊……'谢谢了！我他妈都被火车压扁了！有时候，早就是错。"

当然，一些分析人士仍然表示要坚定持股。在过去两年里，一些人声称"复苏的股市就近在街道转角"，两年过去了，复苏的股市还是没有到来。盖瑞特知道自己不喜欢这种论调。同样的人在同样的媒体上旧调重弹，没有提供一点帮助。他却掉下了悬崖，并且持续坠落。他知道要想等到奇迹般的股市复苏，最好先卖掉所有的股票，但他不会那样做。不过，他会停止每个月的追加投资。这样，每个月的补充现金就会积累起来，建立"买进缓冲"，当未来出现更低的低点时，再做买进也不迟。如果股市没有下跌，他就继续持有现有投资。这似乎是一种很好的妥协。

西尔玛遵循了她一贯的行动计划，保持原样。每个月来，她都把425美元的补充现金按照最初的配置方式，投入到她的6只基金。即使股市发生了扰动之后，也是这样操作。自3月底以来，包含补充现金在内的总账户余额下滑了不到3%。无关紧要。

马可一如平常地跟随着3%交易信号，但他担心现金可能耗尽。在第一季度末，他的债券配置达到了32%，超过了30%的临界线，需要进行第一次的重新平衡。下个季度，依然需要这样操作，"3%信号计划"发出了买进信号，需要对债券比例重新平衡，使债券比例降低至20%。

股市在第二季度绩效不佳，IJR小型股指基金下跌了7%。"3%信号计划"发出了信号，继续买进16份IJR小型股指基金，价值为1,832美元。在下单之前，马可的IJR股票余额是11,712美元。而他的VFIIX债券余额为7,264美元。使用VFIIX债券余额，除以18,976美元的账户余额，显示马可持有38%的债券。而他只想持有20%的债券。18,976

乘以 0.2，表明他只需持有 3,795 美元的债券。7,264 美元的债券余额减去 3,795 美元，显示他应该买进 3,469 美元的 IJR，而不是 3%信号指示的 1,832 美元。他卖出了价值 3,469 美元的债券基金，买进了相同金额的股票基金。第二季度开始时，股票为 15,181 美元，债券为 3,795 美元，完美地返回至 80/20 的比例，这正是马可的目标。然后他又恢复运行标准的"3%信号计划"，直至债券再次达到 30%的配置比例，从而引发了下一次的重新平衡。

不幸的是，股市一直在下跌。第二季度大量买进股票之后，"3%信号计划"在第三季度，又发布了一次金额为 3,925 美元的大量买进信号。马可向债券基金补充了资金，将债券基金的余额推高至 5,204 美元，从而为股票基金的买进信号提供资金。但是，这样操作之后，他的债券配置比例下降至低水平的 7%。在未来季度里，如果出现了一个大量买进的信号，同时又没有出现卖出股票基金的信号，这样就无法为买进提供资金，无法在价格继续下跌时买进股票基金。这样，他就无法展开行动。这种情形促使他打算建立一个"底部买进账户"，应用于"3%信号计划"。如果所有的债券基金都耗尽了，"底部买进账户"还可以提供额外的现金。可是，马可在眼下还没有"底部买进账户"。如果来年能够加薪，他打算建立"底部买进账户"。

2002 年 12 月

服务闪片公司的第二年结束时，以下是我们 3 位投资者的退休账户余额：

表 50　盖瑞特、西尔玛和马可在 2002 年 12 月的 401（k）账户余额

投资者	401(k)账户余额 02 年 12 月 31 日
盖瑞特	$12,085
西尔玛	$17,931
马可	$19,604

第七章 "3%信号计划"的完整周期

道琼斯工业平均指数在 2000 年和 2001 年分别下跌了 6% 和 7% 之后，在 2002 年又下跌了 17%。纳斯达克的情况更糟：2000 年下跌了 39%，2001 年下跌了 21%，2002 年下跌了 32%。《商业周刊》发布了一篇特别报道——《2003 年资金最佳投向》。文章是这样开头的：

有人说，华尔街是一条弯曲狭窄的街道，起点是一条河，终点是一片墓地。这真是一个恰当的比喻——2002 年是令人生畏的熊市的第三年。股市经历了罕见浩劫，毁掉了巨额财富。美国企业也遭遇了一系列史无前例的丑闻。一些词汇，例如安然、世通、阿德比、艾克隆、格鲁布曼、科兹洛夫斯基和法斯托都成了腐败和贪婪的代名词。即使是玛莎·斯图尔特（Martha Stewart）——"清白女王"——都在内幕交易的丑闻中弄脏了双手。事情变得糟糕透顶，以至于华尔街成了深夜脱口秀节目中频繁出现的笑料。杰·雷诺（Jay Leno）说："你知道拉斯维加斯和华尔街的区别吗？在拉斯维加斯，你赔个底朝天之后，起码还能拿到免费饮料。"

盖瑞特不再使用每个月的补充现金进行投资，这个计划看起来正确。买进富达精选空运投资组合之后，它先涨了一点，然而在 12 月又下跌了 2%。盖瑞特的其他基金也是这样。他更乐意持有现金，准备在合适的时机买进。当然，需要假设他能够找到正确时机。他和妻子为 2002 年圣诞节庆祝活动定了一条家庭规矩：不得谈论股票。盖瑞特谈论股票时，情绪很差。因此，深感厌倦的妻子要求完全回避股票话题。盖瑞特急切地答应了。

对于自己的 6 只基金，西尔玛满意极了。无论市场如何变化，它们都有乐观的表现。西尔玛每个月都向这 6 只基金投入更多的钱。两年前的勤勉研究终于得到了回报，高等级的基金正在实现她的目标。如果熊市结束了，她期望真正看到一些收获。

马可也很高兴。同时，他对低水平的债券基金余额有点紧张。因为他一直使用债券基金，满足"3%信号计划"的熊市买进信号。第三季度末，债券比例是7%，第四季度末，达到11%，债券比例起码是上升了。只是马可一看到债券比例下降至10%之上，就会心生困扰。他决定在来年开通一个"底部买进账户"，用来保障投资安全。

第三年至第七年

在2003年至2007年，3位投资者的工资每年都增长5%。他们在管理个人财务时，决定留出总工资的4%，存放在闪片公司合作银行的储蓄账户里。他们将从储蓄账户取出适度的红利作为奖金，偶尔娱乐一番。储蓄账户的余额与补充现金同步增长。下表回顾了5年来的相应操作结果：

表51　自2003年至2007年的工资与补充现金

年份	年薪	月薪	401(k)账户的月度补充现金 (6%工资 + 50%公司匹配资金)	储蓄账户的月度 补充现金(4%)
2003	$59,535	$4,961	$447	$198
2004	$62,512	$5,209	$469	$208
2005	$65,637	$5,470	$492	$219
2006	$68,919	$5,743	$517	$230
2007	$72,365	$6,030	$543	$241

三人都将这笔储蓄当成应急基金。但是，马可还让他的储蓄担当了一个额外角色——建立一个"底部买进账户"，服务于"3%信号计划"。对于这个应急账户，马可很快就淡忘了。因为2003年第二季度之后，他的债券余额保持在一个舒适的高位区。补充现金和3%信号让债券余额实现了增长。他总是把4%的工资留出来，当成储蓄。这样，如

果债券基金的余额耗尽之后，这笔储蓄就能充当"底部买进账户"的资金。当姗姗来迟的牛市正在底部成形时，"底部买进账户"动用的资金很难发生深度亏损。

不过，2003年至2007年间的开始阶段，并不是正在成形的牛市，而是充满了各种不确定性。

2003年3月

2003年第一季度的主要议题是伊拉克战争。布什总统宣称3月17日是"真相时刻"。联合国安理会需要通知伊拉克立即解除武装，否则将面临入境攻击。然而，联合国对布什提议未予理会，伊拉克总统萨达姆·侯赛因也拒绝下台，所以美国在3月19日轰炸了巴格达。第二天，地面军队进入伊拉克。3月22日，广泛宣传的"震慑与恐吓"空袭行动开始了。

终于，战争开始了。在之前的不确定氛围中，从1月中旬至3月12日，道琼斯指数下跌了14%。当战事如同箭在弦上即将爆发之时，股市就掉头上涨了。盖瑞特觉得自己真是个天才。在上一个圣诞节，无论走到哪里，都能听到人们在谈论战争，再无其他话题。盖瑞特听从了一份周期择时通讯的建议，将"富达精选空运投资组合"的资金，转移到"富达精选防务航空基金"（译注：简称防务基金）。该基金重点布局于国防工业。在一场旷日持久的战争中，它的上涨概率很大。此前，由于缺乏目标客户，它仅仅收取了0.84%的费用。相比之下，精选空运基金的费用为0.94%。

在战前的鼓声中，精选防务基金在第一个季度只下跌了8%，而富达精选空运投资组合下跌了9%。对于盖瑞特来说，这是一个可喜的进展。他依然保留着每个月的补充现金，没有用于投资。从去年10月起，他就一直持有现金。经过了6个月，他的现金余额增长到2,616美元。他很高兴，因为如果他每个月都坚持投资的话，就会损失更多的钱。他的选择时机已被证明是正确的，他的信心随之增强。为了实现完美动作，他必须在合适的时机动用现金——而他觉得正确的时机来临了。他的大部分市场通讯都说，战争开始，牛市开启。战争已经开始了，他已经拥有了市场中唯一的防务基金。在这个战争周期，如果能出现较低的价格，他就继续买进防务基金，这样，情况会变得更好。2003年第一季度末，盖瑞特决定将他的全部现金2,616美元都投入精选防务基金中。每个月，他都会定期买进这只基金。他准确地捕捉到了战争的风向，现在终于能跟随风向起舞了。

对于防务基金，盖瑞特持有乐观态度，而晨星分析师克里·奥波伊尔（Kerry O'Boyle）也提供了支持。他在2003年3月18日发表了评论——《唯一基金在战争阴影中熠熠生辉》（This Unique Offering Continues to Shine in the Shadow of War）。开头部分这样写着：

富达精选防务基金最近受到了相当多的关注。作为唯一的跟踪国防工业的部门基金，它被视为在伊拉克战争中获益的领先候选基金。但是，需要忽略该基金的长期前景，尤其要考虑国防开支的扩张趋势。基金经理马修·弗拉汉（Matthew Fruhan）认为，军队正处在建设热潮中，需要淘汰老旧设备。布什政府上台以来，采购力度只会加强。战争能够为防务类股票带来短期提振，武器更换的周期推升了防务企业的利润。

当盖瑞特掌管着他的资金，从新闻趋势中获益时，西尔玛的全明星投资组合也在正轨上运行，所以，西尔玛延续了她的传统，仅仅瞅了眼正在增长的账户余额，没做任何操作。尽管股市处于奥波伊尔（O'Boyle）宣称的"战争阴影"中起伏不定，西尔玛的投资组合加上补充现金，在第一季度还是增长了4%。她高兴地注意到，按照目前的速度，账户将很快超过2万美元。

马可一直监控着SPY，看它是否激活了熊市中的"下跌30%，坚守"规则，在2002年第三季度，这个规则终于激活了。从两年里的最高季度收盘价算起，价格跌幅已经超过了 30%。SPY 在 2000 年收盘于 131.19 美元，该规则"下跌 30%"的价位是 91.83 美元。2002 年 9 月，价格收盘于 81.79 美元，明显跌破了 91.83 美元。所以，马可需要继续持有 IJR 小型股指基金，并忽略后续的 4 个卖出信号。股市又有连续的两个季度表现不佳，使得"3%信号计划"发出了买进信号。为了满足当前的一个买进信号，马可的债券余额再次下降到 7%。

不过，很长一段时间以来，只有最近的季度才出现了低水平的债券余额，这让马可感到担忧。2003 年 3 月底，马可买进 IJR 的价格为 91.48 美元，在接下来的两年里，IJR 价格将上涨 74%，达到 158.85 美元。这一时期的开始阶段将有连续的 4 个卖出信号出现，依据"下跌 30%，坚守"的规则，他会忽略这 4 个卖出信号。然后，IJR 会进行三股送一股的分割，在接下来的两年里，继续上涨 29%。他当然无法预知这一切。随着价格的步步上涨，那些制造市场噪音的专业人士们也对新闻事件喋喋不休地展开了评论。不过，马可对这些市场噪音并不感冒。"3%信号计划"的美妙之处，在于它不会自寻烦恼。

2004 年 12 月

服务闪片公司的第四年结束时，我们三位投资者的退休账户余额如下：

表 52　盖瑞特、西尔玛和马可在 2004 年 12 月的 401（k）账户余额

投资者	401(k)账户余额 04 年 12 月 31 日
盖瑞特	$33,285
西尔玛	$37,416
马可	$44,809

在节日聚会上，盖瑞特和其他两位同事比较余额之前，就对自己的

投资组合深有信心。随着伊拉克战争陷入泥潭，精选防务基金也涨势喜人。布什总统改变了战争目标，以前是搜寻子虚乌有的大规模杀伤性武器，现在却要在曾经厌弃民主的伊拉克建立起民主制度，防务分析家们高兴得都要抓狂，因为这样的任务永远不会完成。没有尽头的战争，才是制造防务利润的最佳方式。盖瑞特在2003年3月对精选防务基金进行了额外投资，终于得到了回报。截至2004年底，该基金的价格上涨了78%。盖瑞特的其他基金也表现不俗。与此同时，瓦奇小型股指基金增长了601%，雅努斯全球技术基金增长了52%。然而，盖瑞特还是远远落后于两位同事。西尔玛和马可没有大的动作，只是继续在账户里执行乏味的计划。

盖瑞特又沉浸到股市研究中，阅读了一份能源类的市场通讯。其中推荐了炼油和钻井设备供应商，因为它们的股票最近表现良好。盖瑞特又拜读了理查德·伯恩斯坦（Richard Bernstein）的内容。这位来自美林的首席美国策略师向《商业周刊》表示，2005年股市将会上涨，只是涨幅很小，大约1%，而股息预计在2%左右。"实现这样的目标也会艰难。"伯恩斯坦警告说。"美联储将上调短期利率，同时企业的利润增长速度也将放缓，降低至2004年的18%的一半左右。在美联储主席艾伦·格林斯潘（Alan Greenspan）的领导下，这种政策的效果总以失败告终。历史上也多有巧合。这种政策曾经引发了20世纪90年代初的经济衰退、1998年的金融危机、科技泡沫的通货紧缩，还有上次的经济衰退。"他喜欢能源行业，因为"股价呈现出周期股的涨跌规律，从长期趋势看，股价会涨得越来越高。"他建议避开炼油和钻井设备供应商。"最好躲在可靠的巨无霸企业里，类似埃克森美孚。"

经过认真思考，盖瑞特与妻子在晚餐时间进行了沟通，决定卖掉持有的雅努斯全球技术基金。这笔投资拖累了整体绩效，卖出收益将转投到埃克森美孚股票。他将每月的补充现金分成两部分，一半投入精选防务基金，1/4投入瓦奇小型股指基金，1/4投入埃克森美孚股票。盖瑞特认为可能过度分散化了，打算将账户的一部分资金集中在一只股票上，实现更好的操作效果。毕竟，伯恩斯坦称能源股为"十年里的头号题材"，并认为埃克森美孚会成为能源行业的龙头股。自2003年3月以来，这只股票几乎能与雅努斯全球技术基金并驾齐驱，并且稳定地支付了季度股息。所以，盖瑞特认为它的前景不错。在2004年12月底，他的投资组合调整如下：

表53 盖瑞特在2004年12月末的投资组合

投资	配置
富达精选防务基金（FSDAX）	53%
瓦奇小型股基金（WAAEX）	29%
埃克森美孚（XOM）	18%

西尔玛很惊讶地发现，她的全明星组合并未达到预期表现。和她的勤奋研究不同，马可没下多少苦功，只是在3%信号系统里，选用了两支非常便宜的指数基金。马可一贯谈论3%信号系统，简单把它当成了避谈股票话题的借口。当盖瑞特或其他同事翻来覆去地讲述那些电视节目或阅读中的预测观点时，马可会举手说："我没有意见，也不关心这些事情，我只是跟着3%信号走。"有段时间他的信号令人印象深刻，甚至略微领先于西尔玛的全明星阵容。而现在，"3%信号计划"已经不是轻微领先了，而是领先了足足20%。在投资媒体中，西尔玛阅读了她的基金的更多信息，判断她自己是否出错了？结果不像是出错。人们普遍认为梅森和比尔·格罗斯等人将会取得更为出色的胜果，所以，她决定暂时持有。然而，她的心中泛起了一丝怀疑。

马可十分快乐，他的债券余额在本季度达到了25%的比例。马可有些惊讶，是不是很快就要把多余的债券资金转换成股票呢？他的唯一挑战，就是将债券余额的富余部分，通过重新平衡，转移到正在激增的股票余额中。生活是美好的。他花了多少时间，去倾听那些收费的"无效专家"和其他噪音制造者的观点呢？一分钟都没有——他把这些所谓的专业人士都打败了。

2005年9月

2005年8月29日，卡特里娜飓风袭击了路易斯安那州，对该州、佛罗里达州至得克萨斯州的墨西哥湾沿岸都造成了严重的破坏。新奥尔良市的防洪系统发生了决堤，洪水淹没了这个城市的八成地方，并引发了针对美国陆军工程兵团的诉讼。工程兵团在美国最严重的民事工程灾难中担任了不光彩的角色。在这场风暴中，超过1,800人死亡，损失高达1,000多亿美元。卡特里娜飓风是美国历史上造成最大损失的飓风。

CNN/MONEY的克里斯·伊西多尔（Chris Isidore）在9月6日警告说，"毁灭性的飓风带来了附加影响，不止是造成汽油价格上涨。房地产和住宅建设、贸易、农业和畜牧业——甚至是美元的购买力——在接下来的数月里，都很可能受到这次飓风的影响。更糟糕的是，可能发生经济衰退：

美国经济的增长预期将大幅放缓。许多投资者和分析师相信，在9月20日的议息会议上，美联储可能不会提高利率。从2004年5月利率保持不变以来，还是首次发生这样的事情。

人们越来越担心能源价格上涨，再加上运输中断，还有海湾地区经济活动放缓，可能会让经济陷入真正的衰退。

"有必要谈谈经济衰退了。虽然，在我看来，经济衰退的可能性不到50%，"投资银行BMO Nesbit Burns的副首席经济学家道格·波特（Doug Porter）说。"最近的每一次经济衰退都是由能源危机先行引爆的。当然，起码存在着风险，使经济增长受到延滞。"

盖瑞特笑了。能源危机？没问题的。他持有埃克森美孚公司的股票，股价巧妙地跟随着石油价格同步上涨。自从他在去年12月底买入该股以来，已经累计上涨了204%，每股股息为85美分。现在，他的投资组合中，有201%的涨幅是该股贡献的，尽管他的另外两笔投资也赚了很多。

西尔玛和马可同样很棒。对三位投资者来说，在401（k）账户里，没有任何值得担忧的事情。不过，为了保险起见，盖瑞特和西尔玛询问了当前的3%信号。"少量卖出，"马可说，"卖出金额不到100美元。相当于按兵不动。"这正是他们三人一致认同的做法。

2006年12月

服务闪片公司的第六年结束时，以下是我们三位投资者的退休账户余额：

表54　盖瑞特、西尔玛和马可在2006年12月的401（k）账户余额

投资者	401(k)账户余额06年12月29日
盖瑞特	$59,769
西尔玛	$60,458
马可	$66,957

对于盖瑞特来说，这真是一个打击，他仍然是最后一名。他的账户余额在2006年实现了36%的增长，从43,805美元增长到59,769美元。精选防卫基金上涨了11%，支付了高达6.61美元的股息，收益率为8%。瓦奇小型股指基金稍微涨了一点，但是支付了每股2.92美元的股息。埃克森美孚的股价上涨了306%，每季度支付32美分的股息。盖瑞特的账户不停地上涨，可是，他却没有跟上两位同事懒散的步伐。他们持有的投资表现如何呢？

西尔玛的长叶合伙基金上涨了13%，并支付了股息。艺匠国际基金上涨了15%。其他基金的表现也不错，并且支付了股息或债息。马可的IJR小型股指数上涨了14%，并支付了股息，他的债券基金的价格保持平稳，但是收获了5%的债息。这样的绩效都不算优异。但是，西尔玛

的绩效却超越了盖瑞特，马可的基金只实现了平庸的市场绩效，可是来自股息、债息的额外利润却很充足，使他加大了领先优势。

就在那时，在西尔玛面前，盖瑞特描绘了一种投资方案，认定这样操作，能让他超过西尔玛，甚至可能超过马可。他们还有另一位同事，我们称呼他为"完美彼得"。这位同事开始吹嘘自己的投资。"完美彼得"对盖瑞特说："我相中了一只股票，它的名字是第一德镇。我要靠它获胜。第一德镇的这个事件是甜点里的甜点——把学生贷款进行证券化。注意是学生贷款，而不是次级贷款。信贷繁荣时，大多数人都在关注抵押贷款，但真正的聪明钱会关注学生贷款。这些人把一篮子的学生贷款，组装成可以买卖的证券，并从中收取高额费用，然后卖掉，几乎没有风险。这很聪明。"

"第一德镇的股价表现如何？"盖瑞特问道。

"嗯？""完美彼得"笑了。"当然很好啦。一年前，我在35美元时买进这只股票。它在本月之前涨到了75美元，然后进行了三股送两股的股票分割。"为了让盖瑞特加深了解，他用胳膊肘碰了碰盖瑞特，低声说，"它甚至每个季度都会支付股息。"

"所有的利润都可能消失。"盖瑞特说。

"我可不同意你的说法。第一德镇的基本面坚如磐石，市盈率只有13倍，利润率为丰厚的46%，收入增长760%，银行里有2.65亿美元的现金，几乎没有债务，内部人士控制着1/3的股份。至少你知道，如果它完蛋了，管理这家企业的人也会跟着倒霉，对吧？"

"对。你正在买进更多股票吗？"

"是的，买了很多。"

盖瑞特确认了"完美彼得"关于第一德镇的基本面分析是正确的。盖瑞特发现，对该只股票的研究结果绝大多数都显示了正面信息。当然，也有一些分析师担心，它的股价最近上涨了，显得估值过高。第一德镇正处于生意最红火的时期。它刚刚完成了一笔私有学生贷款证券化的活动，这是由几家银行发起的，价值为10亿美元。对于那些不同的贷款项目，第一德镇都提供了帮助。在最近的 10-Q 报告中，盖瑞特得知第一德镇不受贷款风险的影响。因为它"对于客户贷款没有直接持有的利益关系，也不是第一德镇提供的贷款项目的贷款人或担保人"。它的盈利模式"靠着贷款的交易量赚钱，从贷款来源到证券化的过程中，第一德镇都进行了外包。"看起来，这个模式很有前途。大学学费正在过度上涨，学生贷款的需求是有保证的。第一德镇就像是借款人和贷款人之间的终极中间人，以最小的风险，赚取巨额利润。

2006 年 12 月底，盖瑞特卖出了一半的瓦奇小型股指基金，用卖出这只基金的所得，买进了第一德镇的股票。瓦奇小型股指基金在盖瑞特的投资中表现最差，而埃克森美孚则是表现最好的领跑者。也许，通过精明的精挑细选，筛选出的新股票也可能成为一个领跑者。第一德镇的前景甚至胜过埃克森美孚。盖瑞特认为买入第一德镇之后，他甚至能在401（k）账户的竞赛中领跑。他的新投资组合如下所示：

表 55 盖瑞特在 2006 年 12 月末的投资组合

投资	配置
富达精选防务基金（FSDAX）	54%
埃克森美孚（XOM）	22%
第一德镇（FMD）	12%
瓦奇小型股基金（WAAEX）	12%

对于自己的投资组合在牛市中的进展，西尔玛和马可都感到满意。马可惊讶地发现，自己竟然轻松地领先于西尔玛。如果牛市足够持久，马克知道自己可能落后于一个立场坚定、充分投资的投资组合。但是，西尔玛的亚军位置，提醒了我们在充分投资时，需要将资金集中在那些绩效优异的股票上。西尔玛的立场很坚定，否则她的投资结果就会一无是处。她在挑选优中选优的顶级基金时，确实做了功课。但是她进行了

分散化的投资，偏离了绩效优异的投资类别。在后面的季度里，她的专家团队还能证明他们的本事吗？

2007年9月

房地产市场的糟糕消息正在四处弥漫。《巴伦周刊》（*Barron's*）发布了一篇文章——《楼顶坍塌，预做防范》，里面谈到了杰弗里·冈拉克（Jeffrey Gundlach）的策略："他预计美国房价每年平均下跌12%至15%。从去年的高点算起，最早于2008年底才可能到达最终低点。房地产市场可能在2010年或2011年才会复苏，让人备受打击，也会真正损害经济。"杰弗里·冈拉克是TCW集团首席投资官和债券基金经理。

在冈拉克看来，抵押贷款违约、抵押品赎回权丧失的恶化趋势会加速。"明年和2009年初，陷入麻烦的2006年和2007年早期的次级抵押贷款，将达到了两年期利率的重置点。届时，荒谬的超低利率将到期。月供将跳涨三成甚至更多，很多房主极可能认输，而抵押贷款也就还不上了。"

也许吧，盖瑞特认为，美联储更倾向于支持经济发展。9月美联储将联邦基金利率下调了0.5%，达到4.75%，从而刺激股市大幅上涨。一个月前，盖瑞特在《巴伦周刊》上读到一篇文章——《反向投资者应看涨股票》。在那份投资通讯里，监管机构的马可·赫尔伯特（Mark Hulbert）写道，从7月初到8月初，股市下跌了7%，"毫无疑问，这轮下跌肯定不是大熊市的开始。"赫伯特的理由是，既然投资通讯的普遍观点已经转向熊市，那么就是反向操作的时候。因为"反向投资者会得出这样的结论：当前的投资者情绪并不符合大型顶部的典型心理特征。"他建议投资者采用新的思考方式："当股市转折时，一般的择时市场通讯的编辑更容易看错方向，而不是看对方向。现在看空，要求你必须押注，认定这次编辑反常地看对了方向。这真的是你期望的押注方式吗？"

这不是盖瑞特期望的押注方式，所以他一直保持现状不做变动。从

7月末至9月末，他的账户从66,756美元增长了11%，达到74,092美元，账户增长得益于美联储帮了一点小忙。没错，美联储总能合法提供帮助，它的政策总能支持股市。盖瑞特认为，这正是长期看涨股市的原因之一吧。《今日美国》报道说，随着降息50个基点，道琼斯指数大幅上升了335.97点，涨幅为2.51%，到达了13739.39点。而上次涨幅超过300点，发生在2002年10月15日。当时道琼斯指数上涨了378点。周二创下了2003年4月2日以来的最大涨幅。7月中旬道琼斯指数创下新高，收盘于14000.41点。和这个新高相比，目前，由蓝筹股组成的道琼斯指数仅仅低了大约1.9%。

盖瑞特押注于第一德镇，然而第一德镇却掉头向下。和去年12月的买进价格相比，下跌了31%。不过，从去年7月以来，该股票的股息增长了105%，股息从3月的每股15美分，提高到9月的27.5美分。一份名为《乱石寻美玉》的市场通讯依然推荐第一德镇。在Motley Fool CAPS研究社区的2,000名投资者中，有1,900人都认为第一德镇能够击败股市。本月早些时候，第一德镇宣布它的资产担保证券的最新销售额将升高至近30亿美元。股价正在等待上好的复苏，一切都貌似符合正轨。股价更低了，并且可以投入更多的资金，盖瑞特感觉很好。

他从每月的补充现金中，划出12.5%的资金，买进第一德镇的股票，并将继续这种操作。此外，他精心挑选的那些投资也都有着良好表现，足以弥补第一德镇的暂时亏损。今年以来，精选防务基金上涨了18%，埃克森美孚的股价上涨了201%，而瓦奇小型股指数上涨了9%。在第一德镇的杰出商业业绩的推动下，如果第一德镇的股价恢复上涨，他的投资组合就能全速运转，获得可观的利润。

2007年12月

服务闪片公司的第七年结束时，我们3位投资者的401（k）账户余额如下：

表56 盖瑞特、西尔玛和马可在2007年12月的401（k）账户余额

投资者	401(k)账户余额07年12月31日
盖瑞特	$70,740
西尔玛	$71,208
马可	$74,092

盖瑞特和西尔玛都缩小了他们和马可之间的账户差距。从西尔玛的全明星投资组合中，似乎证明了高额费用是值得付出的。西尔玛仔细研究了积极管理基金的追踪记录，坚守计划，这是长期获利的关键。西尔玛仍然领先于盖瑞特，看起来注定要超越马可，并且毫不费力。

和前几年年末的烦恼相比，盖瑞特的心情好多了。现在，他的全部努力都最终得到了回报。他和西尔玛著名的基金经理并驾齐驱，并且在成绩上也逼近了马可的那些沾沾自喜的信号计划。在第四季度，因为第一德镇暴跌了60%，盖瑞特差点要放弃这只股票。他搞不清楚暴跌的原因，因为公司和有毒的次级贷款毫无关系。所有看涨第一德镇的人，都坚持认为股市在换洗澡水时，把婴儿泼出去了。他们建议，当第一德镇的股价降低时，继续买进，摊低成本。就这样熬着，等待最终复苏。盖瑞特继续持有第一德镇。无论如何，风险已经降低了很多。因为第一德镇在他的投资组合中的比例，已经缩小至3%。即使完全忽略这只股票，也没什么问题。

在年末的假日季节，所有人都感觉很好，就像大多数投资者在牛市尾声的表现。马可很少关注股票，但他周围的人都在吹嘘自己炒股取得了好成绩，所以很难忽略股票的消息。盖瑞特变得特别聒躁，他斥责马可在这个季度将20%的资金配置在债券上。"我还领先你呢，"马可提醒说，盖瑞特反驳了一句："领先幅度可是缩水了哦。"他不遗余力地提醒马可，从长期看，股市是上涨的。如果有人提起互联网崩盘，盖瑞特就会反驳，"崩盘之后呢？还不是迎来了狂涨的牛市。把钱投进去，

以钱生钱才是王道。"

3%信号提示马可，今年的大部分时间都是买进信号，包括那个季度。唯一的卖出信号是第二季度，而且是温和的卖出信号。他注意到从那以后，IJR 就稳步下跌。从第二季度末开始，IJR 的价格下跌了 9%。接下来的两个季度的买进，他的债券余额从投资组合的 27% 比例，降低到第四季度买进 IJR 之后的 20%。至少，3% 信号将更多的债券资金转移到股票上，这是所有人都喜欢谈论的资产类别。不过，有些事情很奇怪。如果股票很好，为什么 IJR 小型股指基金会连跌 6 个月呢？

马可和妻子聊起了他对 3% 信号的一些想法。他罕见地在家里谈起了股票话题。夫妻两人一致认为，7 年内，他们的账户将增长至 74,000 美元。同时，也不必理会华尔街的那些麻烦事。这样的安排相当不错，胜过大多数人。他们决定让 3% 信号按照自己的步调运行。

盖瑞特向马可打听，2007 年 12 月底出现了什么信号呢？"买进信号"，马可回答。"大量买进，需要动用 6,400 美元。"盖瑞特拍了拍他的肩膀。

"看来，你的 3% 信号又打算领跑了，这是好事呢。我的大部分市场通讯也持乐观的计划。所以，你的信号可能是对的。"

"到目前为止，一切都是正确的。你的市场通讯说了什么？"

"市场通讯说，我们将能赚到更多的钱，我会传给你一些精彩的邮件。"在盖瑞特的论调中，充满了权威评论，夹杂着他自己的分析。盖瑞特强调牛市一启动，他就参与进去了。盖瑞特评论时，会带有这样的字眼："就像我预期的""这是显而易见的"和"任何有心人都能看到"。

鲍勃·布林克尔（Bob Brinker）在 12 月初的《市场择时者》（*Marketimer*）市场通讯中写道，股市最近发生了抛售，这是好消息。"股市从 10 月开始，发生了短期回调，并持续到 11 月。我们认为，这种回调已经很健康，并为标准普尔 500 指数创下新高铺平了道路。"盖瑞特认同这种观点。因为任何关注股市历史的人都会注意到，股市从来都不是直线上涨的。在上涨途中，市场也需要休整，避免超买。他解释说。

在12月6日的《图表派共同基金信件》(The Chartist Mutual Fund Letter)中，编辑丹·沙利文（Dan Sullivan）写道："我们发现了值得注意和最鼓舞人心的事实——面对极端不利的消息，股市依然能够上涨。以史为鉴，牛市还在继续。我们敢这么断言，在于牛市顶部的消息面会非常乐观，公众们也会欢呼雀跃。而当前的金融媒体却描绘了非常黯淡的画面，公众忧心忡忡。更多的证据显示，我们正处于股市的底部，而非顶部"。这封信件中的投资组合处于充分投资状态。

盖瑞特又发表了意见："沙利文是对的。这时的散户投资者总是过于悲观了。当散户一致看涨时，才是离场时间呢。预计2008年还有更多的上涨空间。"他喜爱一位投资者朋友的观察结果："我们可能处于牛市末期的开始阶段，而不是牛市末期的结束阶段。"

斯蒂芬·萨维奇（Stephen Savage）在《轻基金分析师》(No-Load Fund Analyst)中也主张充分投资，他认为"我们的评估工作继续提示，在广泛的倾向于成长的大背景之下，起码美国大型股的估值是合理的。在我们的5年策略期内，我们继续期望股票能够胜过债券。"盖瑞特说，他的分析结果也表明市场估值并没有过高。"另外，"他补充说，"估值显示，市场几乎不会崩盘。"

《价值线投资调查》(Value Line Investment Survey)甚至认为，如果"经济在2008年保持稳定，企业盈利就能温和增长。"这样，股票就会上涨。6月份以来，这份刊物就持续推荐75%的股票配置比例。盖瑞特认为企业盈余很可能"大幅增长，而不是温和增长"。他建议道，"美联储正在夜以继日地工作，刺激股票上涨，这时一定不要和美联储作对。"

2008年来临。

第八年至第九年

在2008年和2009年，闪片公司停止了加薪，希望在美国信贷危机期间，能够保障公司的财务状况。我们三位投资者的年薪维持在2007年的72,365美元。他们每月都向401（k）账户存入543美元，向储蓄账户存入241美元。

2008年12月

2008年3月，贝尔斯登破产。2008年3月14日周五，在交易时段的前半个小时里，贝尔斯登的股价下跌了47%，交易量十分巨大，每分钟的买卖手数甚至超过了100万股。在《纽约》杂志上，吉姆·克莱默（Jim Cramer）写了一篇《"贝尔斯登"式牛市》（*The Bear Stearns Bull*）的文章。副标题是"美国第五大银行倒闭，股市触底"。他指出，不仅仅是贝尔斯登的股价到了底部，甚至"整个股市"和"长期以来，多灾多难的房地产市场也触底了。"如果听从了上述建议，就像盖瑞特一样，在2008年3月要么买进股票，要么继续持有早先投资，在今年的后续时间里，都会蒙受损失。举例来说，精选防务基金从3月底到12月底又下跌了36%。

比忽略熊市观点更严重的是，大量的看涨观点集体出错，削弱了坚定投资者的韧性。那种"真后悔啊，我不应该听"的受挫感觉，摧毁了更多的信心。这种打击，比"错失了良好建议的遗憾"还要惨痛。长期以来，投入股市的每一块美元都在缩水，熊市不仅没有结束，而且还在加速下跌。

那年秋天，雷曼兄弟（Lehman Brothers）陷入了次贷支持证券（subprime mbs）的废墟之中。雷曼股价出现了令人作呕的瀑布式下跌。如果仅仅是一次性的闪跌，还有新闻价值。但是，下跌连绵发生，拖累股市跟着下跌。全球都在质疑这次冲击的规模，怀疑现代金融是否能够承受这种剧烈的冲击。9月9日周二，雷曼兄弟股价下跌了45%。两天后，又下跌了40%。在这个周末，雷曼试图寻求政府的紧急救助计划。当政府看起来不会施以援手的时候，它又拼命地寻找其他救命稻草。最终，它都失败了。9月15日周一凌晨，雷曼兄弟在纽约宣布破产。

那一天，惊悚的新闻铺天盖地，道琼斯工业平均指数下跌了504点。除了雷曼兄弟的传奇事件，美国银行还被迫动用了500亿美元，收购了美林银行，防止金融体系进一步土崩瓦解。当时，美林银行的大量交易伙伴对其偿付能力失去了信心，而那些冷峻的私下传言又暗示了保险业巨头——美国国际集团（AIG）即将崩溃。AIG垮台的谣言四起，让每个人都确信，雷曼的破产事件，和AIG比起来，真是小儿科了。雷曼看起来就像一个在草地上蹦来蹦去的毛孩子。信贷市场发生了严重动荡，以至于美联储需要向银行系统注入500亿美元，只是为了让隔夜利率接近2%的目标。在金融历史中，很少产生类似2008年秋季的噪音。这样的情景极为罕见。

在10月份的头七个交易日，股市又下跌了22%。到了10月底，股市略涨。从11月4日选举日到11月20日的12个交易日，股市又下跌了25%。衡量股票的全部指标都失效了。人们大把大把地卖出股票，根本不会考虑具体的上市公司基本面，股价全面下跌。华尔街出现了一个"股票给钱就卖"的游戏。很多人将股票投资描述为一种美化的赌博。抛个骰子可以找到很多乐子，聊当娱乐。可是，很少有人愿意为了退休生活而去抛骰子。

服务闪片公司的第八年的年末，我们三位投资者的401（k）账户余额与上一年相比，大幅缩水：

表57 盖瑞特、西尔玛和马可在2008年12月的401（k）账户余额

投资者	401(k)账户余额 08年12月31日
盖瑞特	$50,926
西尔玛	$46,556
马可	$69,993

第七章 "3%信号计划"的完整周期

遵守"3%信号计划"中的最大买进信号，买进股票基金之后，马可的账户余额变成了 69,993 美元。这引发了他和妻子之间的深刻讨论。买进信号之前，他们的账户余额是 59,117 美元。在决定买进之前，他们面临着一个问题——是否值得承担风险动用他们的储蓄账户，在熊市中投入更多的钱来满足 3% 信号要求。

"3%信号计划"在 2008 年的四个季度都发出了买进信号，而 IJR 小型股指基金从 2007 年第四季度的 65.02 美元下跌了 32%。在 2008 年第四季度，IJR 跌到了 43.97 美元，详情如下：

表 58 在 2007 年第四季度至 2008 年第四季度的市场崩盘中，
马可的 3% 信号计划的表现

季度	IJR 价格	信号	所需资金	可支配债券余额	可支配债券配置
2007 年第四季度	$65.02	买进 97.74 份	$6,355	$14,932	20%
2008 年第一季度	$59.93	买进 120.48 份	$7,220	$9,672	14%
2008 年第二季度	$60.17	买进 40.21 份	$2,419	$8,967	12%
2008 年第三季度	$59.51	买进 58.03 份	$3,453	$7,293	10%
2008 年第四季度	$43.97	买进 463.22 份	$20,368	-$10,876	0%

2008 年第三季度末，马可的债券余额是 7,293 美元。2008 年第四季度末达到了 9,492 美元。将每个季度的补充现金 1,629 美元也算在内，他的 Vanguard GNMA 债券基金价格上涨了 3%。Vanguard GNMA 按月支付债息，在那个季度债息共计 12.6 美分。这个季度末，"3%信号计划"又发出了买进信号，需要投入 20,368 美元的资金。然而，20,368 美元比他的 9,492 美元的债券余额还多出了 10,876 美元。他第一次需要决定，是否动用储蓄账户中的"底部买进资金"？他通过闪片公司的合作银行开通了这个储蓄账户。从 2003 年 1 月起，他每月都会取出总收入的 4%，存入到储蓄账户里。12 月份，储蓄账户的余额是

16,044美元，足以覆盖"3%信号计划"的资金短缺，但这是一个好主意吗？马可和妻子讨论了这个问题，认为值得投入这笔资金。

小提示：
来自纳税后的401（k）账户的补充现金

在绝大多数的401（k）账户中，补充现金都是税前收入，也就是说，这些补充现金尚未征收所得税，就从工人的工资中转移到了401（k）账户。对于401（k）账户的税前补充现金的年度限额，有相应的数量限制。2009年，马可和妻子讨论是否动用"底部买进账户"，以满足3%信号要求。此时，对于50岁以下的人，401（k）账户对于税前补充现金的年度限额是16,500美元。

然而，他们的"底部买进账户"的资金不是税前收入，而是税后收入。这只是马可的一部分税后收入，存放在储蓄账户里。他已经为这笔钱缴纳了所得税。401（k）账户对税后补充现金的限制，比税前补充现金要慷慨很多。在2009年，50岁以下员工向401（k）账户补充现金的最大数量，只需要低于税前工资的100%，或49,000美元。即使将"底部买进账户"的全部资金转移到401（k）退休账户中，马可也没有接近这个极限。

与此同时，盖瑞特也在思考对策。该怎样熬过2008年呢？回看那些乐观的、主张低价买进的牛市评论，有助于解释他的坚守。然后，在持有这些投资时，的确出现了被动的反弹，比如，精选防务基金在夏季上涨了8%。11月，埃克森美孚上涨了8%。第一德镇甚至在8月份上涨了64%——惊人的64%！不过，糟糕的是，这些都仅仅是被动反弹的高点罢了。下降趋势主导着一切。当年，第一德镇损失了92%，精选防务基金损失了44%，瓦奇小型股指基金损失了42%，埃克森美孚损失了15%。第一德镇在这一年里没有支付任何股息，只有埃克森美孚增加了股息，从每季度35美分涨到40美分。2008年12月，瓦奇的价格从一年前的4.59美元跌到了5.8美分。而精选防务基金的价格从一年前的 3.35 美元跌到了 40 美分。

西尔玛的成绩更差。长叶合伙基金亏损了 53%，富达增益基金亏损了 52%，艺匠国际基金和提罗价格国际基金下跌了 50%，奥本海默战略收入基金下跌了 21%。只有太平洋总收益基金避免了麻烦，只下降了 5%。

盖瑞特的最后一根稻草是罗伯特·J. 萨缪尔森（Robert J. Samuelson）在 12 月 8 日《华盛顿邮报》上写的："尽管美联储付出了惊人的努力来放松信贷，但是，面对严重的经济衰退，它似乎降低了放松信贷的速度：与预期相反，私人行为中和了公众政策的效果。贷款者对损失和未知之事感到恐惧；9 月份雷曼兄弟的失败加剧了他们的焦虑……危险在于，信贷紧缩和消费者的悲观情绪结合起来，降低了支出，增加了失业率，并导致更多的违约。"盖瑞特在股市坚守，部分原因是他相信美联储能够刺激股价上涨。不过，由于美联储的表现十分虚弱，他也没法相信中央银行的力量了。2007 年 9 月以来，联邦基金利率从 5.25% 大幅调低至 1%，都没有产生效果，那还有什么办法呢？

盖瑞特认为，需要灵活地等待正确的买进时机。经过了很多痛苦与折磨之后，他在 2008 年 12 月底，卖掉了 401（k）账户的所有部位，等待更好的再次进场的价格。"我们将转到现金上，重新等待机会。"盖瑞特对妻子说，而妻子非常厌恶听到股市的消息。盖瑞特开始持有现金，就像重返 2002 年秋天一样。也许，持有现金的方法会再次奏效。

西尔玛再也无法忍受了。在她的基金中，唯一没有让她失望的就是太平洋总收益基金，这支基金由传奇人物比尔·格罗斯掌舵。现在对她来说，格罗斯就是英雄。当全世界的投资都集体陨落，一起跌向众所周知的绝地幽谷，格罗斯却稳稳驾驭着他的基金，全年仅仅发生了微不足道的 5% 亏损，并且还支付了 12 个月的债息。2008 年的总债息为每股 1 美元，债息从 1 月份的 4.1 美分增长到 12 月的 53.9 美分。在互联网崩盘造成的熊市中，那段痛苦又漫长的时期，让西尔玛记忆犹新。新一轮熊市的第一年更为严峻——她的账户已经缩水了 1/3，而且损失很可能加剧。西尔玛拒绝让另外 1/3 的资金流进次贷危机的下水道。2008 年 12 月底，她把账户的全部资金都转移到了太平洋总收益基金。这样，她会躲藏在这只基金中，直至看到清晰的海岸。到时候，也许她会选择便宜的股票，重新投资。

看起来，她有充足的时间来实现这种想法。MSN Money 的比尔·弗莱肯斯坦（Bill Fleckenstein）声称，美联储无法轻易解决经济衰退的难题。《纽约时报》的保罗·克鲁格曼（Paul Krugman）写道："数年前的经济繁荣景象，例如，高利润、低工资——取决于房地产市场的巨大泡沫，它替代了之前股市的巨大泡沫。因为房地产泡沫不会重现，在经济危机之前的推动经济增长的消费力同样不会重现。"在《华尔街日报》上，霍尔曼·詹金斯（Holman Jenkins）认为，为了拯救银行和汽车业，政策变得扭曲和不连贯，对此，他感到遗憾。他预言说，政策陷入了糟糕的恶性循环，这种景况可能持续很长时间……底线：政治占据主导——更易导致失落的十年，落后于正常的繁荣水平。"

在这样屈辱和绝望的背景噪音下，马可和妻子进行了讨论，是否要满足他们的"3%信号计划"中的最大买进信号。如果经济持续萎缩，闪片公司裁员怎么办？如果马可失业了，这个家庭可能就需要动用储蓄账户中的 16,044 美元。"我们还有一些其他积蓄，"马可说。"我们还有自己的汽车呢，并且没有车贷。工作上，我也没听到任何坏消息。"

"所以，你认为，我们应该动用储蓄账户中的这笔钱，来满足 3% 信号的要求。"他的妻子说。

"是的。应该继续满足"3%信号计划"。类似这样的时刻，不会经常发生。虽说令人困惑和恐慌，但这正是遵守 3% 信号的理由。只有通过信号，我们才能找到方向，所以，我们应该按照信号指示去做。我们需要动用底部买进的资金，来满足信号要求。这次的买进信号可能非常重要。在当前位置，我们向 IJR 投入 1.1 万美元，在几年内就能增长到 1.5 万美元。"

"或者降低到 6000 美元，另外，你还失业了。"

"或者 6000 美元，"他重复道。"我知道，任何事情都可能发生。我只是觉得，到目前为止，3%信号都为我们提供了指引，并且股市历史也证明了它的威力。这次，它可能也是对的。"

夫妻两人沉默着，静静地坐了几分钟。妻子深深地吸了口气，攥了攥丈夫的手，说："好吧，我们买吧。"马可将 10,876 美元转入 401（k）账户，向"3%信号计划"启动以来的最大买进信号，投入了充足资金。然后，他就顺其自然了。

2009 年 3 月

股市持续下跌。马可和妻子的 1 万美元变成了 9000 美元，随着 IJR 又下跌了 17%。他们的账户余额降至 59,753 美元，"3%信号计划"又发出了第二次大量买进的信号，这次需要动用 13,154 美元，而马可的 Vanguard GNMA 债券基金只有可怜的 1,826 美元。马可能够动用储蓄账户中的 5,891 美元，来更好地满足买进信号。但是，夫妻两人达成了共识，不再使用储蓄账户的资金，就到此为止了。所以，马可只是动用了 Vanguard GNMA 债券基金的 1,826 美元。如果继续买进更多的股票，马克就感觉有些鲁莽和冒险了。

马可在去年 12 月写了一篇笔记，提醒自己忽略接下来的 4 个卖出信号。旧文重温，马可觉得挺开心。由于 SPY 在 2007 年第三季度的收盘价 152.58 美元是最高峰值，按照"3%信号计划"的"下跌 30%，坚守"规则，当价格从 152.58 美元下降至 106.81 美元时，就触发了"下降 30%，坚守"规则。2008 年第四季度，SPY 收盘价为 90.24 美元。这就触发了"坚守"模式，需要忽略接下来的 4 个卖出信号。对马可来说，这种情形就很古怪了。要想触发卖出信号，就需要股市持续上涨。最后一次的卖出信号是何时出现的呢？他已经耗尽了买进股票的资金，没法买进。所以，他被迫忽略每一个信号，而不仅仅是卖出信号。

对于盖瑞特的现金账户来说，已经从去年 12 月底的 50,926 美元，增长到 52,555 美元，因为他把每个月的补充现金都存到了这个账户里。

当股票暴跌时，想到自己幸免于难，他就充满了解脱感。猜猜看，在那个季度里投资于精选防务基金的人中，谁没有发生17%的损失呢？正是盖瑞特！这能有谁呢？他在后面的三个月里毫发无损！他认定他的计划是有效的。以后，他就能买到更便宜的股票了。

西尔玛感觉更好。毫无疑问，太平洋资产管理公司的比尔·格罗斯真是天赋异禀。她在12月底，就将账户里的全部46,556美元投入太平洋总收益基金，它已经增长至48,861美元。当然，其中包括西尔玛每月的补充现金。在三个月里，每份基金就稳定地获得了共计15.3美分的债息。相比之下，她卖出的其他基金，都在第一季度里持续缩水：富达增益基金下跌了12%，艺匠国际基金下跌了10%，提罗价格国际基金下跌了9%，奥本海默战略收入基金下跌了6%，长叶合伙基金下跌了2%。她想，幸亏早早卖出了，真是好事呢。她在太平洋资产管理公司还捞到了一件好事——回报变得更高了，而且不用担惊受怕。她甚至开始怀疑，还有必要买回股票基金吗？这个想法让她有些心绪不定。

2009年3月2日，英国《金融时报》发布了约翰·普伦德（John Plender）的一篇文章，解释了原因。文章是这样开头的："全世界的股市持续下跌，对于全世界的股票来说，其实把从1997—1998年亚洲经济危机至2007年信贷危机爆发之前赚得的利润都回吐了。"

普伦德继续说：所有的悲惨信息都是由大主教资本管理公司（Harch Capital Management）的迈克尔·路易特（Michael Lewitt）总结的。这位基金经理很快就发现了信贷泡沫的风险。"实际上，机构投资者使用的每种策略，或者由他们的顾问或FOF基金建议使用的每种策略，"他说，"原来是一场彻头彻尾的灾难。"……

在信贷泡沫中，分散投资的策略无法发挥良好的作用，因为绝大多数的资产类别都动用了金融杠杆。当泡沫破裂时，去杠杆化就会不加选择地影响到全部的资产类别。同样糟糕的是，基金经理也倾向于采取羊群行动，从而降低客户流失的风险。将自己的业务风险最小化，比照顾受益人的利益更为重要。

《福布斯》杂志3月5日发布了鲁里埃尔·鲁比尼（Nouriel Roubini）的一篇文章："美国金融体系实际上已经资不抵债，全球L型萧条的风险越来越大，甚至比当前的、痛苦的U型全球衰退还要糟糕。"原因很明显：同步发生的全球经济萎缩的规模和速度是前所未有的（至少自大萧条以来），GDP、收入、消费、工业生产、就业、出口、进口、住宅投资，还有更为不祥的全球资本支出，都呈现出自由落体式的下跌。股价从最高点下跌超过了50%，房价从最高点下跌了25%（而且还会再跌20%），家庭资产净值的损失已经变得非常严重。

他先入为主，将股价的任何上涨都视为顶部的虚假动作："当然，你不能排除在2009年在熊市里出现诱骗傻瓜的反弹可能性。这种反弹很可能是在第二季度或第三季度发生。反弹动力将来自美中两国的量化宽松政策导致的临时性的经济增长活动的二阶导数式的提升。夏末，减税效应逐步减弱；加上万事俱备的基础设施项目开始动工之后，政策刺激将在第四季度放缓……"

这就是2009年3月的市场情绪。股市不仅下跌，而且还会持续很长一段时间。即使股市偶尔振作，也只是临时性反弹，后面跌得更深。只需要常识就能判断，无论如何都不要买进股票。盖瑞特当然不会买股票，西尔玛也不会。马可内心也希望不再持有股票，但他用尽全力屏蔽这种情绪的干扰，坚持到下个季度。如果出现了引诱傻瓜进场的买进信号，他将心甘情愿地当一个被骗的傻瓜。

2009年12月

2009年底，发生了一件有趣的事情，股票价格上涨了很多，这是一个引诱傻瓜进场的反弹。毫无疑问，就如同盖瑞特、"无效专家"以及"完美彼得"的化身们迅速指出的那样。任何买进或持有股票的人都能通过瞎碰运气来赚到钱。每个人都看出这一点，他们只是在下一次的瀑布式暴跌来临之前玩火罢了。难道鲁比尼和其他专家没有预见到这种自动反应的上涨行情,并且为之预设了造福聪明钱的标签吗?

你打赌他们有这个预见力,这就是马可面临着艰难时刻的原因。马可继续遵循着"3%信号计划"的"下跌30%,坚守"的规则。自从马可开始执行计划以来,它提示了两次最大数量的买进信号——2008年第四季度和2009年第一季度。而在2009年第二季度和第三季度,提示过两次最大数量的卖出信号。第二季度IJR增长了22%之后,马可得到提示,在2009年6月底卖出了10,595美元的IJR。然后,"3%信号计划"又提示马可在2009年9月底卖出9,985美元的IJR。当时IJR在第三季度已经增长了18个百分点。他和妻子开玩笑说:"引诱傻瓜的上涨也很有趣嘛!"他们考虑是否跟随信号落袋为安,防止股市出现问题再次下跌。因为"无效专家"的警告将会发生,但是最终决定:猜测3%信号为时已晚。

盖瑞特说马可是一个白痴,他把所有的一切都押注在股票里,"还是小型股,再傻不过了,"他补充道。

在6月份,他告诉马可,著名的做空者道格·卡斯(Doug Kass)突然发现前方道路存在着凹坑。3月份股市上涨了四成,卡斯对其中时机的判断几近完美,并在那些月份从看跌转变为看涨。卡斯认为投资者过于乐观。他在《巴伦周刊》本月发表的一篇文章中说:"在3月份惊惶不已的那批意见领袖,现在又开始看涨了。"他还暗示,股市将出现一轮"平方根标志的反弹",形成一个顶部。接下来股市将陷入长期的盘整状态,哪里也不去。这篇文章末尾提出了建议:卡斯认为"在价格上涨时,大多数人会编织各种看似合理的理由,去买进股票。现在,卡斯正打算做与大众相反的事情——卡斯准备卖出,就像他在3月低点之前的买进一样。"

"很好,"马可对盖瑞特说,他罕见地显示了和股票相关的情绪。"猜猜,还有哪些人在3月份买进股票?看了3%信号之后,我在3月份买了股票。我只是没有充足的钱,能够一直跟随信号。我在12月买进股票之后,而且我的账户在3月时还有资金可用,我很高兴买进了股票。"3%信号计划"说，让我继续持有投资，我就这么干了。"

今年9月，盖瑞特仍然持有现金，西尔玛的全部投资依然放在太平洋总收益基金中，马可忠实地忽略了"3%信号计划"发布的第二大卖出信号。这样，他亲身经历了波动最大的四个季度，两次是下跌的，两次是上涨的。

"你真呆在了小型股里？"盖瑞特问道。"真的吗？"他通过电子邮件，发给马可一个链接——2009年9月17日，大卫·卡拉威（David Callaway）在《市场观察》（MarketWatch）发表了一篇文章，"当道指逼近10,000点，就需要担心了。6个月的连绵下跌之后，股市在3月份出现了上涨，让人松了一口气。4月和5月却令人困惑。在6月、7月和8月，发生了令人振奋的事情。因为股市收复了一半的失地。现在，到了9月，对股票来说将面临一个糟糕的月份，有些可怕。"他相信，"股市回落不可避免"，担忧企业盈利不佳，华盛顿在医疗保险和金融监管、银行倒闭、接近10%的失业率问题上陷入僵局。当股市下跌最终来临时，他预计"股市将出现直接崩塌，因为支撑当前股市的所有积极动力将突然反转，形成一种揭穿了真相，让穿着新衣的皇帝显出原形的尴尬场景，后面股市将出现抛售。"

马可回复信件说："如果股市回调来临，而3%信号给出了买进信号……我就会跟随信号的。"第四季度，这种情况没有发生。IJR增长5%时，"3%信号计划"发布了第三个连续的卖出信号。这是一个少量卖出的信号，只需要卖出515美元的IJR。考虑到这是卖出信号，所以需要忽略这个信号。这是他在"下跌30%，坚守"阶段需要做的。这样，只需要忽略接下来的第四个卖出信号了。

盖瑞特持有现金，西尔玛持有太平洋总收益基金，马可将94%的资金配置在IJR小型股指基金里，债券只占用了6%的资金。服务闪片公司的第九年结束时，我们三位投资者的401（k）账户余额如下：

表 59　盖瑞特、西尔玛和马可在 2009 年 12 月的 401（k）账户余额

投资者	401(k)账户余额 09 年 12 月 31 日
盖瑞特	$57,442
西尔玛	$59,755
马可	$95,470

卡洛琳·波美（Caroline Baum）是彭博新闻专栏作家。她将"新常态"一词视为 2009 年最被滥用的术语。5 月份，太平洋资产管理公司进行了预测——经济增长放缓、监管力度加大、美国在全球经济中所扮演的角色将会减少。这时，新常态重新进入了词典。太平洋资产管理公司由西尔玛最喜欢的基金经理比尔·格罗斯掌舵。此后不久，人们把一切都称为"新常态"，而波美认为"过度使用新常态，已经变得毫无意义。"

或许如此吧。有些事情已经发生了永久的改变，变得更糟糕了，这种悲观思维正在弥漫。理查德·拉恩（Richard Rahn）是全球经济增长研究所的主席，年底，他在《华盛顿时报》发布文章："股市的长期前景并不乐观。原因如下：在过去的 100 年里，在政府支出的规模大小和股市的涨跌之间，存在着一种反比关系。"由于美国政府支出在 GDP 中所占的份额在 18 个月内从 21% 上升到 28%，拉恩对此持悲观态度。

第十年至第十三年

闪片公司在 2008 年和 2009 年没有加薪，但随后又恢复了加薪。2010 年，加薪幅度仅为 2%。接下来的三年里，每年加薪 3%。加薪幅度属于全国典型数值。以下是我们三位投资者的收入和储蓄情况，来观察这些温和的涨薪是如何实现的：

表60 自2010年至2013年的工资与补充现金

年份	年薪	月薪	401(k)账户的月度补充现金 (6%工资 + 50%公司匹配资金)	储蓄账户的月度 补充现金(4%)
2010	$73,812	$6,151	$554	$246
2011	$76,027	$6,336	$570	$253
2012	$78,307	$6,526	$587	$261
2013	$80,657	$6,712	$605	$269

2010年6月

在计划的"下跌30%,坚守"阶段,马可忽略了第四个卖出信号,也就是最后的一个卖出信号。这个卖出信号于第一季度产生。2010年6月,马可发现自己正面对另一个买进信号,超出了他的债券余额范围。3%信号提示要买进12,479美元的IJR小型股指基金,但马可在Vanguard GNMA债券基金里,只有9,495美元。他需要动用"底部买进账户"来补充2,984美元的亏空吗?这次决定远比上次容易,原因有二。

首先,债券账户中的资金明显不足。唯一原因在于,他忽略了四个连续的卖出信号。四个信号中的三个都是不错的选择,因为股市一直在上涨,他持续投入股市的资金继续增长了。如果马可在上涨时,卖出IJR小型股指基金,就能把卖出获利转入债券基金,满足新的买进信号。但是这样操作,他的账户整体余额将会下降很多。其次,到2010年6月,马可已经补充了他的储蓄账户,使余额达到了9,536美元。看到自己储蓄账户的余额和退休账户的余额一起增长,为追求财富效应增加了勇气。马可更愿意在经历了几个良好的季度之后,再在后面的一个糟糕季度里向股市投入额外的资金;而不是在经历了几个糟糕季度的股市底部投入资金,那时,所有人都变穷了。马可还认为,这可能最后一次动用"底部买进账户"了,因为"下跌30%,坚守"阶段已经结束了，后面能够卖出股票，从而再次扩大他的债券余额。妻子同意了，于是马可从储蓄账户中使用了 2,984 美元，为买进信号提供资金。

盖瑞特持有现金，而西尔玛则持有太平洋总收益基金。他们高兴，因为人们普遍认为，股市仍被困在长期熊市中，只是一路上偶尔会反弹。标准普尔 500 指数在本季度下跌了 10.2%，让卖空者大胆地说："看！早就告诉过你了。"

大卫·罗森伯格（David Rosenberg）是格罗斯金·舍夫财富管理公司（Gluskin Sheff）的首席经济学家。他在 2010 年 6 月 11 日的一篇《至暗光景尚未结束之原因》的文章中，告诉《财富》杂志，股市正处于长期熊市，仅仅下跌了 60%。"当下的反弹只是临时性的，不会稳定地持续上涨。"他的总体建议是什么呢？"非常稳健的防守。我将持有 30% 的股票，50% 的债券和 20% 的现金。"另一方面，他认为黄金是"处于长期牛市"，并预计黄金价格将因为通货膨胀的原因，达到每盎司 3,000 美元的价格。由于美联储的资产负债表扩张，从 2007 年中期的 8,500 亿美元，扩张到 2010 年夏季的 2.3 万亿美元，引发了通货膨胀。当时黄金价格大致反弹至每盎司 1,200 美元。盖瑞特留意了这个观点。

2010 年 12 月

服务闪片公司的第 10 年的年末，我们三位投资者的 401（k）账户余额出现了明显差异：

表 61　盖瑞特、西尔玛和马可在 2010 年 12 月的 401（k）账户余额

投资者	401(k)账户余额 2010 年 12 月 31 日
盖瑞特	$64,090
西尔玛	$71,622
马可	$131,574

第七章 "3%信号计划"的完整周期

尽管盖瑞特周围都是看跌熊市的评论，但是三位投资者的账户差距并没有消失。这些评论提出了警告：美联储的"杀戮美元的政策"会导致通货膨胀、欧元区崩溃、日本的债务负担沉重、美国经济复苏乏力，劳动力参与率低得惊人。最重要的是，股票价格并不是通过基本面的真正改善而上涨，而仅仅通过美联储主席本·伯南克的宽松货币政策支撑着。难道人们没有觉察到吗？这是一次虚假的反弹。美联储肆意地注入现金，制造了另一个泡沫，最终将以失败告终。加勒特已从惨痛的教训中认识到，那就是上涨过程中可能伴随着意外的下跌。在过去的两年里，事情的发展速度有点太快了，而形势却没有明显的改善。

盖瑞特的电脑屏幕中又出现了道格·卡斯（Doug Kass）的身影。盖瑞特正在免费试用卡斯的每年999.5美元的RealMoneyPro服务。2010年12月15日，在《卡斯：让熊市来得更猛烈些吧！》（*Kass：Color Me More Bearish*）的文章中，卡斯谈到股票"已经超买并且被人们过度溺爱"，并引述"利率过快上涨"，所以需要谨慎。他哀叹"国家领导者选择了一条简单的路线，难以控制迅速增长的赤字。债券自卫派则嗅到了血腥味，意识到其中的惰性，要求大幅提升债券利率。"他总结道："谨慎为好，这时候不应当冒险，"然后卡斯又重点强调了主题，"让熊市来得更猛烈些吧！"

不过，盖瑞特不想无所事事。他听说西尔玛的全债券投资组合的成绩很好，所以打算复制西尔玛的思路，直到他能够重建优势。有些散户会在股价上涨时，追价买进股票，随后就会遭遇下跌的打击。盖瑞特不想成为这样的傻瓜，但他不能永远持有零利息的现金。

根据他的市场通讯，债券的最佳投资时期可能结束了。债券让寻求安全的投资者实现了巨大的成功。在这个秋天，欧洲危机加速，美联储随即启动了价值6,000亿美元的长期国债的第二轮量化宽松。不过，令人费解的是，债券利率却没有降低。债券观察人士称，在债券市场上，量化宽松会产生大量供应债券的行为，但是利率却没有下降，这意味着债券价格处于高位。盖瑞特认为，全部持有债券并不是谨慎的做法，他决定只将一半的资金投入债券基金。

他选中了双线总收益基金。这只基金由首席基金经理杰弗里·冈拉克（Jeffrey Gundlach）和共同经理人菲利普·巴勒克（Philip Barach）管理。这只基金的业绩领先于比尔·格罗斯掌舵的太平洋基金。能够实现这样优异业绩的基金数量稀少。从1993年到2009年，冈拉克和巴勒克投资于抵押贷款证券，管理着不同的基金，实现了良好的业绩，甚至在次贷危机中也展示了娴熟的管理技能。冈拉克在4月份刚刚发起了双线总收益基金。在8个月里，它的总回报率已经达到了16%。两位基金经理将一半资金投入政府长期抵押贷款；另一半投入非政府部门支持的金融工具，包括次级抵押贷款和Alt-A贷款。而这些贷款产品是以极低的折扣价买进的。根据推测，即使利率上升，该只基金也有着良好的防护能力。分析师估计，利率每上升1%，该基金将仅仅下降3%。所以，盖瑞特将一半资本交给了冈拉克和巴勒克。这两位债券基金经理已经证明了自己的实力。盖瑞特看起来很聪明，他重返市场，同时又不会过分暴露于风险之中。当股价在高位时，卡斯和其他人就提示了这种风险。

盖瑞特打算动用1/4的账户资金，买进黄金。从夏天开始，他就开始搜寻人类已知的最佳通胀保护工具。伟大的经济学家约翰·梅纳德·凯恩斯（John Maynard Keynes）称黄金为"野蛮的遗迹"。盖瑞特通过互联网，阅读黄金和白银的文章，并且买了一本新书，《硬钱：黄金投资进阶技术》（Hard Money：Taking Gold to a Higher Investment Level），作者是谢恩·麦圭尔（Shayne McGuire）。他是德州教师退休体系的全球研究负责人，也是掌握5亿美元GBI黄金基金的经理。德州教师退休体系是全球最大的养老基金之一。

麦圭尔称黄金是"做空政府的最佳方法"，并说："与政府打赌——我们认为政府政策将使通货膨胀率突然大幅上升——政府赤字激增时，黄金就有很大的胜算。""公众对货币当局大量印制的钞票感到警惕时，"通货膨胀，甚至是恶性通货膨胀就会突然爆发。"这是强制性的购买——用金融术语来说，'货币化'——政府债券的供应量激增，而市场却根本不想买进这些政府债券。"

麦圭尔指出，"黄金是唯一可靠的货币，黄金无法随意扩大数量，用来满足压力之下的政府的支出需求。从本质上讲，黄金仍然是稀缺的，并且随着纸币供给的增长，黄金也会增值。"盖瑞特认为黄金可以刺激他的账户升值。根据麦圭尔的说法，"在过去10年里，股票下跌了24%，而黄金价格上涨了280%。这一事实将使任何拥有大量黄金投资的基金受益。甚至在2002—2007年的股市反弹期间，黄金也击败了股市。"这点非常令人信服，2009年3月股市触底，而黄金价格还在继续上涨。麦圭尔写道，"我坚信，目前的金融状况，将改变那些全球最大的基金投资策略，导致金价大幅飙升。"

经过大量的自我反省，盖瑞特得出结论，为了弥补失去的时间，他需要更加勇敢。他的债券部分相当安全，所以他会用剩余的1/4资金来买进黄金。他选中了SPDR黄金股份基金，它也是最具流动性的黄金ETF。2010年12月底，盖瑞特的投资组合从全部持有现金，转变为以下状态：

表62 盖瑞特在2010年12月末的投资组合

投资	配置
现金	25%
双线总收益基金（DLTNX）	50%
SPDR黄金股份（GLD）	25%

西尔玛也准备调整投资组合。她的好友，那位理财规划师最终说服了她，将部分资金从太平洋总收益基金转移到股票。"在你这个年纪，你不能把所有资金都投放在债券里，"理财规划师说。而西尔玛则回复说，债券给她带来了稳定的回报，远远胜过股票。她唯恐避之不及的，就是前两次那样的新危机。理财规划师者说，那样的危机事件很少发

生。西尔玛反驳说："在过去的10年里，可不是这样的哦！"尽管如此，她还是勉强同意将账户的一半资金转移到股票，将资金平均分配到艺匠国际基金和长叶合伙基金。艺匠国际基金在2010年经历了一段艰难时期，但分析人士认为，这是其中的欧洲股票的价值被低估了，大多数人认为，虽然短期业绩不佳，最终却必有回报。长叶合伙基金又实现了优异业绩。2010年，它在所属的大型混合类别中，击败了90%的共同基金。晨星指出"该基金持有更大规模的资产，却没有蒙受大幅下跌的损失，"这让西尔玛打消了疑虑。2010年12月底，她的投资组合调整为：

表63　西尔玛在2010年12月末的投资组合

投资	配置
艺匠国际基金（ATRIX）	25%
长叶合伙基金（LLPFX）	25%
太平洋总回报基金（PTTDX）	50%

对于每个月的补充现金，盖瑞特和西尔玛都按照12月底的配置比例，进行自动化分配。

重返股市的默认模式，马可感到很高兴。他已经退出了"3%信号计划"的"下跌30%，坚守"阶段。在第一季度之后，就像平常一样，继续跟随着3%信号。这看起来，决定是否启用"底部买进账户"的艰难时刻已经结束。在2010年的第三和第四季度，马可两次大量地卖出IJR，卖出价格分别为5,397美元和12,719美元。而他的债券配置，又回到了舒适的17%的账户比例。除了IJR的季度收盘价，他高兴地忽略了所有股市信息。当"无效专家"在故纸堆中得出了某种预测或警告意见，而盖瑞特向马可传递这样的信息的时候，马可只是伸出三个手指头表示3%信号，回应说："祝你好运。"

2011年12月

服务闪片公司的第十一年末，401（k）账户余额显示马可的绩效几乎是他的两位同事的两倍：

表64 盖瑞特、西尔玛和马可在2011年12月的401（k）账户余额

投资者	401(k)账户余额 11年12月30日
盖瑞特	$75,512
西尔玛	$77,863
马可	$145,738

即使排名落后，盖瑞特的感觉还是好多了。包含补充现金在内，他的双线/黄金投资组合在今年增长了18%，从64,090美元达到75,512美元。更为重要的是，他的双线总收益基金的成绩，胜过西尔玛的太平洋总收益基金。双线总收益基金价格上涨了1%，当年的每份基金的月度债息是88.2美分。相比之下，太平洋总收益基金的价格持平，债息是39.5美分。在2011年12月底，双线总收益基金的收益率为8%，太平洋总收益基金是3.06%，足以向西尔玛大肆炫耀了。

并且，盖瑞特还发现了投资债券的乐趣。在整整一年里，双线总收益基金的价格变动不大。不理会那些新闻事件，它每个月都会支付7美分的债息。在次贷危机期间，西尔玛将全部资金转移到了太平洋总收益基金。盖瑞特开始理解了西尔玛，明白了西尔玛的账户在随后季度里持续增长的原因。债券并不坏，一点也不坏。盖瑞特的市场通讯才不会告诉他这码事呢！

更妙的是，他的黄金投资也很顺利。虽说1月份发生了首次下跌，跌幅为6.4%，几乎让他退出。但在一年里，黄金上涨了近10%。在1月份之前，他就持有黄金基金，在每个月里，都会动用一半的月度补充现金，买进更多份额。在一年里，黄金价格最终恢复了理智，开始上涨了。

没有持有任何一只单一股票或者股票基金，就能取得丰厚的收益，这点令人满意。债券和黄金是剑走偏锋的投资产品，盖瑞特将两者罕见地组合起来。他关注了大多数投资者都忽略的信息，使自己显得卓尔不群，至少盖瑞特是这样评价自己的。"让那些散户去买股票吧，"向妻子通报了退休账户大幅升值的消息之后，他说，"我们将持有债券和黄金。"

与此同时，西尔玛却惊讶地发现，重新纳入股票之后，她的账户表现更糟了，还不如将全部资金配置在太平洋总收益基金里。2011年，艺匠国际基金下跌了9%，长叶合伙基金下跌了6%。西尔玛进行了计算，如果将全部资金都投入太平洋总收益基金，她的账户余额将达到81,329美元。然而，向太平洋总收益基金投入了一半资金，向艺匠国际基金和长叶合伙基金投入了另一半资金之后，她在2011年的账户余额仅为77,863美元。虽说差距不大，但是把钱交给比尔·格罗斯和太平洋资产管理公司，的确更有吸引力。比尔·格罗斯似乎从不失手。

12月的一个礼拜天，在教堂里，她向理财规划师提到了这个问题，规划师回应说："需要一些时间。市场历史已经证明了，将资金投入股票里，进行分散化配置，最终必有回报。"西尔玛不知道结局如何，还是听之任之吧。她会坚持等到艺匠国际基金和长叶合伙基金复苏，这样最终受益。"等待复苏"这种说法可从来没用在太平洋总收益基金上。无论市场如何变化，太平洋总收益基金只是涨涨涨。难怪格罗斯是亿万富翁，获得了"债券之王"的美誉。

每个季度末，马可只是跟随着3%信号。该年第三季度，"3%信号计划"发出了一个大量买进的信号——需要买进价值为28,095美元的IJR小型股指基金——但是他的债券余额为29,249美元，足以满足买进IJR的资金需求。所以，他在下单买进之前，甚至都没有犹豫。在这次大量买进的信号之后，"3%信号计划"在第四季度又提示获利了结。

马可紧紧跟随着信号,卖出了价值15,826美元的IJR小型股指基金,使债券余额在账户总余额的比例达到了舒适的13%。

马可并不知情的是,在他大量买进IJR的第三季度,"无效专家"掀起了一场悲观情绪的风暴。他们当然不会建议买进。最普遍的担忧是美国总统巴拉克·奥巴马(Barack Obama)的"失败政策"将使美国陷入国家债务危机。当经济仍在挣扎的时候,美国国家债务据统计已经达到14万亿美元。事实上,债务还在恶化。2011年9月15日,英国《金融时报》发布了一篇文章《经济学家对双底衰退加倍下注》(*Economists Double Down on a Double Dip Recession*)。米歇尔·赫希(Michelle Hirsch)报道说:

今天公布了一系列经济数据,证实了美国经济学家的担忧。他们担忧第二次衰退的早期迹象正在形成。周初申请失业金的人数达到了两月高位,表明企业雇主正在撤离已经疲弱的就业市场。美国劳工部公布的数据显示,上周申请失业金的人数增加了11,000人至428,000人,连续四周失业人数都保持上升,使得平均失业人数达到419,500人。经济学家们一致认为,申请失业人数需要降至375,000以下,才能表明招聘真正有所起色,能够降低美国9.1%的失业率。"申请失业金人数的趋势是我们衰退概率模型的一个重要输入。如果这一趋势持续几周,它就向经济状况发出了警告信号,"约翰·赖丁(John Ryding)说。他是RDQ Economics的首席经济学家。

2011年9月14日,约翰·B.朱迪斯(John B. Judis)在《新共和》杂志的一篇文章中,使用简洁的标题"厄运!"对当前旷日持久的经济衰退提出了警告:

它不仅与大萧条相似,在某种程度上,它是大萧条的真实重现。它们有着相同的独特的衰退成因,有着相同的初始轨迹。这两次经济衰退都由金融危机引发,然后开始深化,工业生产和就业出现放缓。这种征兆早有端倪,一定程度上是由快速的技术创新造成的……1926年和2001年的经济衰退都伴随着"失业率的抬头。"……

无论哪种情况,金融危机都会导致消费过剩和企业债务——随着失业率上升和就业不足,以及实际工资的下降——有效需求都将减少。如果政府没有广泛干预,经济将陷入失业的恶性循环。债务累积也削弱了使用货币政策来振兴经济的效果。即使是零利率,也无法激发私人部门的投资。

在年底,评论人士仍然担心经济复苏乏力。2011年12月17日,基因·爱普斯坦(Gene Epstein)在《巴伦周刊》提到,"2008—2009年经济衰退之后的复苏,是二战后发生经济衰退以来恢复最慢的一次。2009年第二季度经济衰退结束,然后经历了9个季度,才使真实GDP恢复到2007年第四季度的峰值。"

尼尔·欧文(Neil Irwin)在2011年12月31日的《华盛顿邮报》上发表了一篇文章,《2011年疯狂之旅后,股市重回起点》(*After wild ride in* 2011, *stocks back where they started*)。开头是这样的:"过去一年经历了动荡,出现了强劲反弹和剧烈下跌,美国股市就像压路机一样,最终近乎精确地回到了原点。"

随着该年经济形势下行,各样预言堆积如山。经济停滞的部分原因,包括:公众认为无法避免的希腊违约、即将发动的足以令欧洲银行崩溃的全球潜在现金危机、美国就业市场的新一轮崩溃、美国储蓄率下降、华盛顿功能失调导致美国破产、美国债务评级下调。这些都会对金融市场造成严重破坏。就连盖瑞特也不像以前那样关注新闻了。专家时对时错,不值得花费精力关注。

2012年12月

服务闪片公司的第十二年的年末,我们三位投资者的401(k)账户余额依然存在着明显差距：

表65　盖瑞特、西尔玛和马可在2012年12月的401（k）账户余额

投资者	401(k)账户余额 12年12月31日
盖瑞特	$87,400
西尔玛	$97,101
马可	$174,282

盖瑞特有点坐不住了，他又开始关注"无效专家"的观点了。这些专家正在辩论黄金的未来走向，争执不休。没有其他资产能像黄金那样，产生如此众多的分歧观点。一半的评论人士认为，长远看黄金一文不值，因为它是一种非生产性资产，其价值仅仅由它的稀缺性来决定。另一半则认为黄金价值极高，整个世界正在无休无止地印刷纸钞，因为黄金的稀缺性，使黄金成为唯一的能保值的货币媒介。

2012年，关于黄金涨跌的争论正在激烈进行，盖瑞特的黄金投资在该年表现平衡。然而，到了第四季度，黄金开始滑跌。10月初，黄金的价格为每盎司1,800美元，到了2012年12月底，跌到了不足1,700美元。主流财经媒体的"无效专家"忍不住称其为"蒙尘的黄金"。不过，盖瑞特的两份市场通讯仍然坚定地看好黄金，它们都认同托克维尔黄金基金（Tocqueville Gold Fund）的联合基金经理道格·格罗（Doug Groh）的观点。他在12月告诉《市场观察》："无论投资者看中了哪国货币，世界各国的货币政策正在强迫他们寻找替代方案。"格罗说，发达国家正在让本国货币贬值，随着新兴市场买进黄金，他预测"我们将看到黄金将在明年冲上2,000美元的关口，而黄金的上涨周期不会结束，直至黄金向上突破2,400美元的关口。"

不知为何，盖瑞特并没有买进黄金。"算是本能吧，"他对妻子说。"我认为，黄金已经对失控的印钞行为做出了反应，完成了它应做的一

切。货币注水并不是上周才发生的事情，他们已经干了4年了，但是通货膨胀还是没有发生。我认为这是金价下跌的原因。在我看来，金价将继续下跌。"

除了看跌黄金之外，他认为其他的看空观点都是错的。他们从头到底都错了。他应该在2009年3月，通过杠杆买入股票基金。当时所有白痴都说世界末日到了，他知道当时并非世界末日，他一直都清楚这一点。很明显，在经历了这么多坎坷之后，消息不可能变得更糟了。为什么要等待更为便宜的价格呢？他向自己保证，从此将倾向于关注看涨观点。那时他就开始忽略熊市悲观论点。这些观点认为，华盛顿将会坠入财政悬崖。所有人都对民主党和共和党无法达成预算协议感到沮丧，并将触发自动的全面削减开支，加大征税力度，让经济陷入衰退，并推高失业率。

而看涨者却看到了另一番景象：私营部门增长3%，房价上涨，股市上涨。债券市场吸纳了很多资金，当资金从债券转移到股市，都可以让股市更上一层楼。爱德华·亚德尼（Edward Yardeni）12月10日在英国《金融时报》上写道，2012年，"企业应该有充分的成长，可以使标准普尔500指数的成分公司的收入和收益提高5%～7%。明年的估值倍数应该还会上升。这样，如果有一项避免财政悬崖的协议，牛市应该更早来临，而不是姗姗来迟。即使做不到这一点，股市可能出现回调，应该出现很多不错的买进机会。"

一周后，在《巴伦周刊》的封面文章《展望2013》中，维托·J.拉加涅里（Vito J.Racanelli）报道说，"《巴伦周刊》最近调查了10位策略专家。他们认为明年会有更多的收获，并对2013年的标准普尔指数进行了预测——预测的平均值是1,562——意味着将比当前水平上涨10%。"来自巴克莱资本、贝莱德、高盛和摩根士丹利等公司的专家们一致认为某种形式的政治协议将会降低财政悬崖的损害。

所以，买回股票吧，盖瑞特总结道。他厌倦了无所事事，想要加大进攻的力量。他接收到一封邮件，认为"富达顾问小型股指基金（Fidelity Advisor Small Cap）"适用于明年的上涨行情，并可能击败马可的那只小型股指数。要知道，IJR 小型股指数给马可带来了长时间的愉悦感受。富达顾问小型股指基金在 2012 年落后于它的类别，但基金经理杰米·哈蒙（Jamie Harmon）专注于高质量的股票和更为广泛的分散化投资，在 2013 年让基金重振业绩。在管理基金的 7 年里，哈蒙的业绩都领先于大多数同行。短期挫折看起来更像是低价买进的机会，能够在未来获得强劲绩效。在债券部门，盖瑞特的双线总收益基金已经击败了西尔玛的太平洋资产管理公司。如果富达顾问小型股指数能够击败马可的 IJR 指数，盖瑞特的账户将再次获得上涨动力。他想要使用 1/3 的账户资金买入新指数。阅读了另一篇关于小型股潜力的评论后，盖瑞特改变了主意。他决定把一半的账户资金，集中于富达顾问小型股指基金，而另一半资金，则投入双线总收益基金。以下是他在 2013 年的投资组合情况：

表 66　盖瑞特在 2012 年 12 月末的投资组合

投资	配置比例
双线总收益基金（DLTNX）	50%
富达顾问小型股基金（FSCIX）	50%

盖瑞特非常肯定，这种操作将使他重回正轨。通过聪明的时机选择，他从黄金中退出，并转移到被低估的蓄势待涨的小型股基金和最好的债券基金中。

而西尔玛对她的三只基金构成的投资组合同样感到满意。将补充现金包含在内，西尔玛的账户增长了 25%。她的两只股票基金终于开花结果，艺匠国际基金获得了 204% 的收益，而长叶合伙基金则支付了 4.52 美元的股息。理财规划师总是调侃她："重返股票，是不是很开心呢？"对于这个问题的答案，西尔玛一直有所犹豫，但她终于感到开心了。两年前，西尔玛重新配置了投资组合，在艺匠国际基金和长叶合伙基金都投入了 1/4 的资金，并在太平洋总收益基金投入了一半资金。对于每个月的补充现金，她也为每支基金进行了相同比例的配置。在后面两年里，从始至终，配置比例都是完全相同的：

表 67　西尔玛在 2012 年 12 月末的投资组合

投资	配置
艺匠国际基金（ATRIX）	25%
长叶合伙基金（LLPFX）	25%
太平洋总回报基金（PTTDX）	50%

当股市的牛市正在展开时，西尔玛也很难忽略债券。债券的意义胜过其他投资，她拒绝了理财规划师的建议，不再打算将更多的债券资金转移到股票上。西尔玛并不想寻求股票投资的兴奋感，所以，她把一半资金都投入到太平洋总收益基金中。这支基金从未让西尔玛失望过。

马可只是跟随着 3% 信号，并不考虑配置或者预测。2012 年，3% 信号发布了两个季度买进信号和两个季度卖出信号，他一如既往地忠实执行了每个信号。在当前的第四季度，即使存在着财政悬崖的争议，3% 信号依然发出提示，需要买进价值为 3,226 美元的 IJR 小型股指基金。买进 IJR 之后，债券配置比例达到账户总余额的 16%，处于舒适区之内。进行了每个季度例行的 15 分钟的简单计算之后，他就和家人一起度假去了。

2013 年 6 月

服务闪片公司的第十三年的年终，我们三位投资者的 401（k）账户余额显示，马可已经大幅领先：

表68　盖瑞特、西尔玛和马可在2013年6月的401（k）账户余额

投资者	401(k)账户余额08年12月31日
盖瑞特	$97,971
西尔玛	$102,929
马可	$200,031

盖瑞特对黄金价格的直觉反应是对的,他很高兴看到这个事实。黄金价格在2月份开始滑跌,低于每盎司1600美元。到了6月份,持续下跌至1,250美元之下。去年12月底,盖瑞特以162美元的价格卖出了GLD份额,6个月后下跌了27%,达到了119美元。盖瑞特不像大多数投资者那样紧密地盯着股市,至少他是这样解释的。在相同的6个月里,GLD的继任者富达顾问小型股指基金增长了16%。通过及时地切换品种,盖瑞特觉得自己太聪明了。

他的双线总收益基金也胜过了西尔玛的太平洋总收益基金。双线总收益基金价格下跌了2.7%,月度债息共计为25.2美分。而太平洋资产管理公司支付了13美分的债息,价格下跌了4.3%。盖瑞特仍然持有更好的债券基金!可惜的是,他的小型股基金并没有胜过马可的又老又旧的IJR。今年上半年,富达顾问小型股指基金的价格上涨了16%,IJR也同样不差。更糟糕的是,前者没有支付任何股息,而IJR则支付了每股49.6美分的股息。无论如何,盖瑞特决定坚决持有富达顾问指数基金。也许这只小型股基金中的那些精心挑选的股票能够发力,要知道分析师们都惊叹于它们在12月的表现。这样,富达顾问指数基金有望领先于马可的IJR指数。

无论如何,在上半场,盖瑞特感觉良好。包括补充现金在内,他总共获得了12%的收益,远远胜过西尔玛的6%,与马可的15%也相差不远。

西尔玛对太平洋总收益基金建立了充分的信任,对于这只基金当前

数月的艰难境状能够理解。部分原因是很容易看到债券市场面临的棘手问题。《纽约时报》的交易簿栏目在2013年6月24日报道称，"从6月至今，散户投资者卖出了创纪录的480亿美元的债券共同基金"，而对冲基金和其他的大型机构投资者也一直在"平掉部位或退出债券市场"。汉斯·胡姆斯（Hans Humes）是对冲基金"格雷洛克资本（Greylock Capital）"的首席执行官。他在接受《华尔街日报》采访时表示："你在现场感觉是，人们先不计代价地卖掉东西，然后再询问原因。"

从4月底到6月底，比尔·格罗斯的基金损失了5.1%，在5月和6月仅仅分别支付了2.2美分和1.7美分的债息。媒体抨击格罗斯说，美联储主席贝南克在5月22日对国会表示，美联储可能会在今年晚些时候，开始缩减刺激政策中的买进债券的规模，这让格罗斯的基金过度暴露于上涨的收益率中。

2013年6月25日的《巴伦周刊》网络版上，格罗斯为自己辩护："无论在国内还是国外，高杠杆都使全球经济对利率更加敏感。10年或20年前，美联储可能会将联邦基金利率上调500个基点，并预计经济将放缓。到了现在，如果美联储突然加息或减息，美国经济就无法应对。所有这一切都表明，有些投资者预期美联储将会退出市场，从而抛售美国国债。这些投资者可能会后悔的。"

据彭博社报道，两天后，债券基金经历了创纪录的月度赎回。截至6月24日，"有迹象显示，美联储可能会对其史无前例的刺激政策，缩减规模。"它警告称，利率上升，资金可能从持有的债券中流出，并"引发数千亿美元的投资"。今年5月，投资者已经从格罗斯的基金中赎回了13亿美元。格罗斯的基金下跌了4%，"落后于93%的竞争对手"。

随他们去吧，西尔玛想。那些把温和调整都当成担忧理由的人，显示没有经历过她多年来见到的那种股票崩盘。她会把资本保留在太平洋资产管理公司。如果有谁能找到前进的方向，那无疑就是比尔·格罗斯。老天，投资者是善变的。她将账户保持原样，相信债券之船会以觉察不到的微妙方式，调整到正确的路线上。

与此同时，马可根本就没有留意任何形式的市场大戏。他在家里，继续进行每个季度一次的计算。该计划发出了今年以来的第二次卖出信号，但卖出 IJR 的规模较小，仅为 202 美元。第一季度的卖出金额为 101,470 美元，这使得他的债券配置达到了 24%。第二季度卖出 IJR 之后，依然保持着这一比例。从他的 IJR 分类账来看，IJR 就像在另一轮牛市中行进。如果债券比例再次达到30%，马可需要对债券进行重新平衡，使债券比例达到20%，就像他在 11 年前互联网崩盘中的做法一样。马可想，变化虽多，但万变不离其宗。他合上了用于季度计算的笔记本，出去散步。

分析

在这三条投资路径中，你会选择谁的呢？超出你想象的是，更多的人选择了盖瑞特的路径。通过终将消逝无踪的即时新闻或者大谈特谈的专家的观点，他们从一种投资理念切换到另一种投资理念。这段市场历史也善待了盖瑞特，将他的大多合理的观点应用于一个集中的投资组合。在现实世界中，像盖瑞特这样的投资者往往在投资组合中持有几十个部位，有些部位会疯狂下跌，从而破坏了他们的投资绩效。

综合考虑之下，盖瑞特的操作并不算糟糕，他的空运基金在 2002 年的第一季度表现良好。从 2002 年的艰难秋天算起，盖瑞特将每月补充现金都以现金形式保管，时间长达 6 个月。正如他所希望的，盖瑞特终于等来了更便宜的买进价格。盖瑞特的防务基金和航空航天基金是伊拉克战争早期阶段的赢家。埃克森美孚在 2008 年次贷危机的波动中保持了稳定，并支付了一笔让人安心的股息，甚至在混乱的市场噪音中增长。双线总收益基金是盖瑞特的一个很好的选择，在 2013 年的黄金大幅跳水之前，他就退出了黄金市场。

急于行动比静止不动更为棘手，因为它助长了虚假的希望。在盖瑞特的错误中，有充足的诱惑信息，形成了人类可以通过技能击败股市的假象。这些诱惑依然撩拨着他的心。当牛市大踏步地前进，这类虚假的技能往往会得到支撑。盖瑞特对于自己的技能将更加自信，将牛市顶部不断攀升的账户余额，错误地归功于自己的技能而非运气。盖瑞特散布着那些非官方的分析建议，充满了真正的"无效专家"式的信心。我不是在嘲笑盖瑞特，因为他不是唯一的人物。在真实生活中，大量的投资者都属于他的类型，并且都在股市的魔幻镜屋里投入了真金白银。虽然盖瑞特是一个警示角色，但是，在无效性环境的旅程中，至少他有几件事是正确的。

在管理账户上，尽管西尔玛投入的精力要少很多，西尔玛的成绩却明显超出了盖瑞特。她仔细研究，选出了优秀基金组合，再通过冷静的"成本平均法"，使她经历了经济繁荣和衰退时期，获得了更高收益。的确，并非所有时间都是坏年景，2008年秋季的信贷危机是个例外。她决定撤回到太平洋总收益基金，而盖瑞特和数以百万计的投资者当时正手握现金观望，西尔玛的方法更好。

当然，到目前为止，马可的成绩最好。他只需要承担少许压力、少量费用，就取得了领先位置。他跟随着3%信号，在金融历史的这段动荡时期，通常保持平静。"通常保持平静"的原因，在于即使是坚如磐石的投资者也无法忽略信贷危机的灾难。遵循"3%信号计划"的投资者需要洞察，买进信号可能需要超出债券余额的资金。使用"底部买进账户"的资金，让其发挥作用，这时候令人不安。只有面临困境时，才会动用"底部买进账户"。在那种困境中，恶劣消息四处流传，"无效专家"正在大声聒噪，喜欢说教的"完美彼得"又蜂拥而至……此时，股价也最为便宜。毕竟，这就是"底部买进账户"得以命名的原因。

这时候，我们却难以接受。新闻氛围最为悲观时，却诞生了最好的买进价格。人类情感很容易被恐惧控制，阻止我们利用出色的买进机会。所以，我们需要通过"3%信号计划"，来克服人性倾向，它会提示我们如何行动。即使你不能完全按照它的提示方式操作，就像2009年3月的那个熊市特殊底部，你却可以在精神上跟随着"3%信号计划"，取得更好的成绩。这比你解读专家的各种矛盾信息要强得多。

无论是低价买进，还是高价卖出，需要正确做事时，那些"抛硬币"式的评论家们却在此时大肆喧闹，发表那些困惑人心的高谈阔论。当价格处于低位时，我们心怀恐惧，倾向于听从那些敦促谨慎的悲观主义者的论调。当价格处于高位时，我们心怀贪念，倾向于听从那些呼吁激进的啦啦队长的观点。即使只有一半声音在敦促"低卖高买"，人类也更容易在概率上追随错误的做法。很少出现具有重大影响力的买进和卖出的关键时刻，因此，无论是在主要顶部买进，还是在主要底部卖出，都会对绩效造成永久伤害。然而，这并不需要犯下很多次的错误。只需要问问盖瑞特和西尔玛，他们在2009年3月低点错失了大部分涨势，很可能毁掉了退休机会，无法像马可那样积聚大量财富了。

坚持遵守毫无感情的3%信号。它比"无效专家"更聪明，甚至比西尔玛搜集的顶尖基金经理们还要聪明。"3%信号计划"取得了非凡的成功，在同一时期，胜过了绝大多数的401（k）账户。对于大部分的投资组合来说，最终结局都是收取了过度的费用，而绩效却平平。西尔玛优中选优，选择了顶级基金，而大多数的投资者筛选能力不强，走运的话，能够选上一般的优等基金就算不错了。可以确定的是，在"3%信号计划"中，通过老旧的IJR指数基金，都击败了包括艺匠国际基金、长叶合伙基金和太平洋总收益基金在内的全明星投资组合。对于普通基金，"3%信号计划"会把它们碾成碎片的。

事实是，极端时期的股票交易反而成为障碍。在极端时期，极容易高价买进，低价卖出。这时候，即使是高等级的基金也会模拟指数的走势，高价买进，低价卖出。所以，为什么要向基金支付昂贵的费用呢？

这点让人费解。2008年第四季度，信贷危机正处于关键时期，绝大多数的股票基金都带来了糟糕的回报，甚至包括那些在晨星和《价值线》排名系统居于领先地位的基金。西尔玛亲身经历了这段特殊时期。

你可能好奇，比较成绩时真的公平吗？想想吧，在这段历史中，盖瑞特和西尔玛都在熊市底部失去了勇气，而马可却坚持了下来。这并非不公平，因为盖瑞特和西尔玛选择卖出股票，在当时是很常见的动作。你将在下文了解这一点。"3%信号计划"向投资者提供明确信号，让他们正确地操作，例如在熊市买进股票，在底部持有部位。这是"3%信号计划"的关键点，也深有必要，因为投资者经常做错事情。盖瑞特在底部卖出股票，正是听取了"无效专家"的意见。在信贷危机中，占有很大比例的投资者都这样做了错事。

《华尔街日报》在2008年12月22日发布了一篇文章，《股票投资者丧失信心，离场金额创下纪录》（Stock Investors Lose Faith, Pull Out Record Amounts），谈到了在前面的10月份，就有"创纪录的720亿美元"逃离了股票基金。这项数据来源于投资公司协会（ICI）。之后，ICI报告说，截至2008年底，股票基金已经损失了2,340亿美元。从2008年5月至12月，伴随着瀑布般下跌的股价，近42%的股权资金离开了股市。在2008年的9月、10月、11月和12月，投资者们惊慌失措，纷纷逃离ICI追踪的所有基金类别：国内股票基金、世界股票基金、混合基金、全债券基金、应纳税债券基金，还有市政债券基金。

"聪明的钱"并不精明。2008年12月14日，《纽约时报》发表了《逃离的投资者给基金带来压力》的报告："越来越多的对冲基金正在试图延缓投资者竞相退出的步伐"。管理着大约200亿美元资产的一家投资咨询公司的代表说，在股市崩溃的几个月里，投资者纷纷撤资。2009年1月，对冲基金研究机构证实了这一趋势。2008年第四季度，就有1,520亿美元从对冲基金撤离。该研究机构的总裁在声明中说："直至年底，投资者的风险厌恶水平仍处于历史极端水平，不拘基金策略、区域、资产规模和绩效，投资者广泛地、不加区分地抽离资金。"

第七章 "3%信号计划"的完整周期

盖瑞特和西尔玛并不是从股市离场的孤家寡人,他们两人承担着离场的压力,很容易感受到这种氛围。在那段非常困难的时期,马可的"3%信号计划"却提示全力进场,与大众恰恰相反。"3%信号计划"证明了自己是正确的。

从这段历史中,我们能够得出一个重要结论:绝大多数的股市信息都是噪音。当你读到此处时,留意本章反复出现的那些新闻主题。毫无疑问,其中的一些主题会在金融媒体重现。世界上总有冲突发生,有些人就担心冲突会压低股价。至于美联储的政策,总被当成当前股价上涨或下跌的理由。华盛顿总是功能失调,永远将美国推向悬崖,或者陷入某种有去无还的绝境。有人总是期望这些消息能够立即重创股票,或者让未来绩效黯然失色。

"无效专家"总在手边常备着一份清单,上面列举了一些遭受重创的股票。专家会推荐这些股票,认定它们大幅上涨。有些股票确实大幅上涨了,有些却不会。然而,这是一个抛硬币的游戏。如果猜对了,专家就吹嘘他们很厉害;如果猜错了,专家就闭口不言。投资者遵循这些建议,有时能赚一些,有时赔一些,然后,他们因为这种随机的胜利而觉得有恃无恐。其实,这些随机赚得的钱,加起来还不如他们把大部分资金都投入在一只股市指数上。无论何时,分析人士从不承认他们是错的。最后,他们总是痴迷于使用"当前股市""今天的股市"或"现在的股市"之类的描述,暗示着,对于当时的突发新闻,总有一些独一无二的内容需要投资者考虑。

随着时间的推移,这些反复出现的主题几乎没有什么重要的。甚至是那些重要的主题,也和那些没有享受事后诸葛亮待遇的主题难以辨别。我们能做的,就是对过去发生的事情做出明智的反应,而不是猜测未来可能发生的事情。3%信号就是为这个目的而设计的。

这是本章描述时间内我们三位投资者的401(k)账户余额,时间跨度从2000年12月至2013年6月,使用叙述内容时的12个账户余额作为数据点:

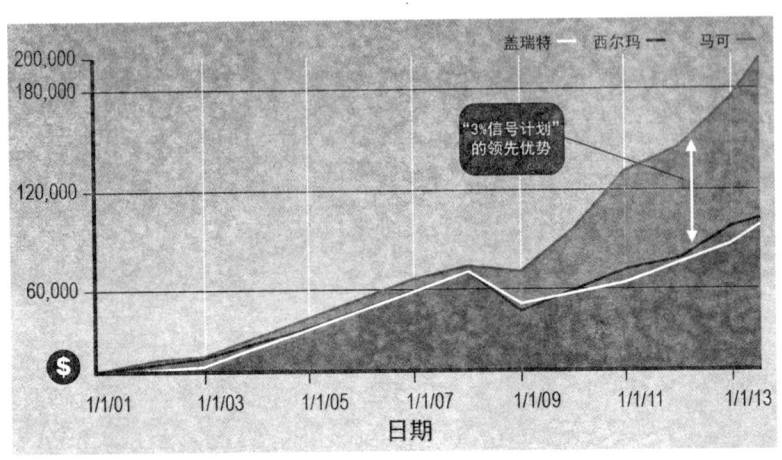

图11 盖瑞特、西尔玛和马可在2012年12月至2013年6月的401（k）账户余额

请注意,在2003—2007年的牛市中,盖瑞特和西尔玛都落后于马可。当投资者在牛市开始或接近牛市的时候开启3%信号,这是意料之中的事。因为在强烈升值的阶段,盖瑞特和西尔玛还没有完全投资于股票。在我们的三位投资者中,3%信号倾向于重申自己的主张是永久的,或者至少是长期的。当它暗示在熊市"买入并持有"时,就会领先于竞争对手的策略。绝大多数的其他策略都会在极端熊市中崩溃,因为它们缺乏指导。对于来自媒体和人类直觉的建议,我们需要反其道而行之。如果锁定了熊市损失,错失了随后的牛市行情,大多数投资者的期末余额就会永久减少。那些像马可一样遵守3%信号的人,却不会遭遇厄运。

别以为我忘记了,我们三位投资者建立了相同的储蓄账户。从2003年开始,每个人都动用了他们总收入的4%。只有马可在他的时间周期内,在2008年第四季度,取出10,876美元,去为信贷危机触底的两大买进信号的第一个信号去补充现金。第二次是在2010年第二季度,投入2,984美元,为他的"下跌30%,坚守"阶段的第一个买进信号提供资金。盖瑞特和西尔玛从来没有从他们的安全储蓄中取出任何资金。以下是他们的储蓄账户在本期间结束时的余额:

第七章 "3%信号计划"的完整周期

表 69

投资者	储蓄账户余额 2013 年 6 月 28 日
盖瑞特	$29,670
西尔玛	$29,670
马可	$15,810

动用储蓄账户,在股市底部买进,对马可来说是很值得的。这一点已经得到证实。即使考虑到他为两个买进信号补充现金,从储蓄账户里减少了 103,860 美元,他仍然远远超过他的同行,这是显而易见的原因。把钱投资在关键的股市底部,总是比停在静态现金上好。

你可能想知道,3%信号是如何与其他变化叠加的。在真实的世界不太可能发生这种事情,但却是值得考虑的。下面的表格先从我们三位投资者的结果开始,然后,展示 10 个其他的计划取得的进展,在使用相同的月度补充现金的情况下:

表 70 "3%信号计划"击败了各类投资计划

计划编号	计划起止 2000 年 12 月至 2013 年 6 月	起始余额	月度补充现金总数	所需新现金	2013 年 6 月 28 日 401(k)账户余额
1	盖瑞特	$10,000	$76,770	$0	$97,971
2	西尔玛	$10,000	$76,770	$0	$102,929
3	马可	$10,000	$76,770	$13,860	$200,031
4	西尔玛,全程持有投资组合,熊市也不卖出	$10,000	$76,770	$0	$126,646
5	马可,未启动"底部买进"账户,在 50 个季度里只使用债券基金来满足信号要求	$10,000	$76,770	$0	$171,253
6	马可,全程都启用了"底部买进"账户来满足每个信号的要求	$10,000	$76,770	$29,373	$238,492

续表

7	通过 SPY，对标普 500 指数进行成本平均法投资，补充资金与其他计划相同	$10,000	$76,770	$0	$133,773
8	通过 IJR 和 Vanguard GNMA，对标普 600 小型股指数进行成本平均法投资，补充资金与其他计划相同	$10,000	$76,770	$0	$166,658
9	通过 IJR 和 Vanguard GNMA，对标普 600 小型股指数进行成本平均法投资，IJR 和 Vanguard GNMA 的资金配置比例为 80∶20。补充资金与其他计划相同	$10,000	$76,770	$0	$156,998
10	通过 SPY，对标普 500 指数进行成本平均法投资，补充资金与其他计划相同，马可 13,860 美元的新现金通过每次的补充资金，得到了均匀分配	$10,000	$90,629	$0	$155,487
11	通过 IJR，对标普 600 小型股指数进行成本平均法投资，补充资金与其他计划相同，马可的 13,860 美元的新现金通过每次的补充资金，得到了均匀分配	$10,000	$90,629	$0	$192,613
12	通过 SPY，对标普 500 指数进行成本平均法投资，补充资金与其他计划相同，与所有买进信号相关的 29,273 美元的新现金通过每次的补充资金，得到了均匀分配	$10,000	$106,143	$0	$179,793
13	通过 IJR，对标普 600 小型股指数进行成本平均法投资，补充资金与其他计划相同，与所有买进信号相关的 29,273 美元的新现金通过每次的补充资金，得到了均匀分配	$10,000	$106,143	$0	$221,667

第七章 "3%信号计划"的完整周期

这张表显示了3%信号优于其他方法。即使其他方法得到了完美的执行，3%信号也能胜出，何况其他方法通常难以完美执行呢。3%信号拥有明确无误的优势。

观察计划四和计划五。它们显示西尔玛和马可只是执行了他们的最初计划，没有其他操作。西尔玛没有在熊市卖出，马可也没有在底部买进。他们的余额也明显不同：西尔玛的余额是124,646美元，而马可的余额是171,253美元。3%信号取得了巨大的胜利，因为它已经击败了西尔玛的投资组合。要知道，西尔玛的投资组合中还包含了一些全球最有声望的积极管理的基金。而3%信号的费用也比西尔玛低了82%。记住，运行3%信号的当前费用可能低于马可当时的费用，因为在指数风险相同的情况下，新的ETF费用比马可早先的低廉费用更低了。因此，如今的成本优势更大。我们也要记住，和处于钟型曲线的宽阔部分的那些更为典型的平庸基金投资组合相比，3%信号取得了较大优势。3%信号也胜过了那些位于钟型曲线的绩效不佳的末端的落伍基金。何况，和西尔玛的投资组合中的那些冠军基金相比，绝大多数的积极管理的基金的绩效都无法胜过冠军基金呢。

接下来，将注意力转向计划七、八和九。它显示了，我们的三位投资者把当月的补充现金用于"成本平均法"，通过SPY买卖标准普尔500指数、通过IJR买卖标准普尔小型股600指数、通过IJR和Vanguard GNMA进行80/20比例的配置。这些完美执行的"成本平均法"计划击败了计划四中的西尔玛的全明星组合，但没有超过计划五的Mark的3%信号。这是3%信号对于股票规模的另一个印象深刻的特征。

在查看计划十至十三时，马可的"底部买进账户"的优势变得清晰起来。每月的补充现金的数额相同，在整个150个月的时间里，平均分配马可从他的"底部买进账户"中使用的13,860美元，应用于SPY和IJR。在SPY和IJR中分别产生了155,487美元和192,613美元的期

— 289 —

末余额。和马可的 200,031 美元相比，都是较低的。如果我们更进一步，将每月的补充现金，增加到"底部买进账户"的 29,373 美元，从而为所有的马可的买进信号提供充足的资金，我们最终得到结果是，SPY 的期末余额是 179,793 美元，IJR 的期末余额是 221,667 美元，而马可的"3%信号计划"是 238,492 美元。

在不同的情况下，3%信号都能胜过"成本平均法"——无论是放弃使用"底部买进"的资金去买进顶级的基金和指数，还是使用一部分的"底部买进"资金，还是充分地运用"底部买进"资金，3%信号计划都更为出色。如果3%信号显而易见地打败了非常强大的"成本平均法"策略，我们就能明白"无效专家"和"完美彼得"的策略效率较低，最终完全彻底地输掉了。

本章执行概要

在股市的噪音中，3%信号就像灯塔一样，提供了低压力的指引方法。本章讲述了盖瑞特、西尔玛和马可的经历，三位投资者都在同一家公司工作，并且收入相同。盖瑞特在他的 401（k）账户中遵循了"无效专家"的建议。西尔玛则组装了一个由优质共同基金和"成本平均法"组成的投资组合。马可则通过 IJR 和 Vanguard GNMA 一起运行了3%信号。尽管他只为一次底部买进的机会补充了资金，马可还是远远领先于盖瑞特和西尔玛。这是典型的，说明了你应该在你的退休账户里运行3%信号的原因。关键点：

- 注意高额费用。盖瑞特和西尔玛为他们选择的基金支付了更高费用，但是，和马可便宜的指数基因相比，绩效并没有胜过。
- 狂热的活动是一种浪费。盖瑞特不停地尝试这种或那种投资的方法，只是感到让他沮丧。他偶尔的胜利提供了虚假的信心，后来伤害了他。
- 对3%信号的追随者来说，严峻的大熊市也会对他们造成很大的压力。使用一个"底部买进账户"并不容易时,当每个人都在咒骂股票时,但这是值得的。

- 因为具有重大意义的买进和卖出的关键时刻是很少见的,它不需要错过很多,就会通过买在主要的顶部或者卖在主要底部,就会对绩效带来永久性的伤害。只要问问盖瑞特和西尔玛,他们错过了2009年3月低点的大部分反弹,从而毁掉了他们能够和马可积累一样多的财富的退休机会。

- 有很多反复出现的主题被认为是股价上涨的原因。其中包括:全球冲突、联邦储备政策和华盛顿的功能失调。随着时间的推移,这些重复出现的主题几乎没有任何重要的东西,甚至是那些重要的主题也和那些没有事后诸葛亮效益的非重要的主题难以区分。

- 3%信号被设计为对已经发生的事情做出明智的反应。它不考虑将来可能会发生的事情,你也不应该这样考虑。

- 因为3%信号甚至打败了应用于全明星基金的强大的"成本平均法"。甚至"无效专家"和"完美彼得",直接被3%信号全部歼灭。

第八章 快乐的信号

行文至此，我邀请你和我一起加入旅程，寻求更好的投资方式。我们发现了"3%信号计划"——它能让你的退休账户实现强而有力的增长，同时又不需要付出大量的精力，不会给你带来不必要的压力。而你再也不会严肃地看待金融媒体的那些大声抱怨的噪音。当你遇到他们的时候，你会微笑着，摇摇头，知道他们只是可怜的"无效专家"。随着时间的推移，最终会被你的程序打败。

如果你允许我做一番哲学上的沉思，我想告诉你，从多年的研究中，我已经找到了更为深邃的智慧，并应用于"3%信号计划"。这让我们不再理会股市的那些喧嚣。人类在股市付出了最为狂热的努力，支付了巨大的智力资本。而我们可以比那些唾沫四飞、气喘吁吁的评论员们做得更好。我们只需要退回到沉默状态，接近于无为，就是有益的做法。那些进行深入思考的人提醒我们，我们需要摆脱"猴性思维"——而我们的双耳，总会激发出随机的活跃的思维。如果我们承认它的存在，并且驯服它，我们就能获得更大的满足。

股市反映了人类的猴性思维。对许多人来说，没有比这更为嘈杂的声音了，没有比它让人心烦意乱的事情了，甚至比那些和金融市场相关的新闻周期更能扰乱心神。在市场中航行的更为明智的方式，就是让市场自行其是，把噪音过滤，针对价格，形成一个简明的清单，每年只需要使用4次，让一个不带感情的公式告诉你应该采取的行动，然后去实行。这种更为出色的投资状态只会进一步提升绩效，而成本更低，占用你的时间更少。要知道，你在世界上的时间是有限的。

人生在世，是为了享受生活，而不是在无效性环境中劳碌求财。把你的抱负投入直觉能够产生影响的领域。不要占卜未来，不要追寻虚空，以至于生命破碎。把你的财务安全放在自动驾驶仪上，转移你的注意力。我希望我能够帮你实现这个目标。你是宝贵的，不要把生命耗费在股票上。

欢迎与我联系，我的邮箱地址是 jason@jasonkelly.com。通过官网 jasonkelly.com，我会提供更新的、更多的信息。你可以免费接收我的电子邮件。谢谢你的阅读，我的朋友。我非常希望你享受毫无压力的时间。这种轻松感是通过3%信号计划创建的，你会得到更多的快乐。

附录1：马可的计划

您已在第七章中领略了马可的3%信号计划。在本附录的后续四页，我们将展示该计划的完整表格。它使用了从2000年12月到2013年6月的未经调整的价格。在某些地方，3%信号计划的余额与你在第7章中看到的相差一美元，因为我在各种范例中，对这些数字进行了四舍五入的处理，并且保证它们能够准确无误地用于叙述。

在表格中，我标出了特别重要的区域，并通过底部的关键字进行了总结。马克的季度补充现金随着时间而发生变化。当金额发生第一次的变化时，我们会进行手动输入，并且后续由电子表格自动引用。对于手动输入的条目，用阴影表示。在"订单调整"栏中，注意当马可需要在2002年第二季度将富余的VFIIX余额转移到IJR时，以及他在2009年第一季度无法为他的完整的买入信号提供资金时，他无奈之下，只能动用VFIIX余额。

您可以在第二列看到SPY的历史价格，并且两次触发了"下跌30%，坚守"规则。每一次触发规则，都提示马可忽略四个卖出信号：从2003年第二季度到2004年第一季度，以及2009年第二季度至2010年第一季度。最后，IJR在2005年第二季度进行了比例为3：1的分割，并在该行中用下划线表示。

如果您需要获得表格的单页可打印版本，用于参阅第7章的内容，或者还需要类似电子表格的其他工作文档，请访问 jasonkelly.com/3sig。

季度	SPY价格	IJR价格	IJR股息	VFIIX价格	VFIIX债息	行动前的IJR份数	季度补充现金	行动前的IJR余额	3%增长+50%的补充现金（信号线）	到达信号线需要购买IJR的份数	订单调整
2000年第四季度	$131.19	$108.09		$10.24	0.171	74.01		$8,000			
2001年第一季度	$116.69	$101.50	0040	$10.35	0.170	74.01	$1,215	$7,512	$8,848	87.17	
2001年第二季度	$122.60	$114.01	0.036	$10.29	0.167	87.17	$1,215	$9,938	$9,720	85.26	
2001年第三季度	$104.44	$95.50		$10.54	0.164	85.26	$1,215	$8,142	$10,620	111.20	
2001年第四季度	$114.30	$114.40	0.118	$10.38	0.157	111.20	$1,215	$12,721	$11,546	100.92	
2002年第一季度	$114.52	$122.49	0.036	$10.33	0.156	100.92	$1,275	$12,362	$12,529	102.29	
2002年第二季度	$98.96	$114.50	0.051	$10.55	0.054	102.29	$1,275	$11,712	$13,543	118.28	VFIIX余额出现盈余
2002年第三季度	$81.79	$93.14	0.058	$10.76	0.139	132.59	$1,275	$12,349	$16,274	174.73	

附录1：马可的计划

续表

季度											
2002年第四季度	$88.23	$97.45	0.066	$10.75	0.113	174.73	$1,275	$17,027	$17,400	178.55	
2003年第一季度	$84.74	$91.48	0.049	$10.72	0.045	178.55	$1,341	$16,334	$18,592	203.24	忽略卖出信号
2003年第二季度	$97.63	$109.65	0.070	$10.70	0.128	203.24	$1,341	$22,285	$19,821	180.76	
2003年第三季度	$99.95	$117.38	0.072	$10.56	0.118	203.24	$1,341	$23,856	$23,624	201.26	忽略卖出信号
2003年第四季度	$111.28	$134.00	0.082	$10.50	0.125	203.24	$1,341	$27,234	$25,242	188.38	
2004年第一季度	$113.10	$142.40	0.072	$10.54	0.127	203.24	$1,407	$28,941	$28,754	201.93	忽略卖出信号
2004年第二季度	$114.53	$147.20	0.101	$10.29	0.120	203.24	$1,407	$29,917	$30,513	207.29	
2004年第三季度	$111.76	$144.24	0.094	$10.43	0.120	207.29	$1,407	$29,899	$32,132	222.77	
2004年第四季度	$120.87	$162.71	0.131	$10.44	0.117	222.77	$1,407	$36,246	$33,799	207.73	忽略卖出信号
2005年第一季度	$117.96	$158.85	0.164	$10.33	0.119	207.73	$1,476	$32,997	$35,551	223.80	

续表

2005年第二季度	$119.18	$55.02	0.105	$10.43	0.120	671.41	$1,476	$36,941	678.95
2005年第三季度	$123.04	$57.76	0.103	$10.31	0.118	678.95	$1,476	$39,216	678.92
2005年第四季度	$124.51	$57.80	0.130	$10.30	0.123	678.92	$1,476	$39,242	711.57
2006年第一季度	$129.83	$65.23		$10.16	0.128	711.57	$1,551	$46,416	661.32
2006年第二季度	$127.28	$62.10	0.105	$9.96	0.129	661.32	$1,551	$41,068	727.98
2006年第三季度	$133.58	$61.29		$10.19	0.131	727.98	$1,551	$44,618	772.39
2006年第四季度	$141.62	$65.99		$10.21	0.132	772.39	$1,551	$50,970	750.65

附录2：工具

为了帮助您完成3%信号计划，我在官网提供了工具。我会优先采用电子表格的形式，类似于对马可的计划进行详细说明的那些电子表格。因为它不仅可以计算季度到季度的操作，还可以创建并运行历史记录。要想获取副本并查看其他内容，请访问我的网站 jasonkelly.com/3sig。

"3%信号计划" 跑赢大盘的投资技术

季度	买卖 IJR 的数量（减号为卖出）	订单调整后买卖 IJR 的数量（减号为卖出）+分红再投资+现金	行动前的 VFIIX 份数	行动前的 VFIIX 余额	行动后的 VFIIX 份数	行动后的 VFIIX 余额	所需新现金	动用新现金之后的 VFIIX 份数	动用新现金之后的 VFIIX 份数	3%信号余额中，VFIIX 所占百分比	行动后的 IJR 份数	行动后的 IJR 余额	总余额
2000年第四季度				195.31	$2,000		$2,000						
2001年第一季度	13.16		316.20	$3,273	187.19	$1,937	$0	187.19	$1,937	18%	87.17	$8,848	$10,785
2001年第二季度	-1.91		308.61	$3,176	329.75	$3,393	$0	329.75	$3,393	26%	85.26	$9,720	$13,114
2001年第三季度	25.94		450.15	$4,745	215.12	$2,267	$0	215.12	$2,267	18%	111.20	$10,620	$12,887
2001年第四季度	-10.28		336.69	$3,495	449.94	$4,670	$0	449.94	$4,670	29%	100.92	$11,546	$16,216
2002年第一季度	1.37		580.52	$5,997	564.31	$5,829	$0	564.31	$5,829	32%	102.29	$12,529	$18,359
2002年第二季度	15.99	30.30	688.55	$7,264	359.74	$3,795	$0	359.74	$3,795	20%	132.59	$15,181	$18,976
2002年第三季度	42.14		483.60	$5,204	118.82	$1,279	$0	118.82	$1,279	7%	174.73	$16,274	$17,553
2002年第四季度	3.82		239.75	$2,577	205.09	$2,205	$0	205.09	$2,205	11%	178.55	$17,400	$19,604

附录 2: 工具

续表

季度	C1	C2	C3	C4	C5	C6	C7	C8	C9	C10	C11	C12	C13
2003年第一季度	24.69		331.86		121.18	$1,299				7%	203.24	$18,592	$19,891
2003年第二季度	-22.48	0.00	249.29	$3,557	249.29	$2,667	$0	249.29	$2,667	11%	203.24	$22,285	$24,952
2003年第三季度	-1.98	0.00	380.45	$2,667	380.45	$4,018	$0	380.45	$4,018	14%	203.24	$23,856	$27,874
2003年第四季度	-14.86	0.00	514.28	$4,018	514.28	$5,400	$0	514.28	$5,400	17%	203.24	$27,234	$32,634
2004年第一季度	-1.31	0.00	655.35	$5,400	655.35	$6,907	$0	655.35	$6,907	19%	203.24	$28,941	$35,849
2004年第二季度	4.05		801.73	$6,907	743.79	$7,654	$0	743.79	$7,654	20%	207.29	$30,513	$38,166
2004年第三季度	15.48		889.11	$8,250	675.07	$7,041	$0	675.07	$7,041	18%	222.77	$32,132	$39,173
2004年第四季度	-15.04		820.20	$9,273	1,054.59	$11,010	$0	1,054.59	$11,010	25%	207.73	$33,799	$44,809
2005年第一季度	16.08		1,212.92	$8,563	965.70	$9,976	$0	965.70	$9,976	22%	223.80	$35,551	$45,527
2005年第二季度	7.54		1,125.08	$12,529	1,085.32	$11,320	$0	1,085.32	$11,320	23%	678.95	$37,356	$48,676
2005年第三季度	-0.03		1,247.69	$11,735	1,247.85	$12,865	$0	1,247.85	$12,865	25%	678.92	$39,214	$52,080

续表

季度												
2005年第四季度	32.65	1,414.62	$14,571	1,231.39	$12,683	$0	1,231.39	$12,683	24%	711.57	$41,129	$53,812
2006年第一季度	-50.25	1,399.56	$14,220	1,722.16	$17,497	$0	1,722.16	$17,497	29%	661.32	$43,138	$60,635
2006年第二季度	66.66	1,907.16	$18,995	1,491.54	$14656	$0	1,491.54	$14,856	25%	727.98	$45,208	$60,064
2006年第三季度	44.40	1,662.92	$16,945	1,395.86	$14,224	$0	1,395.86	$14,224	23%	772.39	$47,340	$61,563
2006年第四季度	-21.74	1,565.81	$15,987	1,706.31	$17,421	$0	1,706.31	$17,421	26%	750.65	$49,535	$66,957

阴影部分 ■ 手工输入的数值 ■ 被忽略的卖出信号,手工输入 — IJR 进行了 3∶1 的股票分割

■ 动用的 VFIIX 余额,手工输入 ■ 受订单调整影响的同一行的单元格

(续)

附录3：权利和许可

如果您对本书中包含的知识产权的使用或许可有疑问，包括3%信号投资技术和/或其名称，例如：投资产品、软件应用程序或其他项目，请 jasonkelly.com 的联系页面给我写信，提交您的详细要求。

季度	SPY 价格	IJR 价格	IJR 股息	VFIIX 价格	VFIIX 债息	行动前的 IJR 份数	季度补充现金	行动前的 IJR 余额	3%增长+50%的补充现金（信号线）	到达信号线需要购买IJR的份数	订单调整
2007年第一季度	$142.00	$67.91		$10.21	0.132	750.65	$1,629	$50,977	$51,836	763.30	
2007年第二季度	$150.43	$71.10	0.264	$10.01	0.132	765.30	$1,629	$64,271	$64,265	762.38	
2007年第三季度	$152.58	$69.75	0.123	$10.17	0.133	762.38	$1,629	$53,176	$50,646	812.13	
2007年第四季度	$146.21	$65.02		$10.37	0.134	812.13	$1,629	$52,805	$59,150	909.87	
2008年第一季度	$131.97	$59.93		$10.47	0.130	509.87	$1,629	$54,529	$61,749	1,030.36	
2008年第二季度	$127.98	$60.17	0.157	$10.26	0.128	1,030.36	$1,629	$61,997	$64,416	1,070.57	
2008年第三季度	$115.99	$5951		$10.30	0.132	1,070.57	$1,629	$63,710	$67,163	1,128.60	
2008年第四季度	$90.24	$43.97	0.250	$10.58	0.126	1,128.60	$1,629	$49,625	$69,993	1,591.83	

附录 3：权利和许可

续表

								仅动用VFIIX余额	忽略的卖出信号	忽略的卖出信号	忽略的卖出信号	忽略的卖出信号
2009年第一季度	$79.52	$36.39	0.124	$10.67	0.118	1,591.83	$1,629	$57,927	$72,907	2,003.49		
2009年第二季度	$91.95	$44.43	0.114	$10.61	0.114	1,642.02	$1,629	$72,955	$62,360	1,463.58		
2009年第三季度	$105.59	$52.34	0.127	$10.75	0.103	1,642.02	$1,629	$85,943	$75,958	1,451.24		
2009年第四季度	$111.44	$64.72	0.170	$10.64	0.155	1,642.02	$1,629	$89,851	$89,336	1,632.60		
2010年第一季度	$117.00	$69.45	0.126	$10.72	0.125	1,642.02	$1,662	$97,618	$93,378	1,570.69		
2010年第二季度	$103.22	$54.14		$11.00	0.055	1,642.02	$1,652	$88,899	$101,377	1,872.50		
2010年第三季度	$114.13	$59.09	0.149	$11.02	0.096	1,87250	$1,662	$110,646	$105,250	1,781.18		
2010年第四季度	$125.75	$68.47	0331	$10.74	0.322	1,781.18	$1,662	$121,957	$109,238	1,595.42		
2011年第一季度	$132.59	$73.56	0.130	$10.72	0.085	1,595.42	$1,710	$117,359	$113,370	1,541.20		
2011年第二季度	$131.97	$73.32	0.140	$10.92	0.087	1,641.20	$1,710	$113,000	$117,626	1,604.29		

"3%信号计划" 跑赢大盘的投资技术

续表

2011年第三季度	$113.15	$58.54	0.186	$11.16	0.092	1,604.29	$1,710	$93,915	$122,010	2,084.22
2011年第四季度	$125.50	$68.30	0.244	$11.07	0.218	2,084.22	$1,710	$142,352	$126,526	1,852.50
2012年第一季度	$140.81	$76.31	0.224	$11.01	0.109	1,852.50	$1,761	$141,364	$131,202	1,719.33
2012年第二季度	$136.10	$73.27	0.271	$11.05	0.078	1,719.33	$1,761	$125,975	$136,018	1,858.46
2012年第三季度	$143.97	$77.07	0.203	$11.11	0.073	1,856.40	$1,761	$143,073	$140,979	1,829.24
2012年第四季度	$142.41	$78.10	0.595	$10.91	0.157	1,029.24	$1,761	$142,864	$146,089	1,870.54
2013年第一季度	$156.67	$87.06	0.228	$10.85	0.068	1,870.64	$1,815	$162,849	$151,380	1,738.80
2013年第二季度	$160.42	$90.31	0.268	$10.48	0.058	1,738.80	$1,815	$157,031	$150,828	1,735.50
			6.107		6.351		$76,770			

附录4：凯利通讯

要想及时地获取3%信号计划的全部信息，请考虑订阅我的时事通讯——《凯利通讯》。每个礼拜日的早上，它会以电子邮件的形式传送给用户。

将3%信号计划应用于您的帐户之后，您的确没有必要阅读股票市场的任何信息，不过，您可能希望还到看到一些信息。您可以实时地看到"无效专家"出错，而3%信号计划却在有效地运行，这就给出了启示，让我们确信正处于正确的道路上。一个人在交易时，可能会感到寂寞。你不妨查看我的行动--每个季度进行一次计算，当债券余额过大时就重新配置，并且留意着"下跌30%，坚守"规则。

在《凯利通讯》中，我对投资组合设置了三个层次：第一层次是3%信号计划的基础方案，第二层次是启用杠杆，实现较高的增长目标。第三层次是开放市场版本，利用那些提供了丰厚股息收益率的灵活的金融工具——争取胜过3%信号计划的基础方案。到目前为止，还没有任何证据，能够胜过3%信号计划的基础方案，但事情可能有转机。如果属实，我将在时事通讯中报告。

我希望在名单上看到您的名字！如果期望在每个礼拜天的早上收到我的来信，请通过jasonkelly.com注册。

季度	买卖IJR的数量（减号为卖出）	订单调整后买卖IJR的数量（减号为卖出）	行动前的VFIIX份数+分红再投资+现金	行动前的VFIIX余额	行动后的VFIIX份数	行动后的VFIIX余额	所需新现金	动用新现金之后的VFIIX份数	动用新现金之后的VFIIX份数	3%信号余额中，VFIIX所占百分比	行动后的IJR份数	行动后的IJR余额	总余额
2007年第一季度	12.65		1,887.92	$19,276	1,803.76	$18,416	$0	1,803.76	$18,416	26%	763.30	$51,836	$70,252
2007年第二季度	-0.92		2,010.41	$20,124	2,016.94	$20,190	$0	2,016.94	$20,190	27%	762.38	$54,205	$74,395
2007年第三季度	49.75		2,212.72	$22,503	1,871.53	$19,033	$0	1,871.63	$19,033	25%	812.13	$56,646	$75,680
2007年第四季度	97.74		2,052.80	$21,288	1,439.95	$14,932	$0	1,439.95	$14,932	20%	909.87	$59,160	$74,092
2008年第一季度	120.48		1,613.42	$16,892	923.78	$9,672	$0	923.78	$9,672	14%	1,030.36	$61,749	$71,421
2008年第二季度	40.21		1,109.84	$11,387	874.00	$8,967	$0	874.00	$8,967	12%	1,070.57	$64,416	$73,383
2008年第三季度	58.03		1,943.36	$10,747	708.06	$7,293	$0	708.06	$7293	16%	1,128.60	$67,163	$74,456
2008年第四季度	463.22		897.13	$9,492	-1,038.00	-$10,876	$10,876	0.00	$0	6%	1,591.83	$69,993	$69,993
2009年第一季度	411.56	50.19	171.17	$1,826	0.00	$0	$0	0.00	$0	6%	1,642.02	$59,753	$59,753

附录4：凯利通讯

续表

季度													
2009年第二季度	-238.46	0.08	171.18	$1,816	171.18	$1,816	$0	171.18	$1,816	2%	1,642.02	$72,955	$74,771
2009年第三季度	490.78	0.00	343.75	$3,695	343.75	$3,695	$0	343.75	$3,695	4%	1,642.02	$85,943	$89,038
2009年第四季度	-9.42	0.00	528.10	$5,619	528.10	$5,619	$0	528.10	$5,619	6%	1,642.02	$89,851	$95,470
2010年第一季度	-71.32	0.00	708.59	$7,596	708.59	$7,596	$0	708.59	$7,596	7%	1,642.02	$97,618	$105,214
2010年第二季度	230.49		863.22	$9,495	-271.20	-$2,083	$2,983	0.00	$0	0%	1,872.50	$101,377	$101,377
2010年第三季度	-91.33		176.13	$1,941	565.84	$7,338	$0	565.84	$7338	7%	1,781.18	$105,250	$112,587
2010年第四季度	-185.76		895.45	$9,617	2,079.71	$22,336	$0	2,079.71	$22336	17%	1,595.42	$109,238	$131,574
2011年第一季度	-54.22		2,275.06	$24,389	2,547.12	$28,377	$0	2,647.12	$28377	20%	1,541.20	$113,370	$141,748
2011年第二季度	63.09		2,844.57	$31,063	2,420.94	$26,437	$0	2,420.94	$26,437	16%	1,604.29	$117,626	$144,063
2011年第三季度	479.93		2,620.86	$29,249	103.37	$1,154	$0	103.37	$1,154	1%	2,084.22	$122,010	$123,164
2011年第四季度	-231.72		305.82	$3,385	1,735.51	519,212	$0	1,735.51	$19212	13%	1,852.50	$126,526	$145,738

续表

2012年第一季度	-133.17	1,956.33	$21,473	2,873.33	$31,635	$0	2,873.33	$31,635	19%	1,719.33	$131,202	$162,837
2012年第二季度	137.07	3,095.14	$34,201	2,186.25	$24,158	$0	2,186.25	$24,158	15%	1,856.40	$136,018	$160,176
2012年第三季度	-27.16	2,393.04	$26,587	2,581.45	$28,680	$0	2,581.45	$28,680	17%	1,829.24	$140,979	$169,659
2012年第四季度	41.30	2,879.77	$31,418	2,584.10	$28,193	$0	2,584.10	$28,193	16%	1,870.54	$146,089	$174,282
2013年第一季度	-131.75	2,808.88	$30,455	3,864.01	$41,925	$0	3,854.01	$41,925	22%	1,738.80	$151,380	$193,304
2013年第二季度	-2.24	4,103.05	$43,000	4,122.35	$43,202	$0	4,122.35	$43202	22%	1,736.56	$156,828	$200,031
					$13,859							

阴影部分 ■ 手工输入的数值 ■ 被忽略的卖出信号，手工输入 — IJR进行了3:1的股票分割

■ 动用的VFIIX余额，手工输入 ■ 受订单调整影响的同一行的单元格